MARTIN SCHNELL

Der Antrag im Verwaltungsverfahren

Schriften zum Öffentlichen Recht

Band 502

Der Antrag im Verwaltungsverfahren

Von

Dr. Martin Schnell

DUNCKER & HUMBLOT / BERLIN

CIP-Kurztitelaufnahme der Deutschen Bibliothek

Schnell, Martin:
Der Antrag im Verwaltungsverfahren /
von Martin Schnell. — Berlin: Duncker
und Humblot, 1986.
(Schriften zum Öffentlichen Recht; Band 502)
ISBN 3-428-05975-1

NE: GT

Gedruckt 1986 bei Berliner Buchdruckerei Union GmbH, Berlin 61
Printed in Germany

ISBN 3-428-05975-1

Meinen Eltern

Vorwort

Die Abhandlung, die der Juristischen Fakultät der Ruhr-Universität Bochum im Jahre 1985 als Dissertation vorlag, geht auf eine Anregung meines sehr verehrten akademischen Lehrers, Herrn Prof. Dr. Rolf Grawert, zurück.

Ihm verdanke ich aber nicht nur den Themenvorschlag, sondern sein förderndes Wirken hat auch auf den Inhalt der Arbeit erheblichen Einfluß gehabt. Seine zahlreichen weiterführenden Hinweise haben mich dazu veranlaßt, weiteren Fragen nachzugehen und Ergebnisse kritisch zu überdenken. Dafür und für die stets angenehmen Bedingungen, unter denen ich als wissenschaftliche Hilfskraft bei ihm arbeiten durfte, gilt ihm mein Dank ganz besonders.

Dank möchte ich auch Herrn Prof. Dr. Heinrich Wilhelm Kruse aussprechen, der das Zweitgutachten übernommen und so zügig erstellt hat, daß das Rigorosum noch zu einem für mich günstigen Zeitpunkt stattfinden konnte.

Schließlich danke ich Herrn Ernst Thamm für die Aufnahme dieser Dissertation in die Reihe der „Schriften zum Öffentlichen Recht".

Schwerte, im Januar 1986

Martin Schnell

Inhaltsverzeichnis

Abkürzungsverzeichnis

AVG	=	Österreichisches Bundesgesetz über das allgemeine Verwaltungsverfahren
BayVGH	=	Bayerischer Verwaltungsgerichtshof
BJagdG	=	Bundesjagdgesetz
Bln.	=	Berlin
BT-Drs.	=	Drucksachen des Deutschen Bundestages
bw/BW	=	baden-württembergisch/Baden-Württemberg
BWVBl.	=	baden-württembergische Verwaltungsblätter
dass.	=	dasselbe
Diss. iur.	=	juristische Dissertation
EVRO W	=	Entwurf der Verwaltungsrechtsordnung für Württemberg
EVwPO	=	Entwurf einer Verwaltungsprozeßordnung
Fußn.	=	Fußnote
i. V. m.	=	in Verbindung mit
m. w. N.	=	mit weiterem Nachweis, mit weiteren Nachweisen
Nr.	=	Nummer(n)
nw	=	nordrhein-westfälisch
Rdnr(n).	=	Randnummer(n)
RelKErzG	=	Gesetz über die religiöse Kindererziehung
saar/Saar	=	saarländisch/Saarland
SoldG	=	Soldatengesetz
StAngRegG	=	Gesetz zur Regelung von Staatsangehörigkeitsfragen
StVG	=	Straßenverkehrsgesetz
Vor.	=	Vorbemerkung
VRspr.	=	Verwaltungsrechtsprechung in Deutschland
ZO	=	Zulassungsordnung

Im übrigen wird auf Hildebert Kirchner, Abkürzungsverzeichnis der deutschen Rechtssprache, 3. Auflage, Berlin 1983, verwiesen.

Einleitung

Ein Antrag im weitesten Sinne ist jedes an ein anderes Rechtssubjekt gerichtete Begehren, welches darauf abzielt, dieses möge etwas tun, dulden oder unterlassen. Da der Antrag also ein bestimmtes Verhalten eines anderen Rechtssubjektes erwirken soll, ist er darauf angelegt, bei diesem einen Entscheidungsprozeß in Gang zu setzen, der entweder dem Belieben des „Antragsgegners" unterliegt oder aber rechtlich gebunden ist und je nachdem zu der erstrebten Leistung führt oder nicht. Soweit diese Leistung eine Verwaltungshandlung darstellt, ist sie das Ergebnis eines Verwaltungsverfahrens, d. h. eines Prozesses der Informationsverarbeitung[1] und planvollen und zweckmäßigen Ordnung von Handlungen im Dienste eines Verfahrenszieles[2].

Weil die mit dem Antrag verbundenen Probleme zwar stets ähnlich sind und von der Frage, inwieweit die begehrte Leistung überhaupt von einem Antrag abhängig ist oder auf Antrag erbracht werden muß, über die nach der Position des Antragstellers im Verfahren bis zu der nach der Bedeutung von Willensmängeln des Antragstellers reichen, ihre Beantwortung aber davon abhängt, welche rechtliche Ausgestaltung das Verfahren gefunden hat und welcher Handlungsform die begehrte Leistung zuzurechnen ist, ist eine Beschränkung der Untersuchung nötig.

Gegenstand der Arbeit ist daher ausschließlich das in den allgemeinen Verwaltungsverfahrensgesetzen des Bundes[3] und der Länder[4] geregelte allgemeine Verwaltungsverfahren, nicht hingegen das förmliche Verwaltungsverfahren, das Planfeststellungsverfahren und das Rechtsbehelfsverfahren.

---

[1] *Wolff / Bachof*, Verwaltungsrecht III, § 156 I a, S. 321, Rdnr. 1.

[2] *Badura*, in: Erichsen / Martens, § 37 I, S. 327.

[3] Verwaltungsverfahrensgesetz (VwVfG) vom 25. Mai 1976 (BGBl. 1976 I, S. 1253), geändert durch Gesetz vom 2. Juli 1976 (BGBl. 1976 I, S. 1749).

[4] Verwaltungsverfahrensgesetze der Länder: Baden-Württemberg; vom 21. Juni 1977 (GBl. 1977, S. 227). Bayern; vom 23. Dezember 1976 (GVBl. 1976, S. 544). Berlin; vom 8. Dezember 1976 (GVBl. 1976, S. 2735). Bremen; vom 15. November 1976 (GBl. 1976, S. 243). Hamburg; vom 9. November 1977 (GVOBl. 1977, S. 333). Hessen; vom 1. Dezember 1976 (GVBl. 1976, S. 454). Niedersachsen; vom 3. Dezember 1976 (GVBl. 1976, S. 311). Nordrhein-Westfalen; vom 21. Dezember 1976 (GVBl. 1976, S. 437). Rheinland-Pfalz; vom 23. Dezember 1976 (GVBl. 1976, S. 308). Saarland; vom 15. Dezember 1976 (Amtsblatt

Da nicht alle im Verfahrensverlauf möglichen Anträge untersucht werden können, beschäftigt sich die Bearbeitung nur mit den von einem Rechtssubjekt des Privatrechtes an einen Träger öffentlicher Gewalt gerichteten Anträgen auf Erlaß eines Verwaltungsaktes und Abschluß eines öffentlich-rechtlichen Vertrages.

Sie erörtert die Rechtsfolgen des Antrages und deren Voraussetzungen für die Einleitung eines Verwaltungsverfahrens, die Position des Antragstellers als Verfahrensbeteiligter gemäß § 13 VwVfG[5] und den Erlaß des Verwaltungsaktes bzw. Abschluß des öffentlich-rechtlichen Vertrages.

Der erste Teil dient dabei der Bestimmung der Rechtsfolgen und konkretisiert die Frage nach deren Voraussetzungen, die im zweiten Teil beantwortet wird. Dabei sind die Rechtsfolgen, die gerade auf Antrag eintreten, deren notwendige Voraussetzung er ist, von denen abzugrenzen, die auch ohne Antrag eintreten, da nur bei den antragsabhängigen Rechtsfolgen die Befassung mit den Antragsvoraussetzungen nötig und sinnvoll ist. Weil das „Wesen" des Antrages und die Gründe, aus denen die Rechtsordnung die ermittelten Rechtsfolgen an ihn knüpft, Einfluß auf die Antragsvoraussetzungen haben, legt der erste Teil diese Grundzüge ebenfalls dar. Weiterhin wird im dritten Teil untersucht, inwieweit eine Rücknahme oder Änderung des Antrages möglich ist und welche Bedeutung Willensmängeln bei der Antragstellung zukommt. Abschließend geht der vierte Teil auf die Frage ein, ob Abweichungen hinsichtlich der zuvor entwickelten Lösungen sich dann ergeben, wenn Antragsteller eine juristische Person oder eine nichtrechtsfähige Personenvereinigung des Privatrechtes ist, deren Organisation ausschließlich oder zumindest auch von der öffentlichen Hand getragen wird (sog. öffentliche und gemischt-öffentliche Privatrechtsvereinigungen).

1976, S. 1151) und Schleswig-Holstein; vom 18. April 1967 (GVOBl. 1967, S. 131), in der Fassung vom 19. März 1979 (GVOBl. 1979, S. 181).

[5] Im folgenden wird nur auf das *Bundes*verwaltungsverfahrensgesetz Bezug genommen, weil die Verwaltungsverfahrensgesetze der Länder davon, falls überhaupt, regelmäßig lediglich in der Paragraphenzählung abweichen. Soweit sie der Sache nach eine andere Regelung enthalten, wird dies jeweils im Text vermerkt.

Erster Teil

Rechtsfolgen des Antrages

Die Rechtsfolgen des Antrages sind im folgenden wegen der vom Vertragsantrag abweichenden Ausgestaltung des Antrages auf Erlaß eines Verwaltungsaktes für beide Handlungsformen getrennt darzustellen.

Erstes Kapitel

Der Antrag auf Erlaß eines Verwaltungsaktes

Entgegen dem chronologischen Ablauf[1] des Verwaltungsverfahrens werden zunächst die Rechtsfolgen des Antrages für den Erlaß des Verwaltungsaktes, nicht aber für die Einleitung des Verfahrens untersucht, da ausdrückliche Verfahrenseinleitungsvorschriften überwiegend fehlen und deshalb möglicherweise ohnehin auf die Normen zurückgegriffen werden muß, die anordnen, unter welchen Voraussetzungen der Verwaltungsakt zu erlassen ist, weil sie mittelbar auch die Verfahrenseinleitung betreffen können[2].

A. Der Erlaß des Verwaltungsaktes

Antragsabhängige Rechtsfolgen bestehen nur, soweit der Verwaltungsakt ohne Antrag nicht rechtmäßig oder[3] wirksam erlassen werden kann, also bei den sogenannten mitwirkungsbedürftigen Verwaltungsakten[4], zu denen die überwiegende Zahl der begünstigenden Verwaltungsakte rechnet, wie etwa die Beamtenernennung, die Erteilung von Genehmigungen und Erlaubnissen[5], Subventionsgewährungen[6] und Lei-

---

1 Siehe statt vieler lediglich *Badura*, in: Erichsen / Martens, § 37 IV, S. 331.

2 Darauf weist etwa *Badura*, in: Erichsen / Martens, § 39 I, S. 336, hin.

3 Inwieweit eine rechtmäßige schwebende Unwirksamkeit eines mitwirkungsbedürftigen Verwaltungsaktes in Betracht kommt, wird im I. Teil, 1. Kap., B., erörtert.

4 Hierzu gehören nicht die sog. „mehrstufigen Verwaltungsakte“, bei denen die Mitwirkung einer anderen Behörde erforderlich ist — dazu nur *Erichsen / Martens*, in: Erichsen / Martens, § 11 II 5 d, S. 178.

stungen des Sozialversicherungsrechtes[7]. Ist ein entsprechender Antrag gestellt, so kann oder muß die Behörde den begehrten Verwaltungsakt erlassen, je nachdem, ob es sich um eine Ermessens- oder eine gebundene Entscheidung handelt. Soweit die jeweilige Rechtsnorm dem Antragsteller ein subjektives öffentliches Recht auf rechtmäßige Ermessensausübung bezüglich des Erlasses oder gar auf Erlaß des Verwaltungsaktes einräumt, ist die Entstehung dieses Rechtes ebenfalls gerade von einem Antrag abhängig. Andere Regelungstechniken, die dem Antrag eine erhebliche Bedeutung beimessen, hat der Gesetzgeber bisher nicht gewählt. Dies wäre der Fall, wenn der Antrag aufgrund einer Rechtsvorschrift ein subjektives öffentliches Recht auf rechtmäßige Ermessensausübung bezüglich des Erlasses oder auf Erlaß des Verwaltungsaktes begründete, während ohne Antrag der Erlaß ausschließlich objektiv-rechtlich geregelt wäre, oder wenn der Antrag dazu führte, daß aus einer Ermessensentscheidung über den Erlaß nunmehr eine gebundene Entscheidung würde. Schreibt eine Norm vor, ein Verwaltungsakt sei sowohl von Amts wegen als auch auf Antrag zu erlassen, so ist die Erwähnung des Antragsrechtes lediglich ein Indiz für das Vorliegen eines subjektiven öffentlichen Rechtes, welches aber auch dann besteht, wenn gar kein Antrag gestellt ist[8]. Daher ist es überflüssig zu fragen, welche Voraussetzungen der Antrag erfüllen muß, damit der Antragsteller einen Anspruch auf Erlaß des Verwaltungsaktes hat, da es dabei auf den Antrag überhaupt nicht ankommt. Eine gesetzlich angeordnete Ermessensreduktion auf Antrag hin kommt, soweit ersichtlich, allein bei § 13 II 1, 2 VwVfG in Betracht. Aus der Regelung des § 13 II 1,2 VwVfG, nach der die Behörde von Amts wegen oder auf Antrag diejenigen, deren rechtliche Interessen durch den Ausgang des Verfahrens berührt werden können, als Beteiligte zu dem Verfahren hinzuziehen kann, während sie dies auf Antrag muß, wenn der Ausgang des Verfahrens rechtsgestaltende Wirkung für einen Dritten hat, wird gefolgert, auch im letzten Fall könne eine Hinzuziehung von Amts wegen erfolgen, müsse dies aber nicht[9]. Diese mit dem Gesetzeswortlaut vereinbare Annahme trifft deshalb nicht zu, weil bei einer rechtsgestaltenden Wirkung des Verfahrensausganges für Dritte das der Behörde nach § 13 II 1 VwVfG gewährte Hinzuziehungsermessen stets auf „Null“ reduziert ist[10]. Die Richtigkeit dieses Ergebnisses

---

[5] *Erichsen / Martens*, in: Erichsen / Martens, § 12 IV, S. 201.

[6] Etwa *Henke*, Wirtschaftssubventionen, S. 159 f. m. w. N.

[7] *Badura*, JuS 1964, S. 103, 105 m. w. N. in Fußn. 25.

[8] Etwa § 13 II 1 VwVfG; entsprechendes gilt für Normen, die ein Antragsrecht nicht ausdrücklich erwähnen, aber dennoch ein subjektives öffentliches Recht gewähren, wie z. B. § 14 I OBG NW.

[9] So *Leonhardt*, in: Stelkens / Bonk / Leonhardt, § 13 Rdnr. 20, und *Clausen*, in: Knack, § 13 Anm. 4.2.

wird durch eine vergleichende Betrachtung des § 65 II VwGO bestätigt, der dem Gesetzgeber als Vorbild diente und ebenfalls eine obligatorische Beiladung vorsieht.

Es fragt sich also, aus welchen Gründen ein Verwaltungsakt mitwirkungsbedürftig ist und wann der Antragsteller ein subjektives öffentliches Recht auf rechtmäßige Ermessensausübung oder Erlaß des Verwaltungsaktes hat. Ist die Mitwirkungsbedürftigkeit von Verwaltungsakten — wie regelmäßig — gesetzlich nicht ausdrücklich angeordnet, so erweist sich ihre Begründung aus der Natur der Sache[11] als nicht hinreichend präzise. Mitwirkungsbedürftig ist ein Verwaltungsakt vielmehr zunächst dann, wenn er die Grundrechte des Adressaten beeinträchtigt[12] und diese Beeinträchtigung ohne Antrag rechtswidrig ist. Nach einer Ansicht beeinträchtigt ein „begünstigender Verwaltungsakt" jedenfalls den Schutzbereich des Art. 2 I GG, der einen Grundsatz des freiverantwortlichen Erwerbes enthalte und es der öffentlichen Gewalt verwehre, jemandem eine Begünstigung aufzudrängen, wenn er sie nicht wünsche[13]. Die Befürworter dieser Meinung verweisen auf das Zivilrecht, welches keine aufgedrängte Schenkung, Erbschaft usw. kenne, und übersehen dabei, daß dieser zivilrechtliche Gedanke für die nur vor belastenden staatlichen Maßnahmen schützenden Grundrechte nicht gilt. Die — von etwaigen Gebührenpflichten — isolierte Betrachtung etwa der Baugenehmigung zeigt aber, daß diese grundrechtlich garantierte Freiheit wiederherstellt und damit keinesfalls grundrechtsbelastend wirkt[14]. Eine Grundrechtsbeeinträchtigung liegt daher nur vor, falls der Verwaltungsakt zumindest auch mit belastenden Folgen für den Antragsteller verbunden ist, was auf die ganz überwiegende Zahl der üblicherweise als begünstigend bezeichneten Verwaltungsakte zutrifft[15], soweit sie mit Pflichten, wie Dienstpflichten (Beamtenernen-

---

10 *Kopp*, VwVfG, § 13 Rdnr. 34 m. w. N., und ähnlich *Borgs*, in: Meyer / Borgs, § 13 Rdnr. 10 — Nichthinzuziehung von Amts wegen sei im allgemeinen ermessensfehlerhaft.

11 So aber *Badura*, in: Erichsen / Martens, § 39 I, S. 336; ähnlich *Forsthoff*, Verwaltungsrecht, § 11 4, S. 211, „nicht nur aus Gründen der Vernunft, sondern auch um der guten Ordnung willen".

12 Vgl. *Kirchhof*, DVBl. 1985. S. 651, 656, ein Mitwirkungserfordernis diene primär dem Schutz des Betroffenen.

13 Ausdrücklich *Middel*, S. 26 f.; *Schachel*, S. 62. Im Ergebnis ebenso: *Siebecke*, S. 15 f. Offengelassen bei OVG Münster, NJW 1976, S. 688 m. w. N. — „zumal, wenn mit direkten oder indirekten Rechtsnachteilen verbunden". Kritisch dazu *Sachs*, VerwArch. 1985, S. 398, 417.

14 Die grundrechtsaktualisierende Funktion betonen etwa: *Erichsen / Martens*, in: Erichsen / Martens, § 17 III b, S. 236, und *Maurer*, § 9 V 3, S. 164, Rdnr. 52.

15 *Schachel*, S. 62, weist darauf hin, daß es kaum ausschließlich begünstigende Verwaltungsakte geben wird. Nach BVerwG, NVwZ 1985, S. 49, ist die Sozialhilfe nach dem BSHG nicht antragsabhängig.

nung), Gebührenpflichten (Genehmigungen und Erlaubnisse) oder belastenden Nebenbestimmungen (Genehmigungen und Erlaubnisse, Subventionsgewährungen) verbunden sind. Der Erlaß eines solchen Verwaltungsaktes ohne Antrag widerspricht dem Übermaßverbot[16]. Eine Ernennung zum Beamten ist ohne Antrag ungeeignet, das gesetzgeberische Ziel zu erreichen, weil das Beamtenverhältnis persönlichen Einsatz des Beamten verlangt und dieser nur bei freiwilliger Begründung hinreichend garantiert ist. Eine solche Ernennung ist aber auch unverhältnismäßig im engeren Sinne, da eine zwangsweise Begründung des Beamtenverhältnisses eine erhebliche Beeinträchtigung der persönlichen Freiheit darstellt, der keine diese Beeinträchtigung legitimierenden öffentlichen Interessen gegenüberstehen. Eine ohne Antrag erteilte Genehmigung oder Erlaubnis erweist sich als zur Zielerreichung ungeeignet, weil der Sinn der Erteilung darin liegt, dem Adressaten die rechtmäßige Vornahme der genehmigungs- oder erlaubnisbedürftigen Handlung zu ermöglichen[17]. Soweit er daher nicht zur Ausübung der Handlung gezwungen werden kann[18], diese also seiner freien Willensentscheidung überantwortet bleibt, ist es zweckwidrig, ihm die Genehmigung oder Erlaubnis dennoch zu erteilen, wenn er keinen Antrag gestellt hat und damit zu erkennen gibt, daß er die Handlung nicht vornehmen will. Überdies ist eine derartige Erteilung unabhängig von der Geeignetheit unverhältnismäßig im engeren Sinne, denn die durch Gebührenpflichten oder Nebenbestimmungen bewirkte Belastung findet ihre Rechtfertigung in dem für die Erteilung geleisteten Verwaltungsaufwand bzw. in der Erteilung. Die Erteilung der Genehmigung oder Erlaubnis liegt aber solange im überwiegenden Interesse des Betroffenen, wie dieser nicht zur Vornahme der genehmigungs- oder erlaubnisbedürftigen Tätigkeit gezwungen werden kann[19]. Abwägungsfähige Rechtsgüter sind also einmal die beeinträchtigte Grundrechtssphäre des Betroffenen, der als gegenläufiges Rechtsgut die seinen Interessen dienende Genehmigung oder Erlaubnis gegenübersteht. Sowohl das beeinträchtigte als auch das effektuierte Interesse beziehen sich auf dasselbe Rechtssubjekt, es liegt daher eine intra-personale Rechtsgüterkollision vor, bei der allein der Betroffene zu entscheiden hat, welches Rechtsgut höherwertig ist. Verhältnismäßig ist die Erteilung der Genehmigung oder Erlaubnis folglich nur, wenn der Betreffende durch seinen Antrag zu erkennen gibt, daß er die Begünstigung wünscht. Die gleichen Argumente gelten, sofern etwa eine Subven-

---

[16] Zum Übermaßverbot siehe etwa *Schnapp*, JuS 1983, S. 850 ff.

[17] Diese Zweckrichtung betont auch *Schwerdtfeger*, DÖV 1966, S. 494, 496.

[18] So im Falle des § 39 b BBauG — Baugebot.

[19] Die Bedeutung der Interessenrichtung betont *Henke*, Wirtschaftssubventionen, S. 159.

tionsgewährung auch mit einer Belastung verbunden ist. Stellt die durch den Verwaltungsakt getroffene Regelung keinen Grundrechtseingriff dar, so ist die Erteilung einer Genehmigung oder Erlaubnis ohne Antrag — wie oben erörtert — jedenfalls zweckwidrig. Auch durch eine aufgedrängte Subvention würde das im allgemeinen ein gewisses Maß an Kooperation voraussetzende Subventionsziel häufig nicht erreicht[20]. Bei Ansprüchen auf Geldleistung, etwa Rentenansprüchen, die nicht mit einer Belastung verbunden sind, ist es schließlich sinnvoll und zulässig, dem Begünstigten durch den Antrag die Initiative zu überlassen, da der Staat kein Interesse an der Auszahlung der Beträge hat und die Antragsbedürftigkeit der Behörde die Last nimmt, von Amts wegen für eine unüberschaubare Anzahl von Personen das Bestehen von Ansprüchen prüfen zu müssen[21].

Die Grundrechte sind neben ihrer Bedeutung für die Begründung der Mitwirkungsbedürftigkeit von Verwaltungsakten auch für die Frage erheblich, ob der Antragsteller ein subjektives öffentliches Recht auf rechtmäßige Ermessensausübung bezüglich des Erlasses oder auf Erlaß des begehrten Verwaltungsaktes hat. Soweit sich ein derartiges Recht nicht schon aus dem Wortlaut der Norm ergibt, führt eine verfassungskonforme Interpretation der Erlaßnorm zu einem solchen, falls die Erteilung der Genehmigung oder Erlaubnis grundrechtlich garantierte Freiheit wiederherstellt. Beeinträchtigt nämlich das der Genehmigung oder Erlaubnis vorgeschaltete Verbot Grundrechte des Betroffenen und verpflichtet die entsprechende Rechtsvorschrift die Behörde unter bestimmten Voraussetzungen zur Ermessensentscheidung über die Erteilung der Genehmigung oder Erlaubnis oder zu deren Erteilung, dann erweist sich die Vorenthaltung eines Anspruches darauf als Verstoß gegen das Gebot des Interventionsminimums oder der Verhältnismäßigkeit im engeren Sinne[22]. Durch Art. 33 II GG ist der Anspruch des Bewerbers auf rechtmäßige Ermessensentscheidung über die Ernennung zum Beamten verfassungsrechtlich fundiert[23]. Läßt sich ein Anspruch über die subjektiv-rechtliche Komponente der Grundrechte nicht begründen, dann wird heute aus ihrem objektiv-rechtlichen Gehalt oder den Staatsstrukturprinzipien der Sozialstaatlichkeit und Demokratie in vielen Fällen gefolgert, daß der Verpflichtung der

---

[20] *Henke*, Wirtschaftssubventionen, S. 160.

[21] *Kirchhof*, DVBl. 1985, S. 651, 656, spricht von Verwaltungsvereinfachung.

[22] Damit argumentiert auch *Gusy*, JA 1981, S. 80, 82. Offenbleiben kann hier, ob beim sog. repressiven Verbot die Gewährung eines subjektiven öffentlichen Rechtes auf Dispenserteilung stets oder teilweise ausgeschlossen ist, so *Gusy*, JA 1981, S. 80, 83 f., und *Maurer*, § 9 V 3, S. 166, Rdnr. 55. Kritisch *Schwabe*, JuS 1973, S. 133, 136.

[23] *v. Münch*, in: v. Münch, S. 25 f.

Behörde ein subjektives öffentliches Recht des Begünstigten korrespondiert[24]. Dieses Recht erweist sich dabei als die Rechtsfigur, die den Einzelnen aus seiner Rolle als bloßes Objekt hoheitlichen Waltens befreit und in den Status eines Rechtssubjektes erhebt, welches den Trägern öffentlicher Gewalt anspruchsberechtigt gegenübertritt, von ihnen also ein Tun, Dulden oder Unterlassen verlangen kann[25].

Das „Wesen" des Antrages auf Erlaß eines mitwirkungsbedürftigen Verwaltungsaktes erhellt sich aus den unterscheidbaren Aspekten der Möglichkeit, den Erlaß des Verwaltungsaktes durch Unterlassen einer Antragstellung zu verhindern sowie die Behörde durch Antrag zur Ermessensausübung oder zum Erlaß zu verpflichten und in der Regel ein subjektives öffentliches Recht zu begründen. Das Angewiesensein auf Mitwirkung des Privaten macht den mitwirkungsbedürftigen Verwaltungsakt damit zu einer ausgeprägten Form der Partizipation an Verwaltungsentscheidungen[26], er verleiht dem Berechtigten eine Mitentscheidungsbefugnis. Wenn auch die Rechtmäßigkeit staatlicher Maßnahmen bei nicht-mitwirkungsbedürftigen Verwaltungsakten oftmals von Handlungen Privater abhängen kann — etwa der Erlaß einer Ordnungsverfügung gegenüber einer Person von einer ihr zurechenbaren Gefahr —, so liegt doch der qualitative Unterschied dieser „Mitwirkungsformen" gegenüber dem mitwirkungsbedürftigen Verwaltungsakt auf der Hand. Dessen Spezifikum ist nämlich die Notwendigkeit einer Mitwirkung in Form einer „Willenserklärung"[27]; nur wenn der Antragsteller den Erlaß des Verwaltungsaktes will, darf dieser erlassen werden. Die Rechtsordnung macht damit die Entstehung, Konkretisierung, Veränderung, Aufhebung und Ausgestaltung öffentlich-rechtlicher Rechtsverhältnisse in weitem Umfang vom Willen des einzelnen abhängig[28]. Die Zunahme über das bloße Unterworfensein unter die staatliche Anordnungsgewalt hinaus individualisierter und verdichteter Beziehungen zwischen Verwaltung und Bürger hat in jüngster Zeit zu der Forderung geführt, den Verwaltungsakt als Zentrum dogmatischer Beschäftigung des Verwaltungsrechtes durch das „Ver-

---

24 Siehe etwa *Henke*, DVBl. 1964, S. 649, 654 f. (Freiheitsgrundrechte); *Lorenz*, S. 52 (Demokratieprinzip); *Bull*, § 5 *5 c*, S. 128 (Sozialstaatsprinzip); BVerwGE 1, S. 159, 161 f. (Menschenbild des Grundgesetzes, insbesondere Grundsatz der Menschenwürde, Art. 1 I GG).

25 *Erichsen / Martens*, in: Erichsen / Martens, § 10 II 5, S. 148.

26 Zu den Partizipationsformen siehe z. B. *Robert Walter*, VVDStRL 31, S. 147, 153 f.

27 Ob der Antrag als Willenserklärung i. S. der zivilrechtlichen Dogmatik anzusehen ist, als geschäftsähnliche Handlung oder als eigenständige Erklärungsform, kann hier noch offenbleiben; dazu etwa *Middel*, S. 26 ff.; *Siebecke*, S. 27 ff.

28 *Krause*, VerwArch. 1970, S. 297, 303.

waltungsrechtsverhältnis"[29] abzulösen, da insbesondere die Lehre von den Mitwirkungshandlungen des Bürgers erst hier ihren systematisch richtigen Platz finde[30]. Es ist jedoch auch mit den „traditionellen" Instrumenten möglich, diese Handlungen zutreffend zu erfassen, wie die — allerdings weiter entwicklungsbedürftige — Lehre vom mitwirkungsbedürftigen Verwaltungsakt gerade beweist. Daher ist es nicht erforderlich, die weitere Erörterung mit diesem in mancher Hinsicht noch unfertigen und konturlosen Institut zu belasten[31].

Weil der Wille des einzelnen Einfluß auf öffentlich-rechtliche Rechtsverhältnisse hat, ähnelt der Antrag der Willenserklärung des Zivilrechtes[32], untersteht aber nicht dessen Rechtsregime, sondern teilt den Rechtscharakter des Aktes, auf dessen Erlaß er gerichtet ist, ist also öffentlich-rechtlich zu beurteilen, weil die Entstehungsvoraussetzungen einer Sonderrechtsfolge nur von solchen Normen gesteuert werden können, die ebenfalls Sonderrechtscharakter tragen[33]. Dagegen spricht nicht die Figur des privatrechtsgestaltenden Verwaltungsaktes und anderer öffentlich-rechtlicher Instrumente, die privatrechtliche Rechtsfolgen auslösen[34], denn es ist zwar möglich, daß öffentliches Recht unmittelbar private Rechtsverhältnisse gestaltet, nicht aber, daß via Privatrecht unmittelbar öffentlich-rechtliche Verhältnisse geregelt werden[35].

Von grundlegender Bedeutung ist die Antwort auf die Frage, welche Voraussetzungen der Antrag erfüllen muß, damit der Verwaltungsakt entsprechend dem Begehren des Antragstellers zu erlassen ist. Als

---

29 Zum Verwaltungsrechtsverhältnis *Achterberg*, Allgemeines Verwaltungsrecht, § 19, S. 290 ff. m. w. N. auf S. 316. Die „Zweiseitigkeit" der Rechtsbeziehung klingt etwa auch schon bei *Forsthoff*, Verwaltungsrecht, 1. Aufl., § 10 *1*, S. 141 ff., an.

30 So *Häberle*, S. 248, 284 Fußn. 129.

31 Kritisch auch *Erichsen / Martens*, in: Erichsen / Martens, § 10 II, S. 133 f.

32 Dazu lediglich *Larenz*, §§ 18, 19, S. 302 ff.

33 Das entspricht der ganz überwiegenden Meinung, vgl. *Middel*, S. 28 ff.; *Siebecke*, S. 24 f.; *Badura*, in: Erichsen / Martens, § 39 II, S. 337. Zu einem anderen Ergebnis führt die Ansicht von *Gern*, S. 52, der sich zwar nur mit dem öffentlich-rechtlichen Vertrag beschäftigt, dessen Gedanken aber konsequenterweise auch für den Antrag auf Erlaß eines Verwaltungsaktes gelten.

34 Zum privatrechtsgestaltenden Verwaltungsakt siehe lediglich *Erichsen / Martens*, in: Erichsen / Martens, § 11 II 3, S. 167.

35 Parallelfall ist die sog. Zweistufentheorie, dazu *Henke*, Wirtschaftssubventionen, S. 11 f. m. w. N., die ebenfalls zu einer Vermengung von öffentlichem Recht und Privatrecht führt. Nach ihr ist es aber nur möglich, daß einer öffentlich-rechtlichen eine privatrechtliche Stufe nachgeschaltet wird, nicht aber, daß eine privatrechtliche Norm unmittelbar öffentlich-rechtliche Folgen hat. Auch der privatrechtliche Eigentumsübergang führt zwar dazu, daß die öffentliche Gewalt gemäß Art. 14 GG bei Eingriffen gegenüber dem Erwerber gebunden ist, die Bindung resultiert aber unmittelbar erst daraus, daß Art. 14 GG den öffentlich-rechtlichen Begriff des Eigentums teilweise deckungsgleich mit dem des BGB versteht.

Handlung, die die Behörde zu einer bestimmten Entscheidung veranlassen soll, ist der Antrag als Erwirkungshandlung zu bezeichnen[36]. Die prozessualen Bewertungskriterien von Erwirkungshandlungen, „Zulässigkeit" und „Begründetheit", greift § 24 III VwVfG auf, ohne daß das VwVfG des weiteren ausdrücklich bestimmte Zulässigkeits- und Begründetheitsvoraussetzungen nennt. Man kann daher davon ausgehen, daß § 24 III VwVfG eine Verweisung auf die ausgebildete Verfahrenspraxis enthält, die sich am Prozeßrecht orientiert und danach zu den Zulässigkeitsvoraussetzungen zählt[37]:

— Zuständigkeit der Behörde

— Beteiligungsfähigkeit

— Handlungsfähigkeit

— Hinreichende inhaltliche Bestimmtheit des Antrages

— Formgemäßheit der Antragstellung

— Beachtung etwaiger Antragsfristen

— Antragsberechtigung entsprechend § 42 II VwGO

— Sachbescheidungsinteresse entsprechend dem prozessualen Rechtsschutzbedürfnis

Zu klären ist aber auch, ob es sich auf die Zulässigkeit eines Antrages auswirkt, daß dieser zuvor schon bei einer anderen Behörde gestellt wurde und das Verfahren dort noch anhängig ist oder schon mit einer Entscheidung abgeschlossen wurde[38].

Sind damit die verfahrensrechtlichen Anforderungen an den Antrag genannt, so dient die Begründetheitsprüfung der materiellen Rechtslage[39], die von Fall zu Fall verschieden ist, hier aber insoweit untersucht wird, wie dem Antrag neben seiner verfahrensrechtlichen auch eine materiell-rechtliche Bedeutung zugemessen wird[40]. Entsprechend der durch Art. 84 I GG vorgegebenen Unterscheidung von Verwaltungsverfahrensrecht und „materiellem" Verwaltungsrecht spricht man nämlich dem Antrag eine verfahrensrechtliche Funktion zu, soweit er die Einleitung und Durchführung eines Verwaltungsverfahrens be-

---

36 Vgl. zum Prozeßrecht etwa *Rosenberg / Schwab*, § 64 I, S. 360 f.

37 So *Kopp*, VwVfG, Vor. § 9 Rdnr. 15 ff., und § 22 Rdnr. 9 ff.; *Obermayer*, Dogmatische Probleme, S. 119, 122 ff. Siehe auch *Gusy*, BayVBl. 1985, S. 484, 486.

38 Vgl. §§ 261 III 1, 325 I ZPO; §§ 90 II, 121 VwGO.

39 Zum Zivilprozeß siehe *Arens*, Zivilprozeßrecht, § 1, S. 1 f., Rdnr. 1.

40 Etwa *Weides*, § 4 III 1, S. 36 ff.; *Middel*, S. 26; *Hablitzel*, BayVBl. 1974, S. 392, 395; *Burdenski*, in: Burdenski / v. Maydell / Schellhorn, § 16 Rdnr. 4 f., § 40 Rdnr. 2 ff.; *Hauck / Haines*, § 40 Rdnr. 3; *Peters*, § 40 Anm. 5; BVerfGE 37, S. 363, 385 ff.

trifft, eine materiell-rechtliche, wenn er den materiell-rechtlichen Anspruch auf Erlaß des Verwaltungsaktes begründet oder das Einverständnis in den Erlaß eines Verwaltungsaktes mit bestimmtem Inhalt enthält[41]. Jedenfalls ist der Antrag aber auch in seiner materiell-rechtlichen Funktion eine Verfahrenserklärung und muß daher den verfahrensrechtlichen Anforderungen entsprechen[42]. Weil aber auch Fristbestimmungen sowohl verfahrensrechtlicher wie materiell-rechtlicher Natur sein können[43], wird im Rahmen der Fristgemäßheit der Antragstellung beiden Fristtypen Beachtung geschenkt, obgleich aus der Nichteinhaltung einer materiell-rechtlichen Frist konsequenterweise nicht die Unzulässigkeit, sondern die Unbegründetheit des Antrages folgt. Abschließend ist jedoch zu klären, ob ein Prüfungsvorrang der Zulässigkeitsvoraussetzungen vor den Begründetheitsvoraussetzungen überhaupt besteht[44]. Das ist aber erst sinnvoll, wenn man die herkömmlich als Zulässigkeitsvoraussetzungen bezeichneten Anforderungen abschließend dargestellt hat.

B. Die Einleitung des Verfahrens

Gemäß § 22 VwVfG entscheidet die Behörde grundsätzlich nach pflichtgemäßem Ermessen, ob und wann sie ein Verwaltungsverfahren durchführt, also auch ein Verfahren einleitet, soweit sie nicht aufgrund von Rechtsvorschriften von Amts wegen oder auf Antrag tätig werden muß oder nur auf Antrag tätig werden darf und ein Antrag nicht vorliegt. Es gilt nun, Rechtsvorschriften aufzufinden, die Rechtsfolgen bezüglich der Verfahrenseinleitung gerade von einem Antrag abhängig machen. Zunächst ist dabei auf Rechtsvorschriften einzugehen, die anordnen, daß die Behörde ohne Antrag ein Verwaltungsverfahren nicht durchführen darf, § 22 S. 2 Nr. 2 VwVfG. Ergibt eine derartige „Sperrfunktion“ des nicht gestellten Antrages sich nicht aus ausdrücklichen Verfahrenseinleitungsvorschriften[45], so folgt sie mittelbar aus den Rechtsvorschriften, die anordnen, daß ein Verwaltungsakt ohne Antrag nicht erlassen werden darf, sei es, daß man dem Antrag lediglich die verfahrensrechtliche Funktion des Einverständnisses mit der Einleitung und Durchführung eines Verwaltungsverfahrens zuspricht, sei es, daß man in ihm zugleich das materiell-rechtliche Einverständnis des Antragstellers in den Erlaß des Verwaltungsaktes erblickt[46]. Ein materiell-

---

[41] So *Weides*, § 4 III 1, S. 36.

[42] Das Verfahrensmoment betont auch *Krause*, VerwArch. 1970, S. 297, 299.

[43] Dazu *Köppl*, S. 22 ff.

[44] So *Kopp*, VwVfG, Vor. § 9 Rdnr. 9.

[45] Etwa § 10 I BImSchG.

[46] Siehe I. Teil, 1. Kap., A.

rechtlich antragsbedürftiger Verwaltungsakt ist nämlich stets auch verfahrensrechtlich antragsbedürftig, weil es zweckwidrig wäre, ohne Antrag überhaupt ein Verwaltungsverfahren durchzuführen — der Verwaltungsakt darf ja ohne Antrag ohnehin nicht erlassen werden, die Behörde leistet also unter Umständen überflüssigen Verwaltungsaufwand — und der Betroffene darüber hinaus mit den Lasten einer Beteiligtenstellung konfrontiert würde, obgleich er sein Einverständnis in den Erlaß des Verwaltungsaktes noch gar nicht erklärt hat. Fraglich ist nur, ob alle mitwirkungsbedürftigen Verwaltungsakte auch antragsbedürftig sind, also eines vor Einleitung des Verfahrens erklärten Einverständnisses bedürfen, oder ob eine nach Erlaß des Verwaltungsaktes erteilte Zustimmung ausreicht, wie es etwa für die Beamtenernennung vertreten wird[47]. Der ohne Antrag erlassene Verwaltungsakt sei hier nicht rechtswidrig, sondern rechtmäßig schwebend unwirksam und werde mit der nachträglichen Zustimmung wirksam[48]. Diese schon vor Inkrafttreten des VwVfG vertretene und auch danach teilweise ausdrücklich aufrechterhaltene Position[49] ist aber mit § 43 I VwVfG nicht vereinbar[50], wonach der Verwaltungsakt gegenüber demjenigen, für den er bestimmt ist oder der von ihm betroffen wird, in dem Zeitpunkt wirksam wird, in dem er ihm bekanntgegeben wird. § 43 I VwVfG bezieht sich zwar nur auf die sog. äußere Wirksamkeit, die Existenz des Verwaltungsaktes, und sagt unmittelbar nichts über seine innere Wirksamkeit, die Geltung seiner Regelung aus[51]; eine von der äußeren Wirksamkeit zeitlich abweichende innere Wirksamkeit setzt aber hier voraus, daß der Verwaltungsakt gemäß § 36 II Nr. 2 VwVfG unter der aufschiebenden Bedingung der Zustimmung des Betroffenen erlassen wird. Der Einsatz einer aufschiebenden Bedingung scheidet jedoch bei der Beamtenernennung schon wegen deren Bedingungsfeindlichkeit aus[52]. Im übrigen darf ein Verwaltungsakt nur nach pflichtgemäßem Ermessen mit einer Nebenbestimmung versehen werden, § 36 II 1 VwVfG, sie muß also sachbezogen und sachgerecht sein[53]. Es ist aber kein Grund ersichtlich, der eine solche Nebenbestimmung sachgerechter oder ebenso sachgerecht erscheinen läßt wie den unbedingten Erlaß des Verwaltungsaktes nach erfolgter Antragstellung, da die Behörde mit der Prüfung der Erlaßvoraussetzungen und dem

[47] *Wolff / Bachof*, Verwaltungsrecht I, § 48 II, S. 403.

[48] *Wolff / Bachof*, Verwaltungsrecht I, § 48 II, S. 403; *Battis*, § 6 Anm. 3.

[49] So *Scheerbarth / Höffken*, § 12 I 2, S. 222, bes. Fußn. 10.

[50] Darauf weisen *Stelkens*, in: Stelkens / Bonk / Leonhardt, § 43 Rdnr. 15 a, und *Klappstein*, in: Knack, § 43 Anm. 2.2, hin. A. A. *Sachs*, VerwArch. 1985, S. 398, 406.

[51] Siehe *Krebs*, VerwArch. 1977, S. 285, 288.

[52] Siehe nur *Schachel*, S. 128.

[53] *Erichsen / Martens*, in: Erichsen / Martens, § 14 II, S. 207.

Erlaß des Verwaltungsaktes unnützen Verwaltungsaufwand leisten würde, weil offen ist, ob die Zustimmung jemals erklärt und der Verwaltungsakt wirksam wird.

Jedes auf Erlaß eines mitwirkungsbedürftigen Verwaltungsaktes gerichtete Verfahren darf daher erst auf Antrag eingeleitet werden, so daß sich die Frage stellte, welche Voraussetzungen der Antrag erfüllen muß, damit die Behörde das Verfahren einleiten darf, wann und unter welchen Voraussetzungen sie das Verfahren einleiten muß und wann der Antragsteller einen Anspruch auf ermessensrichtige Entscheidung über die Einleitung oder einen auf Einleitung hat.

Stellt der Antrag keine Verfahrensvoraussetzung dar, ist er also auf den Erlaß eines nicht-mitwirkungsbedürftigen Verwaltungsaktes gerichtet, so gibt es keine Normen, die ausdrücklich anordnen, der Antrag bewirke, daß eine ohne Antrag nur bestehende Pflicht zur rechtmäßigen Ermessensentscheidung über die Verfahrenseröffnung sich zu einer Einleitungspflicht verdichte. Ebensowenig ist ausdrücklich vorgeschrieben, der Antrag verschaffe dem Antragsteller konstitutiv ein subjektives öffentliches Recht hinsichtlich der Verfahrenseröffnung, also einen Anspruch, der ohne Antrag nicht bestünde[54]. Es fragt sich jedoch, ob nicht aus § 24 III VwVfG i. V. m. Art. 17 GG gerade auf Antrag stets ein Anspruch auf Einleitung eines Verwaltungsverfahrens folgt, welcher relevant wird, wenn aufgrund spezieller Vorschriften lediglich ein Anspruch auf rechtmäßige Ermessensentscheidung über die Verfahrenseröffnung existiert oder diese danach ausschließlich objektiv-rechtlich geregelt ist[55].

C. Die Beteiligung am Verfahren

Bei einem auf Erlaß eines Verwaltungsaktes gerichteten Verwaltungsverfahren nennt § 13 I VwVfG als „geborene" Beteiligte den Antragsteller, § 13 I Nr. 1 VwVfG, und denjenigen, an den die Behörde den Verwaltungsakt richten will oder gerichtet hat, § 13 I Nr. 2 VwVfG. Auch hier interessieren nur die Fälle, in denen die Beteiligung gerade von einem Antrag abhängt, also über § 13 I Nr. 1 VwVfG vermittelt wird, nicht hingegen die Situationen, in denen der Antragsteller nach § 13 I Nr. 2 VwVfG ohnehin Beteiligter ist. Zunächst sind dabei die Verfahren auf Erlaß eines mitwirkungsbedürftigen Verwaltungsaktes zu nennen, da dort ohne Antrag gar kein Verfahren durchgeführt werden darf, also auch die Beteiligung am Verfahren gerade von einem

[54] Siehe I. Teil, 1. Kap., A.

[55] Etwa im Falle des § 4 I StVG — Entziehung der Fahrerlaubnis wegen Ungeeignetheit zum Führen von Kraftfahrzeugen.

Antrag abhängt. Bei den nicht antragsabhängigen Verfahren wird die Beteiligteneigenschaft allein über § 13 I Nr. 1 VwVfG begründet, soweit der Antragsteller nicht zugleich Adressat des Verwaltungsaktes und damit Beteiligter nach § 13 I Nr. 2 VwVfG ist. Daher ist festzustellen, unter welchen Voraussetzungen derjenige Verfahrensbeteiligter wird, der entweder einen Antrag auf Erlaß eines mitwirkungsbedürftigen Verwaltungsaktes stellt oder der nicht Adressat des begehrten Verwaltungsaktes ist.

Dem gemäß § 13 VwVfG am Verfahren Beteiligten weist das VwVfG in §§ 14, 25 S. 2, 28 I, 29 und 30 VwVfG subjektive Rechte zu und macht ihn durch §§ 15, 18, 26 II 1 VwVfG zum Träger von Pflichten bzw. Lasten. Die Gründe für diese Position sind auf zwei Wurzeln zurückzuführen, die allerdings manche Gemeinsamkeiten aufweisen. Die Beteiligung ist zunächst schon eine Frage der Zweckmäßigkeit, weil der Beteiligte vielfach der primäre Wissensträger ist und die Behörde daher die für die Entscheidung notwendigen Informationen oft erst durch ihn erhalten kann[56]. Zudem erhöht die Beteiligung des Betroffenen seine Bereitschaft, die Entscheidung zu akzeptieren, steigert damit deren Vollzugsfähigkeit und vermeidet nachträgliche gerichtliche Streitigkeiten[57]. Weiterhin bewirkt die Entscheidungsvorbereitung im Diskurs vermehrte Anforderungen an die Entscheidung und zielt damit auf zusätzliche Legitimation[58]. Die Beteiligung ist daneben und vor allem aber auch ein wesentlicher Teil des Gesamtbildes, das die Verfassung hinsichtlich der Stellung des einzelnen und seines Verhältnisses zur Gemeinschaft und zum Staate mit verbindlicher Wirkung für alle öffentliche Gewalt vorzeichnet[59]. Sie erweist sich damit letztlich als die logische Konsequenz aus der Anerkennung materieller subjektiver öffentlicher Rechte[60].

---

[56] *Kopp*, Beteiligtenbegriff, S. 159, 161, und *Schmitt Glaeser*, VVDStRL 31, S. 179, 247.

[57] *v. Mutius*, NJW 1982, S. 2150, 2151.

[58] *v. Mutius*, NJW 1982, S. 2150, 2151.

[59] *Kopp*, Beteiligtenbegriff, S. 159, 162.

[60] Es verwundert daher nicht, daß zur verfassungsrechtlichen Begründung dieser Position die gleichen Begründungsstränge angeführt werden: *Schmitt Glaeser*, VVDStRL 31, S. 179, 209 ff. (Demokratieprinzip), S. 240 ff. (Rechtsstaatsprinzip), S. 249 ff. (Sozialstaatsprinzip); *Kopp*, Beteiligtenbegriff, S. 159 ff. (Menschenbild des Grundgesetzes); *Goerlich*, NJW 1981, S. 2616 f. (Grundrechte als Verfahrensgarantien); siehe auch BVerfGE 53, S. 30, 57 ff. — Mülheim - Kärlich.

Zweites Kapitel

Der Antrag auf Abschluß eines öffentlich-rechtlichen Vertrages

A. Der Abschluß des öffentlich-rechtlichen Vertrages

Der öffentlich-rechtliche Vertrag i. S. des § 54 VwVfG ist wie der Vertrag in der übrigen Rechtsordnung die von zwei oder mehr Rechtssubjekten erklärte Willensübereinstimmung über die Herbeiführung einer von den Beteiligten beabsichtigten rechtlichen Wirkung[1]. Die abgegebenen Willenserklärungen kann man als Vertragsantrag oder -angebot bzw. Vertragsannahme bezeichnen[2], wobei der hier gewählte Begriff „Antrag" beide Erscheinungen umfaßt, aber durch die genannten Bezeichnungen ersetzt wird, falls es auf die Differenzierung ankommt.

Der Streit um die Zulässigkeit des öffentlich-rechtlichen Vertrages zwischen einem Privatrechtssubjekt und einem Träger öffentlicher Gewalt hat erst durch dessen legislatorische Anerkennung in §§ 54 ff. VwVfG seinen endgültigen Abschluß gefunden. Maßgeblicher Gegner dieser Handlungsform war *Otto Mayer*, der die für den Vertrag vorausgesetzte Gleichberechtigung der Vertragspartner im Verhältnis Bürger-Staat nicht gegeben sah[3]. Diese Position erledigte sich folglich erst mit einem verfassungsrechtlich fundierten, gewandelten Verständnis der Rolle des Bürgers im Staat, mit der Anerkennung seiner Subjektqualität[4].

Durch die Möglichkeit, öffentlich-rechtliche Verträge abzuschließen, gewinnt der Bürger wie beim mitwirkungsbedürftigen Verwaltungsakt eine Gestaltungsmacht im Bereiche des öffentlichen Rechtes, die sich von der beim mitwirkungsbedürftigen Verwaltungsakt aber dadurch charakteristisch unterscheidet, daß dem Privaten ein subjektives öffentliches Recht auf Abschluß des Vertrages grundsätzlich nicht zusteht,

---

1 *Bonk*, in: Stelkens / Bonk / Leonhardt, § 54 Rdnr. 11.

2 Vgl. §§ 145 ff. BGB.

3 AöR 1888, S. 3, 42; siehe auch *Henke*, Wirtschaftssubventionen, S. 23 ff.; zuletzt Vorbehalte von *Bullinger*, S. 110 ff. und passim.

4 Dazu BVerwGE 23, S. 213, 215 f.; insbesondere *Buddenberg*, AöR 1926, S. 85, 138.

subjektive Rechte vielmehr erst durch den Vertrag begründet werden und der Vertrag im Gegensatz zum Verwaltungsakt stets eine zweiseitige Regelung darstellt[5]. Parallelen bestehen hingegen insoweit, als auch der Vertragsantrag für den Abschluß des Vertrages als dessen Wirksamkeitsvoraussetzung stets erheblich ist und sich die Antragsvoraussetzungen ausschließlich nach öffentlichem Recht richten[6]. Weil ein öffentlich-rechtlicher Vertrag, ebenso wie ein zivilrechtlicher, aus zwei korrespondierenden Willenserklärungen besteht, können Unwirksamkeitsgründe des Vertrages aus Mängeln des Vertragsantrages des Privaten resultieren, wobei der Vertrag immer dann nichtig, also unwirksam ist, wenn der Vertragsantrag unwirksam ist. Ergeben sich hier Parallelen zum mitwirkungsbedürftigen Verwaltungsakt, weil auch dessen Erlaß ohne einen zulässigen Antrag jedenfalls rechtswidrig ist, so sollen auch die Unwirksamkeitsgründe des öffentlich-rechtlichen Vertrages nur insoweit untersucht werden, wie sie gerade auf Mängeln des Antrages beruhen, nicht aber den Inhalt des Vertrages betreffen[7]. Wegen der Ähnlichkeit des Vertrages mit dem mitwirkungsbedürftigen Verwaltungsakt ist folglich zu fragen, inwieweit die Wirksamkeitsvoraussetzungen eines Vertragsantrages den Zulässigkeitsvoraussetzungen eines Antrages auf Erlaß eines Verwaltungsaktes entsprechen.

B. Die Einleitung des Verfahrens

Das auf Abschluß eines öffentlich-rechtlichen Vertrages gerichtete Verfahren ist nicht von einem Angebot des Privaten abhängig, sondern kann auch durch ein Angebot der Behörde eingeleitet werden. Dann hat die Annahme dieses Antrages für die Verfahrenseinleitung keine Bedeutung mehr, da schon ein Verwaltungsverfahren begonnen hat. Es fragt sich aber, unter welchen Voraussetzungen die Behörde auf ein Angebot des Bürgers hin ein solches Verfahren einleiten muß. Als Grundlage eines derartigen Anspruches kommt allein § 24 III VwVfG i. V. m. Art. 17 GG in Betracht, da keine Vorschriften existieren, die die Behörde zum Abschluß eines Vertrages verpflichten und damit mittelbar die Verfahrenseinleitung regeln.

---

[5] *Bonk*, in: Stelkens / Bonk / Leonhardt, § 54 Rdnr. 11.

[6] Siehe lediglich *Bonk*, in: Stelkens / Bonk / Leonhardt, § 54 Rdnr. 16 f. m. w. N.; a. A. *Gern*, S. 52.

[7] Ebenso unterscheidet auch *Meyer*, in: Meyer / Borgs, § 59 Rdnr. 15 f., zwischen Nichtigkeitsgründen, die gerade auf die einzelne vertragliche Willenserklärung abstellen und solchen, die auf den Inhalt des Vertrages bezogen sind.

C. Beteiligtenstellung

Da derjenige, der einen Antrag auf Abschluß eines öffentlich-rechtlichen Vertrages stellt, immer schon nach § 13 I Nr. 3 VwVfG Beteiligter des Verfahrens ist, wenn er auch der Vertragspartner der Behörde ist, kommt es hier nicht darauf an, ob er auch gemäß § 13 I Nr. 1 VwVfG als Beteiligter anzusehen ist. § 13 I Nr. 1 VwVfG wird aber dann relevant, wenn etwa A den Antrag stellt, die Behörde möge mit B einen öffentlich-rechtlichen Vertrag abschließen, weil A dann nicht gemäß § 13 I Nr. 3 VwVfG als Beteiligter anzusehen ist.

Zweiter Teil

Die Voraussetzungen des Antrages

Erstes Kapitel

Die Einleitung des Verfahrens

Das Verwaltungsverfahren i. S. des § 9 VwVfG ist derjenige Handlungskomplex, in dem die rechtliche und tatsächliche Prüfung der Erlaßvoraussetzungen des Verwaltungsaktes und der Abschlußvoraussetzungen des öffentlich-rechtlichen Vertrages sowie die Entscheidung selbst und deren Vorbereitung erfolgt. Weil daher der Verwaltungsakt nur im Verwaltungsverfahren erlassen, der öffentlich-rechtliche Vertrag nur auf diesem Wege abgeschlossen werden kann, ist es erforderlich, die Voraussetzungen zu untersuchen, unter denen ein Antrag auf Erlaß eines Verwaltungsaktes oder Abschluß eines öffentlich-rechtlichen Vertrages zu einem Verwaltungsverfahren führt. Erheblich ist aber nicht nur, ob auf den Antrag hin ein Verwaltungsverfahren zustandekommt, sondern auch, wann genau es beginnt; denn die der Erreichung einer inhaltlich richtigen Verwaltungsentscheidung unter angemessener Beteiligung der Betroffenen[1] und aufgrund ihrer Kodifikation der Rechtssicherheit[2] dienenden Normen des VwVfG sind erst anwendbar, wenn ein Verwaltungsverfahren i. S. des § 9 VwVfG abläuft. Dessen Anfang entscheidet daher auch über den Beginn der Beteiligtenstellung des Antragstellers gemäß § 13 I VwVfG und damit über die Entstehung seiner Beteiligtenrechte und -pflichten wie auch darüber, ob auf den für die Behörde tätig Werdenden die Befangenheitsvorschriften der §§ 20, 21 VwVfG anwendbar sind. Demnach ist die Beantwortung der Frage, ab wann die Tätigkeit der Behörde als Verfahrenstätigkeit i. S. des § 9 VwVfG anzusehen ist, sowohl für den Antragsteller als auch die Behörde von erheblicher Bedeutung[3]. Weil

---

[1] *Kopp*, Beteiligtenbegriff, S. 159, 160 ff.

[2] Dazu BT-Drs. 7/910, S. 29, und *Schmitt Glaeser*, Verwaltungsverfahren, S. 1, 24 f. m. w. N.

[3] Daß der Beginn des Verwaltungsverfahrens durch § 9 bestimmt wird, wird jedoch nicht immer klar gesehen — etwa: *Lässig*, in: Finkelnburg / Läs-

sich auch die Voraussetzungen, unter denen ein Antrag auf Erlaß eines Verwaltungsaktes oder Abschluß eines öffentlich-rechtlichen Vertrages zu einem Verwaltungsverfahren führt, erst darstellen lassen, wenn man ermittelt hat, wann ein Verwaltungsverfahren i. S. des § 9 VwVfG beginnt, ist der Beginn des Verwaltungsverfahrens zunächst zu erörtern.

A. Der Beginn des Verwaltungsverfahrens

Diesen markiert gemäß § 9 VwVfG die nach außen wirkende Tätigkeit der Behörde, die auf die Prüfung der Voraussetzungen eines Verwaltungsaktes oder öffentlich-rechtlichen Vertrages gerichtet ist, denn diese Prüfung geht der Vorbereitung und dem Erlaß des Verwaltungsaktes bzw. dem Abschluß des öffentlich-rechtlichen Vertrages logisch voraus und ist damit der Mindestbestandteil eines jeden Verwaltungsverfahrens unabhängig davon, ob der Verwaltungsakt erlassen oder der öffentlich-rechtliche Vertrag geschlossen wird. Die auf die Prüfung der Erlaßvoraussetzungen des Verwaltungsaktes wie der Abschlußvoraussetzungen des öffentlich-rechtlichen Vertrages gerichtete Tätigkeit umfaßt sowohl die Ordnung der rechtlichen Gesichtspunkte, die den Erlaß oder Abschluß bestimmen, als auch der tatsächlichen Voraussetzungen, die für den Erlaß oder Abschluß erheblich sind[4]. Diese Prüfungstätigkeit ist aber nur Verfahrenstätigkeit i. S. des § 9 VwVfG, soweit sie auch als nach außen wirkende Tätigkeit i. S. des § 9 VwVfG anzusehen ist. Nach der Wortbedeutung meint „Außenwirkung" als Gegenteil von „Innenwirkung" die Wirkung für ein anderes Rechtssubjekt als dasjenige, dessen Organ die Behörde ist, während Innenwirkung Wirkungen innerhalb der Organisation des Trägers öffentlicher Verwaltung beschreibt, also im Gegensatz zur interpersonalen Außenwirkung nur intrapersonale Folgen hat[5]. Ist damit die Zielrichtung der Wirkung angegeben, so läßt der Wortlaut des § 9 VwVfG anders als der des § 35 VwVfG, der nur *Rechts*wirkungen nach außen betrifft, jedoch offen, ob er sich auf die rechtliche oder die faktische Außenwirkung bezieht. Im ersten Fall kann von Außenwirkung nur die Rede sein, wenn der Rechtskreis einer anderen natürlichen oder juristischen Person erweitert, verringert oder festgestellt wird, während im zweiten Fall ein Berührtsein in Rechten nicht erforderlich wäre, sondern Außenwirkung schon dann vorläge, wenn ein anderes Rechtssubjekt etwa die

---

sig, § 9 Rdnr. 18, und *Borgs*, in: Meyer / Borgs, § 9 Rdnr. 5, der Beginn des Verwaltungsverfahrens richte sich nach § 22 VwVfG —, sondern oftmals die Bedeutung des § 22 VwVfG überbetont, der aber gerade auf den Begriff des Verwaltungsverfahrens und damit auf § 9 VwVfG verweist.

[4] *Leonhardt*, in: Stelkens / Bonk / Leonhardt, § 9 Rdnr. 14.

[5] *Erichsen*, Verwaltungsrecht und Verwaltungsgerichtsbarkeit I, S. 37.

Tätigkeit der Behörde wahrnimmt, also z. B. das Dienstgespräch von Behördenmitarbeitern anhört. Gleichgültig, ob man § 9 VwVfG nur die rechtliche oder aber auch oder nur die faktische Außenwirkung unterordnet, stößt man jedoch auf das Problem, daß auch solche Maßnahmen der Behörde, die unmittelbar nur nach innen wirken, regelmäßig in Verbindung mit anderen Akten mittelbare Außenwirkung erlangen, wie etwa die zunächst nur interne Beiziehung und Auswertung von Akten dann, wenn aufgrund der in ihnen enthaltenen Informationen der Verwaltungsakt erlassen wird (rechtliche Außenwirkung) oder z. B. ein Dritter von der Tätigkeit der Behörde erfährt (faktische Außenwirkung). Diese Abgrenzungsunschärfe von Außen- und Innenwirkung läßt sich jedoch nicht dadurch beseitigen, daß man als Verfahrenstätigkeit i. S. des § 9 VwVfG nur die unmittelbar nach außen wirkende Tätigkeit begreift; denn der Gesetzgeber verwendet den Begriff der Außenwirkung ebenfalls in § 35 VwVfG als Definitionsmerkmal des Verwaltungsaktes, präzisiert ihn dort aber im Gegensatz zu § 9 VwVfG durch das Erfordernis der unmittelbaren Wirkung nach außen näher. Daraus muß man nämlich rechtssystematisch den Schluß ziehen, daß Außenwirkung i. S. des § 9 VwVfG jedenfalls nicht mit der unmittelbaren Rechtswirkung nach außen i. S. des § 35 VwVfG identisch ist[6], da der Gesetzgeber sonst diesen für die Verwaltungsaktsdefinition geläufigen Terminus auch im Rahmen des § 9 VwVfG verwendet hätte; die andere Wortwahl indiziert daher einen anderen, nämlich weiteren, Begriffsgegenstand. Zudem würde die Beschränkung der Verfahrenstätigkeit i. S. des § 9 VwVfG auf unmittelbar nach außen wirkendes Verhalten unter Umständen dazu führen, daß ein auf Erlaß eines Verwaltungsaktes gerichtetes Verfahren erst dann begönne, wenn die Behörde den Antragsteller nach § 28 VwVfG anhörte oder, falls eine Anhörung gemäß § 28 II, III VwVfG gar nicht erforderlich wäre, wenn sie den Verwaltungsakt erließe[7], weil nämlich ein nach Lage der Akten durchgeführtes Verfahren bis dahin keine unmittelbare rechtliche Außenwirkung und regelmäßig auch keine faktische Außenwirkung hat. Daß diese Interpretation unzutreffend ist, belegt § 28 I VwVfG, weil danach die Anhörung geboten ist, bevor ein Verwaltungsakt erlassen wird, der in Rechte eines Beteiligten eingreift, der Betreffende also schon vor der Anhörung Beteiligter nach § 13 VwVfG sein muß und die Beteiligung nach § 11 VwVfG eine Beteiligung am

---

[6] Ebenso *Ule / Laubinger*, § 19 I 2 b) bb), S. 110; *Clausen*, in: Knack, § 9 Anm. 3.2; *Kopp*, VwVfG, § 9 Rdnr. 4; a. A. noch *Kopp*, VwVfG, 1. Auflage, § 9 Anm. 2 ff.

[7] Dies soll nach *Obermayer*, VwVfG, § 13 Rdnr. 16, jedoch möglich und zulässig sein. Bedenken gegen dieses Ergebnis aber bei *Hochschule für Verwaltungswissenschaften Speyer*, S. 25 — der Betroffene sei daher möglichst frühzeitig zu beteiligen.

Verfahren ist, also schon ein begonnenes Verwaltungsverfahren voraussetzt. Die erforderliche Präzisierung des Merkmales „nach außen wirkende Tätigkeit" gewinnt man jedoch, wenn man den Sinn und Zweck des § 9 VwVfG bestimmt. Zwar ist § 9 VwVfG als Definitionsnorm isoliert betrachtet zweckneutral, er erhält seine Bedeutung aber dadurch, daß die Definition des Verwaltungsverfahrens den Schlüssel zur Anwendung zahlreicher weiterer Normen des VwVfG darstellt, weil deren Rechtsfolgen den Tatbestand eines begonnenen Verwaltungsverfahrens voraussetzen. Da § 9 VwVfG mittels dieser Verweisung Bestandteil der fraglichen speziellen Vorschriften wird, erhellt deren Sinn und Zweck auch den des § 9 VwVfG und ermöglicht seine Interpretation. Dieses Vorgehen liegt hinsichtlich des § 20 I 1 VwVfG deshalb besonders nahe, weil schon vom Wortlaut her „Tätigkeit in einem Verwaltungsverfahren" i. S. des § 20 I 1 VwVfG mit der Verfahrenstätigkeit i. S. des § 9 VwVfG identisch ist[8]. § 20 VwVfG kodifiziert den Grundsatz, daß nur solche Bediensteten der Behörde tätig werden dürfen, bei denen keine Umstände vorliegen, die objektiv geeignet sind, Mißtrauen gegen ein sachgemäßes, unparteiisches Verhalten zu rechtfertigen; der Bürger soll also die Gewähr haben, daß an der Entscheidung über seinen Fall keine Personen teilnehmen, deren Unbefangenheit gegenüber der zu treffenden Entscheidung durch ein persönliches Interesse am Gegenstand des Verfahrens gefährdet sein könnte[9]. Da § 20 VwVfG ein Tätigkeitsverbot gegenüber entsprechenden Bediensteten enthält, kommt es nicht darauf an, daß das Verhalten des Bediensteten tatsächlich Auswirkungen auf den Inhalt der Entscheidung hat, weil dies erst beurteilt werden kann, wenn die Entscheidung getroffen wurde, § 20 VwVfG aber auch für die vorgelagerten Verfahrensschritte gilt und seine Anwendung folglich nicht von Informationen abhängig sein kann, über die die Behörde erst nach Abschluß des Verfahrens verfügt.

Demnach ist „Tätigkeit in einem Verwaltungsverfahren" gemäß § 20 I 1 VwVfG und folglich auch Verfahrenstätigkeit i. S. des § 9 VwVfG jedes Verhalten eines Behördenbediensteten, welches im Zeitpunkt seiner Vornahme aus der Sicht der Behörde für den Inhalt der angestrebten verfahrensbeendenden Entscheidung von Bedeutung ist. Das ist jedes Handeln, welches sich auf die Bearbeitung des Antrages bezieht, mit Ausnahme rein technischer Hilfstätigkeiten, wie z. B. der Anfertigung von Photokopien oder der Durchführung von Botengän-

---

[8] Siehe BT-Drs. 7/910, S. 45, und *Bundesminister des Innern*, Begründung zu § 15 I (= § 20 I des VwVfG), S. 112 — Tätigkeit auch vorbereitender Art, die sich außerhalb des behördeninternen Bereiches auswirkt (= nach außen wirkende Tätigkeit).

[9] *Leonhardt*, in: Stelkens / Bonk / Leonhardt, § 20 Rdnr. 3.

gen[10], weil deren Ergebnis durch Befangene ebensowenig beeinflußbar ist wie durch Nicht-Befangene. Dieses Auslegungsergebnis entspricht auch dem Sinn und Zweck der übrigen Regelungen des VwVfG[11], die ein begonnenes Verwaltungsverfahren voraussetzen, denn diese dienen alle dazu, das Verwaltungsverfahren einer rechtsstaatlichen Ordnung zu unterwerfen, um die sachliche Richtigkeit der Verwaltungsentscheidung zu garantieren und die Beteiligten in dieses Verfahren einzubeziehen, damit unter anderem[12] nachträglichen gerichtlichen Streitigkeiten vorgebeugt wird. Einfluß auf die sachliche Richtigkeit einer Verwaltungsentscheidung hat nämlich die gesamte Verfahrenstätigkeit, die aus der Sicht der Behörde den Inhalt der das Verfahren beendenden Entscheidung beeinflussen kann und sobald eine derartige Tätigkeit vorgenommen wird, ist auch die Beteiligung des Betroffenen angebracht[13]. Bei diesem Verständnis des § 9 VwVfG wird auch der Absicht des Gesetzgebers Rechnung getragen, der innerbehördliche Vorbereitungshandlungen aus dem Anwendungsbereich des § 9 VwVfG ausschließen wollte[14], da rein technische Hilfstätigkeiten dem § 9 VwVfG nicht unterfallen. Die gefundene Interpretation des Merkmales „nach außen wirkende Tätigkeit" beantwortet damit auch die Frage nach der Art der Außenwirkung dahingehend, daß nur die rechtliche, nicht aber die faktische Außenwirkung gemeint ist, denn die verfahrensbeendende Entscheidung hat rechtliche Wirkung.

Weil die Prüfung der Erlaßvoraussetzungen des Verwaltungsaktes und der Abschlußvoraussetzungen des öffentlich-rechtlichen Vertrages für den Entscheidungsinhalt stets von Bedeutung ist, stellt sie Verfahrenstätigkeit i. S. des § 9 VwVfG dar.

---

[10] Ebenso *Kopp*, VwVfG, § 20 Rdnr. 38 — alle Mitwirkungshandlungen, die in irgendeiner Weise auf das Ergebnis des Verfahrens Einfluß haben können; *Ule / Laubinger*, § 12 II 1, S. 65; *Obermayer*, VwVfG, § 20 Rdnr. 30; *Leonhardt*, in: Stelkens / Bonk / Leonhardt, § 20 Rdnr. 10.

[11] Daher entspricht die Definition der nach außen wirkenden Tätigkeit i. S. des § 9 VwVfG bei *Schmidt-Aßmann*, Städte- und Gemeindebund 1977, S. 9, 12 f., zu Recht der der Tätigkeit in einem Verwaltungsverfahren gemäß § 20 I 1 VwVfG. Auch die Definitionen anderer Autoren weisen keine erheblichen Abweichungen auf; *Ule / Laubinger*, § 19 I 2 b) bb), S. 110 — solche Tätigkeiten, die den Inhalt der Entscheidung beeinflussen, auf die das Verfahren abzielt; *Kopp*, VwVfG, § 9 Rdnr. 4 — Akte, die sich im Ergebnis unmittelbar auf rechtlich geschützte Positionen des Bürgers auswirken oder auswirken können.

[12] Zu weiteren Zwecken der Beteiligtenstellung siehe I. Teil, 1. Kap., C.

[13] Dazu näher II. Teil, 2. Kap., A.

[14] Siehe BT-Drs. 7/910, S. 41.

B. Die Verfahrensvoraussetzungen

Da das Verwaltungsverfahren mit der Prüfung der Erlaßvoraussetzungen des Verwaltungsaktes oder der Abschlußvoraussetzungen des öffentlich-rechtlichen Vertrages beginnt, ist zu erörtern, wann eine Behörde auf Antrag hin mit der Prüfung dieser Voraussetzungen beginnen darf, wann sie es muß und wann dem Antragsteller ein Anspruch auf diese Prüfung oder jedenfalls auf ermessensrichtige Entscheidung über die Vornahme der Prüfung zusteht. Da die Bedeutung des Antrages für die Verfahrenseinleitung davon abhängt, ob der Erlaß eines Verwaltungsaktes oder der Abschluß eines öffentlich-rechtlichen Vertrages begehrt wird, ist eine gesonderte Untersuchung der beiden Handlungsformen öffentlicher Verwaltung nötig, wobei die Behandlung des Antrages auf Erlaß eines Verwaltungsaktes wiederum danach differenziert, ob ein antragsbedürftiger oder ein nicht-antragsbedürftiger Verwaltungsakt begehrt wird.

I. Der Antrag auf Erlaß eines Verwaltungsaktes

1. Der antragsbedürftige Verwaltungsakt

Naheliegend scheint es zu sein, Anordnungen für die Verfahrenseinleitung aus den Normen abzuleiten, die den Erlaß des antragsbedürftigen Verwaltungsaktes regeln, wobei die Erlaßnorm zu einer Verfahrenseinleitungsnorm aufzubereiten ist. Gewiß kann man den Schluß ziehen, daß die Behörde ein Verfahren einleiten darf, wenn sie auch den mitwirkungsbedürftigen Verwaltungsakt erlassen darf. Jedoch ist die Erlaßmöglichkeit davon abhängig, daß die Tatbestandsvoraussetzungen der Norm vorliegen, die den Erlaß des Verwaltungsaktes regelt, weil erst danach die Rechtsfolge „Erlaß des Verwaltungsaktes" bei Ermessensvorschriften möglich und im Falle einer gebundenen Entscheidung geboten ist. Da aber die Tatbestandsvoraussetzungen Erlaßvoraussetzungen des Verwaltungsaktes sind, deren Feststellung also Verfahrenstätigkeit ist, kann die Verfahrenseröffnung nicht vom Vorliegen dieser Tatbestandsvoraussetzungen abhängig sein, weil dies einen Kenntnisstand der Behörde voraussetzt, den sie gerade erst im Verwaltungsverfahren gewinnen kann. Damit scheidet aber jedenfalls auch die Möglichkeit aus, aus einem Ermessen hinsichtlich des Erlasses des Verwaltungsaktes auf ein Ermessen bezüglich der Verfahrenseinleitung zu schließen, weil das in den Erlaßnormen gewährte Rechtsfolgeermessen nur zum Tragen kommt, wenn der Tatbestand der Norm gegeben ist. Die Behörde ist somit sowohl dann, wenn, wie im Regelfall, das die erstrebte Erlaubnis, Leistung oder sonstige Begünstigung regelnde Gesetz bei der Erfüllung bestimmter Voraussetzungen einen

Anspruch auf den Erlaß des Verwaltungsaktes einräumt, als auch dann, wenn das Gesetz lediglich eine Entscheidung nach Ermessen vorsieht, verpflichtet, ein Verwaltungsverfahren einzuleiten[15]. Voraussetzung dieser Verpflichtung ist lediglich, daß ein Antrag gestellt ist, also ein auf Erlaß eines Verwaltungsaktes gerichtetes Begehren vorliegt, denn die Prüfung der Ordnungsgemäßheit der Antragstellung zählt zu der der Erlaßvoraussetzungen des Verwaltungsaktes und damit zur Verfahrenstätigkeit[16].

Ob dieser Verpflichtung der Behörde ein subjektives Recht des Antragstellers nur dann entspricht, wenn die den Erlaß des Verwaltungsaktes regelnde Norm zumindest auch dem Interesse des einzelnen zu dienen bestimmt ist, also einen Anspruch auf Erlaß des Verwaltungsaktes oder rechtmäßige Ermessensentscheidung über seinen Erlaß gewährt, nicht aber dann, wenn sie keine Anspruchsnorm[17] ist, beantwortet unabhängig von den jeweiligen Erlaßnormen schon § 24 III VwVfG i. V. m. Art. 17 GG. Weil nämlich die Behörde die Zulässigkeit und Begründetheit des Antrages erst im Verwaltungsverfahren feststellen kann[18], da deren Ermittlung bereits Verfahrenstätigkeit ist, schreibt § 24 III VwVfG die Selbstverständlichkeit[19] vor, daß die Behörde die Entgegennahme von Anträgen, die in ihren Zuständigkeitsbereich fallen, nicht deshalb verweigern darf, weil sie den Antrag in der Sache für unzulässig oder unbegründet hält. § 24 III VwVfG enthält aber nicht lediglich ein Verbot gegenüber der Behörde, die Entgegennahme von Anträgen aus bestimmten Gründen zu verweigern, sondern verpflichtet die Behörde grundsätzlich, an sie gerichtete Anträge entgegenzunehmen, also zu lesen bzw. mündlich vorgebrachte Anträge zu hören und zu prüfen, ob dem Antrag aufgrund der für den Erlaß des Verwaltungsaktes maßgeblichen Normen zu entsprechen ist[20]. Diese Verpflichtung ergibt sich auch daraus, daß eine Vorschrift, die anordnet, aus bestimmten Gründen dürfe eine Entgegennahme nicht verweigert werden, nur so verstanden werden kann, daß bei Nichtvorliegen anderer zulässiger Verweigerungsgründe eine Entgegen-

---

15 So auch *Badura*, in: Erichsen / Martens, § 39 II, S. 336 f.; *Gusy*, BayVBl. 1985, S. 484, 486 f.

16 Dazu II. Teil, 2. Kap., A. A. A. wohl *Badura*, in: Erichsen / Martens, § 39 II, S. 337, es müßten die formellen Bedingungen der Antragstellung gegeben sein.

17 Dazu etwa I. Teil, 1. Kap. Fußn. 22.

18 Verfehlt daher *Clausen*, in: Knack, § 22 Anm. 4.6, bei offensichtlich unzulässigen oder unbegründeten Anträgen brauche kein Verfahren eingeleitet zu werden.

19 *Stelkens*, in: Stelkens / Bonk / Leonhardt, § 24 Rdnr. 19; *Kopp*, VwVfG, § 24 Rdnr. 34.

20 *Martens*, JuS 1978, S. 99; *Stelkens*, in: Stelkens / Bonk / Leonhardt, § 24 Rdnr. 19.

nahmepflicht besteht, und daraus, daß § 24 III VwVfG als einfachgesetzliche Ausprägung des Art. 17 GG[21] in seinem Lichte auszulegen ist und daher wie dieser die zuständige Stelle verpflichtet, Bitten des Petenten, also auch Anträge auf Erlaß eines Verwaltungsaktes[22], zu lesen und sachlich zu prüfen[23]. Als Ausfluß des Art. 17 GG gewährt § 24 III VwVfG dem Antragsteller aber auch ein der Verpflichtung der Behörde korrespondierendes subjektives öffentliches Recht, also einen Anspruch. Daß Art. 17 GG auch für alle Anträge auf Erlaß eines Verwaltungsaktes gilt, droht aber mitunter aus dem Blick zu geraten, wenn man das Petitionsrecht lediglich als „verfassungsrechtliches Notrufrecht"[24] begreift, weil dies die fehlerhafte Annahme nahelegt, Art. 17 GG gelte überhaupt nur jenseits des „formalisierten" Verwaltungsverfahrens, insbesondere dann, wenn der Petent keinen Anspruch auf Erlaß eines Verwaltungsaktes habe oder zu haben behaupte. Dieses mögliche Fehlverständnis wird weiter genährt durch die durchaus zutreffende, aber zweideutige Aussage, das Petitionsrecht gewähre keinen Anspruch auf Entscheidung im Sinne des Petenten[25]. Zutreffend ist Art. 17 GG aber als verfassungsrechtliche Mindestgarantie für alle Verwaltungsverfahren zu begreifen, während darüber, wie die Entscheidung in der Sache auszufallen hat, allein das jeweils anzuwendende spezielle Recht entscheidet. § 24 III VwVfG i. V. m. Art. 17 GG gewährt daher auf jeden Antrag hin einen Anspruch auf Einleitung eines Verwaltungsverfahrens[26]. Anspruchsvoraussetzungen sind folglich gerade die Voraussetzungen, unter denen die Pflicht der Behörde aus § 24 III VwVfG i. V. m. Art. 17 GG entsteht. Weil die Behörde erst nach Prüfung des Antrages feststellen kann, ob dieser in ihren Zuständigkeitsbereich fällt und diese Prüfung schon Verfahrenstätigkeit darstellt, da sie auf die Ermittlung

---

[21] *Stelkens*, in: Stelkens / Bonk / Leonhardt, § 24 Rdnr. 19; *Clausen*, in: Knack, § 24 Anm. 7; *Borgs*, in: Meyer / Borgs, § 24 Rdnr. 8; *Obermayer*, VwVfG, § 24 Rdnr. 53. Daher leitet *Wolff / Bachof*, Verwaltungsrecht III, § 156 V a, S. 342, Rdnr. 55, die Pflicht der Behörde zur Verfahrenseinleitung aus Art. 17 GG her.

[22] *Terbille*, S. 67 ff.; *Eitel*, S. 59. Es besteht Einigkeit darüber, daß Art. 17 GG jedenfalls auch Anträge im Verwaltungsverfahren erfaßt, da nur — angesicht der Spezialität des Art. 19 IV GG — gerichtliche Klagen und unter Umständen — so etwa *Dagtoglou*, in: Bonner Kommentar, Art. 17 Rdnr. 20; a. A. *Gierth*, DÖV 1977, S. 761, 763 — die formellen Rechtsmittel, wie Widerspruch, als Klagevoraussetzungen keine Petitionen sind.

[23] Statt vieler *Stelkens*, in: Stelkens / Bonk / Leonhardt, § 24 Rdnr. 19; unrichtig *Borgs*, in: Meyer / Borgs, § 24 Rdnr. 8, Anträge im untechnischen Sinne, also Anregungen zum Tätigwerden von Amts wegen, habe die Behörde nur mindestens *oberflächlich* (?) zu erwägen.

[24] *Dürig*, in: Maunz / Dürig, Art. 17 Rdnr. 64.

[25] *Dürig*, in: Maunz / Dürig, Art. 17 Rdnr. 7.

[26] Ebenso im Ergebnis *Martens*, JuS 1978, S. 99. A. A. unzutreffend *Borgs*, in: Meyer / Borgs, § 24 Rdnr. 8, ein Anspruch auf Einleitung eines Verfahrens bestehe nur bei antragsgebundenen Verfahren.

der Erlaßvoraussetzungen des Verwaltungsaktes gerichtet ist, stellt die Zuständigkeit entgegen dem Wortlaut des § 24 III VwVfG keine Anspruchsvoraussetzung dar. Dazu zählt auch nicht die Formgemäßheit der Antragstellung. Zwar ließe sich aus § 24 III VwVfG folgern, die Entgegennahmepflicht entfalle, wenn der Antrag in der Form unzulässig ist, weil nach § 24 III VwVfG die Verweigerung der Entgegennahme nur rechtswidrig ist, wenn die Behörde den Antrag in der Sache für unzulässig oder unbegründet hält und dies eine Auslegung dahingehend ermöglicht, daß die Entgegennahme abgelehnt werden kann, wenn der Antrag in der Form unzulässig ist[27]. Abgesehen davon, daß diese Auslegung nicht überzeugt, weil die Unzulässigkeit in der Form ein Unterfall der Unzulässigkeit in der Sache ist[28], verlangt § 24 III VwVfG aber stets die Prüfung der Formanforderungen durch die Behörde, die beim antragsbedürftigen Verwaltungsakt wegen der Erlaßerheblichkeit des Antrages Verfahrenstätigkeit ist. Im Gegensatz zu Art. 17 GG enthält § 24 III VwVfG konsequenterweise auch nicht die Anforderung, der Antrag müsse immer schriftlich gestellt werden, weil der Antrag im nicht-förmlichen Verwaltungsverfahren in der Regel keinem Formgebot unterliegt, wie sich aus einem Umkehrschluß aus § 64 VwVfG ergibt. Als Anspruchsvoraussetzungen könnten sich angesichts des engen Zusammenhanges zwischen § 24 III VwVfG und Art. 17 GG aber die für Art. 17 GG angeführten Zulässigkeitsvoraussetzungen einer Petition erweisen, wonach diese nicht beleidigend oder querulatorisch sein[29] und kein rechtlich oder tatsächlich unmögliches Verhalten zum Ziel haben darf[30]. Nach richtiger Ansicht löst eine beleidigende Petition aber nur dann keine Pflicht zur sachlichen Prüfung des Antrages aus, wenn dem Antrag schlechthin gar kein Begehren auf Erlaß eines Verwaltungsaktes zugrundeliegt, sondern einzig und allein eine Beleidigung beabsichtigt ist[31], weil dann schon begrifflich nicht mehr von einem Antrag gesprochen werden kann. Da auch das Vorliegen einer querulatorischen Petition erst ermittelt werden kann, nachdem die Behörde zuvor geprüft hat, ob sich die Sachlage nicht geändert hat[32], dispensiert die Querulanz nicht von der sachlichen Prüfung des Begehrens. Dies gilt auch dann, wenn der Antrag auf eine

---

[27] So wohl *Ule / Laubinger*, § 21 II, S. 116. Dagegen aber *Stelkens*, in: Stelkens / Bonk / Leonhardt, § 24 Rdnr. 23, und *Borgs*, in: Meyer / Borgs, § 24 Rdnr. 9.

[28] Im Ergebnis ebenso *Stelkens*, in: Stelkens / Bonk / Leonhardt, § 24 Rdnr. 23, und *Borgs*, in Meyer / Borgs, § 24 Rdnr. 9.

[29] Dazu statt vieler *Dürig*, in: Maunz / Dürig, Art. 17 Rdnr. 40 ff.

[30] So *Terbille*, S. 82 ff.

[31] *Dürig*, in: Maunz / Dürig, Art. 17 Rdnr. 43.

[32] Zurückhaltend auch *Dürig*, in: Maunz / Dürig, Art. 17 Rdnr. 41; differenzierend *Terbille*, S. 91 ff.

rechtlich oder tatsächlich unmögliche Leistung gerichtet ist, weil dies nur festgestellt werden kann, nachdem der Antrag der Sache nach geprüft wurde. Der Antragsteller hat allerdings nur dann einen Anspruch auf die sachliche Prüfung des Antrages, wenn dieser auf einem willensgetragenen menschlichen Verhalten beruht[33], da er dem Antragsteller sonst nicht zugerechnet werden kann. Das Zurückgehen des Antrages auf ein willensgetragenes menschliches Verhalten ist beim antragsbedürftigen Verwaltungsakt aber Erlaßvoraussetzung des Verwaltungsaktes[34], so daß schon die Feststellung bezüglich dieses Verhaltens Verfahrenstätigkeit darstellt. Folglich muß die Behörde auf jedes auf den Erlaß eines antragsbedürftigen Verwaltungsaktes gerichtete Begehren hin ein Verwaltungsverfahren einleiten; einen Anspruch auf Einleitung des Verfahrens hat der Antragsteller, sofern der Antrag auf seinem willensgetragenen Verhalten beruht.

2. *Der nicht-antragsbedürftige Verwaltungsakt*

Auch bei einem Verfahren, welches auf den Erlaß eines nicht-antragsbedürftigen Verwaltungsaktes gerichtet ist, beginnt das Verwaltungsverfahren mit der Prüfung der Erlaßvoraussetzungen des Verwaltungsaktes, jedoch ist die Prüfung der ordnungsgemäßen Antragstellung keine Verfahrenstätigkeit, weil der Antrag hier nicht zu den Erlaßvoraussetzungen des Verwaltungsaktes zählt. Daher setzt hier ein gemäß § 24 III VwVfG i. V. m. Art. 17 GG gerade auf Antrag bestehender Anspruch voraus, daß ein auf Erlaß eines Verwaltungsaktes gerichtetes Begehren vorliegt und dieses auf einem willensgetragenen menschlichen Verhalten beruht, während, anders als beim Antrag auf Erlaß eines antragsbedürftigen Verwaltungsaktes, die Prüfung dieser Voraussetzungen noch keine Verfahrenstätigkeit i. S. des § 9 VwVfG ist. Die Formgemäßheit der Antragstellung ist hier schon deshalb keine Anspruchsvoraussetzung, weil beim nicht-antragsbedürftigen Verwaltungsakt der Antrag für den Erlaß des Verwaltungsaktes unerheblich ist und daher für den Antrag auch gar keine Formvorschriften existieren.

II. Der Antrag auf Abschluß eines öffentlich-rechtlichen Vertrages

Da auch hier die Prüfung der Abschlußvoraussetzungen des Vertrages, zu denen die ordnungsgemäße Antragstellung immer gehört, Verfahrenstätigkeit i. S. des § 9 VwVfG ist, muß die Behörde gemäß § 24 III VwVfG i. V. m. Art. 17 GG wie beim Antrag auf Erlaß eines

[33] So auch *Obermayer*, Dogmatische Probleme, S. 111, 121 Fußn. 37, und *ders.*, VwVfG, Vor. § 9 Rdnr. 54.

[34] Dazu auch II. Teil, 3. Kap., C. III.

antragsbedürftigen Verwaltungsaktes ein Verwaltungsverfahren eröffnen, sobald ein Begehren vorliegt, welches auf den Abschluß eines öffentlich-rechtlichen Vertrages gerichtet ist. Einen Anspruch auf Einleitung des Verfahrens hat der Antragsteller aber — wie schon oben erörtert — nur, wenn der Antrag auf seinem willensgetragenen Verhalten beruht.

Zweites Kapitel

Der Antragsteller als Beteiligter

Weil die Beantwortung der Frage, ob der Antragsteller auch Beteiligter des Verwaltungsverfahrens i. S. des § 13 I Nr. 1 VwVfG ist, darüber entscheidet, ob ihm die Beteiligtenrechte zustehen und ihn die Beteiligtenpflichten treffen, ist es notwendig festzustellen, wann der Anragsteller als Beteiligter des Verfahrens gemäß § 13 I Nr. 1 VwVfG anzusehen ist. Dabei ist wiederum zwischen dem Antrag auf Erlaß eines Verwaltungsaktes und dem auf Abschluß eines öffentlich-rechtlichen Vertrages zu unterscheiden.

A. Der Antrag auf Erlaß eines Verwaltungsaktes

Erörterungsbedürftig ist, unter welchen Voraussetzungen derjenige Verfahrensbeteiligter wird, der einen Antrag auf Erlaß eines antragsbedürftigen Verwaltungsaktes stellt, weil hier die Beteiligung wie die Verfahrenseinleitung gerade von einem Antrag abhängt[1]. Ermittelt werden muß aber hinsichtlich des nicht-antragsbedürftigen Verwaltungsaktes auch, wann der Antragsteller Verfahrensbeteiligter wird, dessen Antrag auf Erlaß eines Verwaltungsaktes abzielt, dessen Adressat er nicht ist[2].

Wie § 13 II Nr. 2 VwVfG belegt, soll das Verwaltungsverfahren, welches der Ermittlung der materiell-rechtlichen Beziehungen zwischen der Behörde und — hier — einer Privatperson dient, unter Beteiligung der auch am materiell-rechtlichen Rechtsverhältnis Beteiligten erfolgen. Weil jedoch das Verwaltungsverfahren gerade auch der Klärung dient, welche materiell-rechtlichen Beziehungen bestehen[3], bei seinem Beginn die tatsächliche Lage noch offen ist, kann der durch die Beteiligung in das Verfahren eingebaute Schutzmechanismus nur aus dieser verfahrensspezifischen Sicht ex ante ausreichend begriffen werden[4]. Steht daher am Anfang des Verfahrens noch nicht fest, wer an dem materiell-

---

[1] Dazu I. Teil, 1. Kap., C.

[2] Siehe I. Teil, 1. Kap., C.

[3] *Martens*, JuS 1977, S. 809.

[4] Die Bedeutung dieser Betrachtung unterstreicht *Rainer Wahl*, VVDStRL 41, S. 151, 156.

rechtlichen Rechtsverhältnis beteiligt ist, so muß folglich die für die Festlegung der Beteiligung am Verfahren notwendige Beziehung zu der Beteiligung am materiell-rechtlichen Rechtsverhältnis von der Zielrichtung ausgehend bestimmt werden, mit der die Behörde das Verwaltungsverfahren betreibt. Demnach ist es sachgerecht, daß § 13 I Nr. 2 VwVfG denjenigen zum Beteiligten erklärt, an den die Behörde den Verwaltungsakt richten will oder gerichtet hat, weil der Adressat des Verwaltungsaktes dann, wenn sich im Verfahren herausstellt, daß der Verwaltungsakt erlassen wird, jedenfalls am materiell-rechtlichen Rechtsverhältnis beteiligt ist und die Unsicherheit über die Existenz einer materiell-rechtlichen Verbindung hier demnach nur bis zum Zeitpunkt des Erlasses des Verwaltungsaktes besteht. Hingegen ist oftmals problematisch, ob auch Dritte, also Nicht-Adressaten, in einer erheblichen materiell-rechtlichen Beziehung zur Behörde stehen, und diese Ungewißheit ist, anders als beim Adressaten des Verwaltungsaktes, selbst dann nicht automatisch beseitigt, wenn der Verwaltungsakt erlassen wurde. Daher überzeugt die Lösung des Gesetzgebers, der nicht zuletzt aus Gründen der Rechtsklarheit die Beteiligung Dritter nach § 13 II VwVfG von einem besonderen Hinzuziehungsakt abhängig macht, der — angesichts der auch nach Erlaß des Verwaltungsaktes noch bestehenden Ungewißheit — nicht verlangt, daß der Dritte durch den Ausgang des Verfahrens in seinen Interessen berührt ist, sondern lediglich, daß der Ausgang des Verfahrens seine Interessen berühren kann. Ebenso reicht es auch im Rahmen des § 13 II 2 VwVfG aus, daß der Ausgang des Verfahrens rechtsgestaltende Wirkung für einen Dritten haben kann, weil das tatsächliche Vorliegen einer rechtsgestaltenden Wirkung im Zeitpunkt der Hinzuziehung in vielen Fällen noch gar nicht abzusehen ist[5]. Diesen Erwägungen scheint allerdings § 13 I Nr. 1 VwVfG zu widersprechen, nach dem der Antragsteller stets Beteiligter des Verwaltungsverfahrens ist. Seine automatische Beteiligung ist nämlich zwar angemessen, wenn er den Erlaß eines Verwaltungsaktes begehrt, dessen Adressat er ist, weil er dann ja auch nach § 13 I Nr. 2 VwVfG ohnehin Beteiligter wäre, erscheint aber fragwürdig, falls er nicht Adressat des Verwaltungsaktes ist, da dann selbst nach Erlaß des Verwaltungsaktes nicht gewiß ist, daß der Antragsteller in einer materiell-rechtlichen Beziehung zur Behörde steht.

Es ist daher zu Recht unbestritten, daß der Begriff „Antragsteller“ i. S. des § 13 I Nr. 1 VwVfG im Hinblick auf das materielle Recht restriktiv interpretiert werden muß, weil es zu weit geht, jedem die Stellung eines Beteiligten einzuräumen, der der Behörde gutgemeinte

---

[5] *Leonhardt*, in: Stelkens / Bonk / Leonhardt, § 13 Rdnr. 21; BVerwGE 18, S. 124, 127 f.

Ratschläge zukommen läßt, und angesichts der Beteiligtenrechte die Funktionsfähigkeit der Verwaltung in Frage stellen könnte[6]. Begehrt nämlich etwa A, die Ordnungsbehörde möge gegenüber B einschreiten, so ist er nach dem Wortlaut des § 13 I Nr. 1 VwVfG Beteiligter des auf seinen Antrag hin stattfindenden Verfahrens, obgleich er dann, wenn die Behörde ein Verfahren gegenüber B schon von Amts wegen eingeleitet hat, nur gemäß § 13 II VwVfG und damit unter dessen engen Voraussetzungen zu dem Verfahren hinzugezogen werden könnte, weil es systemwidrig wäre, A auch in dieser Situation schon gemäß § 13 I Nr. 1 VwVfG als Beteiligten anzusehen, denn es darf keine unterschiedlichen Rechtsfolgen auslösen, ob A lediglich einen Antrag auf Hinzuziehung zu dem Verfahren oder aber einen Antrag auf Erlaß des Verwaltungsaktes gegenüber B stellt. Der nach dem Wortlaut zu weite Anwendungsbereich des § 13 I Nr. 1 VwVfG erklärt sich daraus, daß der Gesetzgeber sich um eine Anlehnung dieser Vorschrift an § 63 VwGO bemüht hat[7], wobei § 13 I Nr. 1 VwVfG dem § 63 Nr. 1 VwGO entspricht. Die § 63 Nr. 1 VwGO zugrundeliegende Situation unterscheidet sich aber dadurch von der bei § 13 I Nr. 1 VwVfG, daß der Kläger immer von den Rechtswirkungen des begehrten Urteils betroffen wird, weil er quasi dessen Adressat ist, während der Antrag auf Erlaß eines Verwaltungsaktes eben auch auf den Erlaß eines Verwaltungsaktes gegenüber Dritten abzielen kann. Weil § 13 I Nr. 1 VwVfG angesichts der Parallele zu § 63 Nr. 1 VwGO nur auf Verfahren zugeschnitten ist, für die die Dispositionsmaxime, nicht aber die Offizialmaxime gilt, und voraussetzt, daß der Antragsteller auch Adressat des Verwaltungsaktes ist, gilt er nur dann, wenn der Erlaß eines antragsbedürftigen Verwaltungsaktes begehrt wird[8] und der Antrag in eigener Sache gestellt ist[9], also auf den Erlaß eines Verwaltungsaktes gerichtet ist, dessen Adressat der Antragsteller, nicht aber ein Dritter oder die Allgemeinheit ist. Derjenige, der einen Antrag auf Erlaß eines nichtantragsbedürftigen Verwaltungsaktes stellt, wird hingegen nach § 13 I Nr. 2 VwVfG Beteiligter, wenn er Adressat des Verwaltungs-

---

[6] *Borgs*, in: Meyer / Borgs, § 13 Rdnr. 4.

[7] *Leonhardt*, in: Stelkens / Bonk / Leonhardt, § 13 Rdnr. 4.

[8] So *Ule / Laubinger*, § 15 II 1, S. 86; *Kopp*, VwVfG, § 13 Rdnr. 9; weitergehend *Borgs*, in: Meyer / Borgs, § 13 Rdnr. 4, § 13 I Nr. 1 VwVfG gelte auch dann, wenn das Verfahren auf Antrag zwingend durchzuführen sei; noch großzügiger *Leonhardt*, in: Stelkens / Bonk / Leonhardt, § 13 Rdnr. 7, es komme nicht darauf an, ob die Behörde auf Antrag ein Verfahren durchführen müsse oder es nur auf Antrag durchführen dürfe, erfaßt würden vielmehr auch die Fälle, daß die Behörde bei vorliegendem Antrag noch Ermessen bezüglich der Verfahrenseinleitung habe, führe sie dann das Verfahren durch, so sei der Antragsteller Beteiligter.

[9] *Kopp*, VwVfG, § 13 Rdnr. 9, und *Leonhardt*, in: Stelkens / Bonk / Leonhardt, § 13 Rdnr. 7.

aktes ist, und nur nach Maßgabe des § 13 II VwVfG Beteiligter, wenn er nicht Adressat des Verwaltungsaktes ist. Dabei kann man im letztgenannten Fall aber davon ausgehen, daß der Antrag auf Erlaß des Verwaltungsaktes den Antrag auf Hinzuziehung nach § 13 II VwVfG umfaßt, so daß der Antragsteller nach § 13 I Nr. 2 VwVfG Beteiligter des Verfahrens ist, welches auf den Erlaß des die Hinzuziehung aussprechenden Verwaltungsaktes gerichtet ist.

B. Der Antrag auf Abschluß eines öffentlich-rechtlichen Vertrages

In Entsprechung zum Vorstehenden kommt derjenige nicht als Beteiligter gemäß § 13 I Nr. 1 VwVfG in Betracht, der einen Antrag an die Behörde richtet, diese möge mit einem Dritten einen öffentlich-rechtlichen Vertrag abschließen, weil § 13 I Nr. 1 VwVfG nur für Verfahren nach der Dispositionsmaxime gilt. Zudem ist ein solcher Antrag nicht in eigener Sache gestellt, da der Antragsteller nicht Vertragspartner ist.

Drittes Kapitel

Die Zulässigkeitsvoraussetzungen eines Antrages auf Erlaß eines mitwirkungsbedürftigen Verwaltungsaktes

A. Die Zuständigkeit der Behörde

Weil § 3 VwVfG nur die örtliche Zuständigkeit regelt, folgen die sachliche und die funktionelle Zuständigkeit aus den Bestimmungen des jeweils einschlägigen speziellen Gesetzes. Da der durch den Antrag begehrte Verwaltungsakt nur von der zuständigen Behörde erlassen werden darf, fragt sich, wie eine Behörde zu verfahren hat, wenn sie feststellt, daß der Antrag nicht in ihren Zuständigkeitsbereich fällt.

Soweit der Antrag dem Schriftformgebot des Art. 17 GG genügt, folgt bereits aus dieser Verfassungsnorm eine Weiterleitungspflicht der unzuständigen Behörde an die zuständige Behörde, da Art. 17 GG mit Bitten und Beschwerden auch Anträge im Verwaltungsverfahren umfaßt[1]. Diese im Wortlaut des Art. 17 GG nicht angelegte Verpflichtung folgt aus dem Sinn und Zweck des Petitionsrechtes, der mit darin besteht, dem einzelnen eine Kommunikation mit dem Staat zu erleichtern, wenn er diese wünscht[2]. Zudem resultiert sie aus der Überlegung, daß das Recht aus Art. 17 GG durch das Organisationsrecht zwar nicht rechtlich, wohl aber faktisch verkürzt wird[3], da der Petent der Gefahr ausgesetzt ist, sich im „Zuständigkeitsdschungel“ zu verlaufen.

Weil Art. 17 GG nicht nur ein „verfassungsrechtliches Notrufrecht“ enthält, sondern als Mindestgarantie für alle Verwaltungsverfahren anzusehen ist[4], erweist sich die Weiterleitung auch bei „erstinstanzlichen“ Anträgen im Verwaltungsverfahren, denen unter Umständen sogar ein Anspruch auf Erlaß des Verwaltungsaktes zugrundeliegt, als geboten. Wollte man die Weiterleitung erst jenseits des „normalen“ Verwaltungsverfahrens fordern, so stünde man vor dem widersprüchlichen Resultat[5], daß dann oftmals wegen der unterbliebenen Weiter-

---

[1] Dazu II. Teil, 1. Kap., B. I. 1.

[2] *Eitel*, S. 187; im Ergebnis unbestritten. Siehe statt vieler *Terbille*, S. 165 m. w. N. in Fußn. 310.

[3] *Dürig*, in: Maunz / Dürig, Art. 17 Rdnr. 64.

[4] Siehe II. Teil, 1. Kap., B. I. 1.

[5] So auch *Henke*, Wirtschaftssubventionen, S. 165 Fußn. 4.

leitung Nachteile für den Antragsteller entstünden, die gerade im „Petitionsverfahren" nicht mehr rückgängig gemacht werden könnten. Weil Art. 17 GG der Behörde diese Verpflichtung aber nur bei schriftlich verfaßten und eigenhändig unterschriebenen Anträgen auferlegt[6], bleibt zu erörtern, welche Pflichten die unzuständige Behörde bei mündlicher oder zwar schriftlich verfaßter, nicht jedoch eigenhändig unterschriebener Stellung des Antrages treffen. Da ein mündlicher Antrag nicht weitergeleitet werden kann, hier also eine Weiterleitungspflicht der Natur der Sache nach ausscheidet, kommt sie nur noch bei den schriftlich verfaßten, nicht aber eigenhändig unterschriebenen Anträgen in Betracht. Weil hier aber zwingende verfassungsrechtliche Vorgaben fehlen, ließe sich aus einem Umkehrschluß zu § 16 II SGB-AT folgern, daß eine Weiterleitungspflicht nicht besteht[7]. Denn das Fehlen einer dem § 16 II SGB-AT vergleichbaren Norm im zeitlich parallel entstandenen VwVfG läßt sich als beredtes Schweigen des Gesetzgebers deuten. Daß dieses Absehen von einer gleichartigen Norm im VwVfG nicht nur zufällig, sondern im Gegenteil vom Gesetzgeber beabsichtigt war, belegt die Ablehnung einer Weiterleitungspflicht in der Begründung des Musterentwurfes zum VvVfG von 1963[8], die damit motiviert wurde, sie überfordere möglicherweise die Behörde und bringe die Gefahr von Schadensersatzansprüchen bei fehlerhafter Weiterleitung mit sich. Der Aussagewert der genetischen Interpretation wird jedoch dadurch erschüttert, daß der Gesetzgeber sich die für schriftliche Anträge i. S. des Art. 17 GG von Verfassungs wegen bestehende Weiterleitungspflicht nicht vor Augen geführt hat. Daher ist die Verpflichtung zur Weiterleitung eines schriftlich verfaßten, jedoch nicht eigenhändig unterschriebenen Antrages aus § 24 III VwVfG herzuleiten, welcher eine einfachgesetzliche Ausprägung des Art. 17 GG darstellt, die konsequenterweise auf das Schriftformerfordernis verzichtet[9]. Weil nämlich der Sinn des Formgebotes des Art. 17 GG darin besteht, ein schutzwürdiges Interesse des Petitionsadressaten an einer reibungslosen, zeitsparenden und vom Vortrag des Petenten unbeeinflußten Bearbeitung der in seinem Geschäftsgang anfallenden Petitionen anzuerkennen[10], Anträge im Verwaltungsverfahren aber grundsätzlich formlos gestellt werden können und der Gesetzgeber damit zum Ausdruck

---

6 Zum Merkmal „schriftlich" i. S. des Art. 17 GG siehe *Terbille*, S. 94 ff.

7 Daraus schließen *Obermayer*, VwVfG, § 24 Rdnr. 59, und wohl auch *Clausen*, in: Knack, § 24 Anm. 7, daß generell keine Weiterleitungspflicht besteht, was angesichts der auch von diesen Autoren betonten Bedeutung des Art. 17 GG verwundert. Im Ergebnis wie die Genannten auch *Borgs*, in: Meyer / Borgs, § 24 Rdnr. 8.

8 *Bundesminister des Innern*, S. 86.

9 Dazu II. Teil, 2. Kap., B. I. 1.

10 *Terbille*, S. 95.

bringt, die Bearbeitung sei auch so möglich, besteht kein hinreichender Grund, die systematische Verbindung zwischen Art. 17 GG und § 24 III VwVfG bei mangelnder Form zu zerschneiden. Die Weiterleitungspflicht entfällt aber auch dann nicht, wenn der Antrag einem einfachgesetzlichen Formgebot nicht genügt, weil der Erfolg von Anträgen im Verwaltungsverfahren an solchen formalen Mängeln ohnehin nicht scheitern darf, wie die in § 25 S. 1 VwVfG niedergelegte Belehrungspflicht der Behörde belegt. Ist daher die zuständige Behörde verpflichtet, auf die Beseitigung des Formmangels hinzuwirken, so besteht kein Grund, die Weiterleitung an diese Behörde auszuschließen, weil dem Sinn und Zweck des Formgebotes durch die Beseitigung des Formmangels nach Belehrung Rechnung getragen wird und die Nichtbeachtung der Form die Weiterleitung nicht erschwert. Hingegen würde eine Auffassung, die eine Weiterleitungsverpflichtung nur für schriftlich verfaßte und eigenhändig unterschriebene, nicht aber für lediglich schriftlich verfaßte Anträge vertritt, eine sachlich nicht gerechtfertigte Differenzierung darstellen[11].

Bei nur mündlicher Antragstellung scheidet — wie erwähnt — eine Weiterleitung durch die Behörde aus, möglich und sachgerecht ist aber eine Pflicht der Behörde, den Antragsteller über die zuständige Behörde zu belehren. Diese durch § 25 S. 1 VwVfG der Behörde auferlegte Verpflichtung, den Antragsteller über Mängel seines Antrages zu belehren, trifft zwar grundsätzlich nur die für den Erlaß des Verwaltungsaktes zuständige Behörde, weil nur diese etwa mit den Formanforderungen an den Antrag hinreichend vertraut ist, bezieht sich jedoch dann auf die für den Erlaß des Verwaltungsaktes unzuständige Behörde, wenn es gerade darum geht, dem Antragsteller den Weg zur zuständigen Behörde zu weisen.

B. Beteiligtenfähigkeit

§ 11 VwVfG normiert mit der Fähigkeit, am Verfahren beteiligt zu sein, die Fähigkeit, Zuordnungssubjekt der durch das Verfahrensrecht niedergelegten Rechte und Pflichten zu sein[12], während § 12 VwVfG regelt, wer die ihm zustehenden Verfahrensrechte und die ihn belastenden Verfahrenspflichten selbst wahrnehmen bzw. erfüllen kann[13].

---

11 Fehlerhaft ist damit etwa auch die Ansicht, in Analogie zu §§ 41 III 1, 83 I VwGO erfolge die Weiterleitung nur auf Antrag, so *Kopp*, VwVfG, § 3 Rdnr. 52 f., da die für die Analogie erforderliche planwidrige Lücke fehlt. Im Ergebnis wie hier für eine Weiterleitung von Amts wegen auch *Wolff / Bachof*, Verwaltungsrecht III, § 156 V a, S. 342, Rdnr. 54, und BSG, NJW 1975, S. 1380, 1383.

12 *Martens*, JuS 1977, S. 809.

13 Statt vieler *Leonhardt*, in: Stelkens / Bonk / Leonhardt, § 12 Rdnr. 2.

Die damit am Verhältnis der Rechts- zur Geschäftsfähigkeit orientierten Vorschriften finden ihrem Sinn und Zweck nach auch auf die hier behandelten verfahrenseinleitenden Anträge Anwendung. Soweit § 11 VwVfG natürliche und juristische Personen für beteiligungsfähig erklärt, knüpft er an das materielle Recht an und gestaltet die verfahrensrechtliche Rechtsfähigkeit dazu deckungsgleich[14]. Nach § 11 Nr. 2 VwVfG sind Vereinigungen[15] beteiligungsfähig, soweit sie nach einem Rechtssatz des materiellen Rechtes Rechtssubjekt sein können[16]. Dieser materiellen Teilrechtsfähigkeit entspricht dann eine verfahrensrechtliche Rechtsfähigkeit, wenn das im konkreten Verfahren geltend gemachte Recht der Vereinigung zustehen kann, wie der eindeutige Gesetzeswortlaut — „soweit" — belegt[17]. Nicht gefolgt werden kann daher der in der Gesetzesbegründung[18] und vereinzelt auch der Rechtsprechung und Literatur[19] geäußerten Meinung, nach der irgendein Recht zur verfahrensrechtlichen Vollrechtsfähigkeit führt, auch wenn es nicht auf das konkrete Verwaltungsverfahren bezogen ist.

C. Handlungsfähigkeit

Die Einflußnahme auf das Verwaltungsverfahren mittels des Antrages als selbstverantwortlichem Akt setzt die Fähigkeit des Antragstellers voraus, seine Rechte sachgemäß wahrnehmen[20] und den ihm zustehenden Handlungsspielraum, ob er einen Antrag stellen will oder nicht, verantwortlich ausfüllen zu können. Dies vermag der Antragsteller aber nur dann, wenn er die Einsicht in die Bedeutung und Folgen seines Antrages besitzt, also über ein ausreichendes Maß an Urteilsvermögen verfügt. Hängen aber hier, wie bei zivilrechtlichen Rechtsgeschäften, die eintretenden Rechtsfolgen — auch — vom Willen des Antragstellers ab, so ist es sachangemessen, daß der Gesetzgeber durch § 12 VwVfG die verfahrensrechtliche Handlungsfähigkeit an der materiellen Geschäftsfähigkeit ebenso orientiert, wie dies etwa bei der zivil- und verwaltungsprozessualen Prozeßfähigkeit durch § 52 ZPO und § 62 VwGO der Fall ist. Gemäß § 12 I Nr. 1 VwVfG ist daher hand-

---

[14] Vgl. *Martens*, JuS 1977, S. 809.

[15] Zum Begriff der Vereinigung lediglich *Leonhardt*, in: Stelkens / Bonk / Leonhardt, § 11 Rdnr. 7.

[16] *Leonhardt*, in: Stelkens / Bonk / Leonhardt, § 11 Rdnr. 8.

[17] Ebenso *Leonhardt*, in: Stelkens / Bonk / Leonhardt, § 11 Rdnr. 9; *Borgs*, in: Meyer / Borgs, § 11 Rdnr. 3; *Kopp*, VwVfG, § 11 Rdnr. 7; *Clausen*, in: Knack, § 11 Anm. 4.3.2; OVG Lüneburg, NJW 1979, S. 735; statt vieler auch *Redeker / von Oertzen*, § 61 Anm. 4, zum ähnlichen § 61 VwGO.

[18] BT-Drs. 7/910, S. 42.

[19] *Hoffmann-Becking*, DVBl. 1972, S. 299, 301.

[20] *Martens*, JuS 1977, S. 809, 810.

lungsfähig, wer nach bürgerlichem Recht geschäftsfähig ist, also das achtzehnte Lebensjahr vollendet hat, §§ 2, 104, 106 BGB. Weniger klar als § 12 I Nr. 1 VwVfG ist aber § 12 I Nr. 2 VwVfG, so daß sich fragt, inwieweit natürliche Personen, die nach §§ 106 ff. BGB in der Geschäftsfähigkeit beschränkt sind, für den Gegenstand des Verfahrens durch Vorschriften des bürgerlichen Rechtes als geschäftsfähig, § 12 I Nr. 2, 1. Alt., VwVfG, oder durch Vorschriften des öffentlichen Rechtes als handlungsfähig anerkannt sind, § 12 I Nr. 2, 2. Alt., VwVfG. Ebenso ist noch darauf einzugehen, ob eine Verfahrenshandlung unwirksam ist, wenn sie im Zustande der Bewußtlosigkeit oder vorübergehenden Störung der Geistestätigkeit abgegeben wird, weil nach § 105 II BGB entsprechende Willenserklärungen ebenso nichtig sind wie die eines Geschäftsunfähigen, § 105 I BGB.

I. § 12 I Nr. 2,1. Alt, VwVfG

Da der Gegenstand eines auf Erlaß eines Verwaltungsaktes gerichteten Verwaltungsverfahrens jedenfalls öffentlich-rechtlicher Natur ist und eine bürgerlich-rechtliche Vorschrift, die den Minderjährigen als geschäftsfähig anerkennt, ihn nicht für den öffentlich-rechtlichen Gegenstand eines Verwaltungsverfahrens als geschäftsfähig anerkennen kann, muß der „soweit-Satz" in § 12 I Nr. 2,1. Alt., VwVfG vom Sinn und Zweck der Vorschrift her interpretiert werden, weil er andernfalls leerliefe. Daher zieht eine bürgerlich-rechtliche Geschäftsfähigkeitsregel öffentlich-rechtliche Handlungsfähigkeit insoweit nach sich, wie die Interessenlage übereinstimmt. Wenn aber § 12 I Nr. 1 VwVfG aus der generellen bürgerlich-rechtlichen Geschäftsfähigkeit des Volljährigen die generelle öffentlich-rechtliche Handlungsfähigkeit ableitet, dann ist es auch angemessen, daß die partielle bürgerlich-rechtliche Geschäftsfähigkeit nach §§ 112, 113 BGB die öffentlich-rechtliche Handlungsfähigkeit für alle Verfahren nach sich zieht, die das Erwerbsgeschäft oder das Dienst- und Arbeitsverhältnis betreffen[21].

Obwohl vom Wortlaut her allein §§ 112, 113 BGB dem Minderjährigen eine gegenständlich beschränkte Geschäftsfähigkeit zubilligen, ist zu erwägen, ob der Minderjährige nicht auch insoweit als handlungsfähig i. S. des § 12 I Nr. 2,1. Alt., VwVfG anzusehen ist, wie er im übrigen aufgrund der bürgerlich-rechtlichen Vorschriften der §§ 107, 108, 110 BGB rechtsgeschäftlich wirksam handeln kann. §§ 107, 108, 110 BGB unterscheiden sich darin, daß eine lediglich rechtlich vorteilhafte Willenserklärung i. S. des § 107 BGB ebenso von Anfang an wirksam ist wie eine rechtlich nachteilige Willenserklärung, die gemäß § 107 BGB

[21] Unbestritten. Siehe statt vieler *Leonhardt*, in: Stelkens / Bonk / Leonhardt, § 12 Rdnr. 9.

mit Einwilligung des gesetzlichen Vertreters abgegeben wird, während die Genehmigung des gesetzlichen Vertreters nach § 108 BGB und die Bewirkung der Leistung mit zur freien Verfügung überlassenen Mitteln nach § 110 BGB die Wirksamkeit erst ex tunc herstellt. Diese dem Schutz des Minderjährigen dienenden Vorschriften sind aber nur dann geeignet, verfahrensrechtliche Handlungsfähigkeit zu begründen, wenn die Interessenlage mit der des Zivilrechts übereinstimmt. Weil aber die Regelungen der Handlungsfähigkeit nicht nur dem Schutze des Minderjährigen dienen, sondern auch dem öffentlichen Interesse an einer ordnungsgemäßen Durchführung des Verfahrens[22], führen §§ 107, 108, 110 BGB nur dann zur verfahrensrechtlichen Handlungsfähigkeit, wenn ihre Anwendung die ordnungsgemäße Durchführung des Verfahrens nicht beeinträchtigt.

1. § 107 BGB

Die einzelne Verfahrenshandlung — wie der Antrag — schafft im Verfahren nur eine vorübergehende Situation; sie dient der Vorbereitung der Entscheidung. Den rechtsgeschäftlichen Wirkungen einer zivilrechtlichen Willenserklärung ist daher nur das Endergebnis des Verfahrens, der Erlaß des Verwaltungsaktes, vergleichbar. Weil aber die einzelne Verfahrenshandlung für sich genommen diese Wirkung noch nicht auszulösen vermag, sondern nur mittels des Erlasses des Verwaltungsaktes, dieser aber in der Regel nicht nur auf einer einzigen Verfahrenshandlung beruht, sondern auf einer Vielzahl von Handlungen, muß im Verfahren sichergestellt sein, daß jeder Beteiligte bis zum Abschluß des Verfahrens wirksame Handlungen vornehmen kann[23]. Dies ist aber bei einer Anwendung des § 107 BGB nicht gewährleistet, denn im Verfahren ist meistens nicht abzusehen, ob eine einzelne Verfahrenshandlung letztlich nicht nachteilig ist, weil dies von der weiteren Entwicklung des Verfahrens abhängt. Außerdem würde die Einheit des Verfahrens zerstört, wenn man einzelne Handlungen als wirksam, andere als unwirksam ansehen müßte[24]. Auch die Einwilligung des gesetzlichen Vertreters in eine einzelne Verfahrenshandlung, etwa lediglich die Antragstellung, ist mit der Unsicherheit behaftet, ob der gesetzliche Vertreter auch den weiteren — gegebenenfalls erforderlichen — Verfahrenshandlungen zustimmt. Diese Ungewißheit steht aber im Widerspruch zu der ordnungsgemäßen Durchführung des Verfahrens[25]. Zulässig könnte daher aber eine Generaleinwilligung des ge-

---

[22] Es gilt das gleiche, was *Baumgärtel*, § 12 II, S. 103 m. w. N., für die zivilprozessuale Prozeßfähigkeit feststellt.

[23] Vgl. die analogen Ausführungen zum Zivilprozeßrecht bei *Henckel*, 2. Kap. II b, S. 71.

[24] *Henckel*, 2. Kap. II b, S. 72.

[25] *Henckel*, 2. Kap. II b, S. 71.

setzlichen Vertreters in alle Verfahrenshandlungen sein, die der in der Geschäftsfähigkeit Beschränkte im Rahmen eines konkreten Verfahrens vornehmen wird. Die Zulässigkeit derartiger Einwilligungen gemäß § 107 BGB stößt jedoch aus Gründen des Minderjährigenschutzes auf Grenzen[26], deren Verlauf unter Beachtung der Wertentscheidung des Gesetzgebers in §§ 112, 113 BGB zu bestimmen ist. Demnach ist zwar eine Einwilligung in alle zukünftig vom Minderjährigen vorgenommenen Rechtsgeschäfte unwirksam[27], weil sie über den Umfang der durch §§ 112, 113 BGB gewährten partiellen Geschäftsfähigkeit hinausreicht, nicht aber eine Einwilligung in alle Handlungen, die der Minderjährige im Rahmen eines konkreten Verwaltungsverfahrens vornehmen wird, weil der durch diese Einwilligung gewährte Handlungsspielraum sogar erheblich hinter dem zurückbleibt, den der Gesetzgeber in §§ 112, 113 BGB und § 12 I Nr. 2,1. Alt., VwVfG i. V. m. §§ 112, 113 BGB für zulässig hält. Wird daher der Minderjährige durch §§ 112, 113 BGB wegen § 12 I Nr. 2,1. Alt., VwVfG sogar für eine Vielzahl von Verwaltungsverfahren handlungsfähig, so ist erst recht die lediglich für ein Verfahren erteilte Einwilligung unbedenklich[28]. Deren Unzulässigkeit resultiert auch nicht aus dem Recht des gesetzlichen Vertreters, die Einwilligung nach § 183 BGB zu widerrufen[29], denn das Verwaltungsverfahren verlangt schon deshalb keine unwiderruflichen Handlungsvoraussetzungen, weil auch § 113 II BGB eine Rücknahme der Ermächtigung nach § 113 I BGB zuläßt und diese über § 12 I Nr. 2,1. Alt., VwVfG dann auch dazu führt, daß die verfahrensrechtliche Handlungsfähigkeit nicht mehr besteht.

2. §§ 108, 110 BGB

Ebenso, wie eine Generaleinwilligung in alle Verfahrenshandlungen des Minderjährigen zulässig ist, ist auch eine Genehmigung der gesamten Verfahrensführung des Minderjährigen gemäß § 108 BGB unbe-

---

[26] *Heinrichs*, in: Palandt, § 107 Anm. 3; *Larenz*, § 6 III 2, S. 105.

[27] *Larenz*, § 6 III 2, S. 105 f.

[28] Anders *Henckel*, 2. Kap. II b, S. 71 f., bezüglich der Generaleinwilligung in die Prozeßführung, der aber den Zusammenhang mit §§ 112, 113 BGB übersieht. Gegen die hier vertretene Ansicht wohl auch die verwaltungsverfahrensrechtliche Literatur, die nämlich im Rahmen des § 12 I Nr. 2,1. Alt., VwVfG zur Zulässigkeit einer Einwilligung zwar nicht Stellung bezieht, aber etwa ausdrücklich betont, aus §§ 112, 113 BGB folge die verfahrensrechtliche Handlungsfähigkeit, so daß das Schweigen hinsichtlich der Einwilligung als Ablehnung zu deuten sein dürfte, vgl.: *Borgs*, in: Meyer / Borgs, § 12 Rdnr. 4; *Ule / Laubinger*, § 16 II 3, S. 95; *Clausen*, in: Knack, § 12 Anm. 3.2.1; *Obermayer*, VwVfG, § 12 Rdnr. 10. Wie hier im Ergebnis aber *Grunsky*, Grundlagen, § 27 II 2, S. 253 f., für das gerichtliche Verfahren, der in Fußn. 32 Nachweise der überwiegend ablehnenden prozessualen Auffassung gibt. Ablehnend etwa auch BVerwG bei Buchholz, 402.24, § 2 AuslG, Nr. 28, S. 32, 36.

[29] So aber *Henckel*, 2. Kap. II b, S. 72, für den Zivilprozeß.

denklich, die der Minderjährige selbst vornehmen kann, wenn er inzwischen geschäftsfähig geworden ist oder die sonst vom gesetzlichen Vertreter des Minderjährigen auszusprechen ist. Dadurch wird nämlich die ordnungsgemäße Durchführung des Verfahrens nicht nur nicht erschwert, sondern im Gegenteil der Verfahrensökonomie gedient, weil der Verfahrensaufwand nicht nutzlos war, sondern nutzbar gemacht wird[30]. Hingegen ist eine Genehmigung nur einzelner Verfahrenshandlungen ebenso unzulässig wie eine Einwilligung in einzelne Verfahrenshandlungen. Auch § 110 BGB vermag über § 12 I Nr. 2,1. Alt., VwVfG den Handlungen des Minderjährigen auch dann nicht zur Wirksamkeit zu verhelfen, wenn der Minderjährige etwa der aus dem Erlaß des Verwaltungsaktes resultierenden Gebührenpflicht mit zur freien Verfügung überlassenen Mitteln genügt, denn § 110 BGB begründet damit lediglich die Wirksamkeit der einen Verfahrenshandlung „Antrag", nicht jedoch die sonstiger unter Umständen vorgenommener Handlungen, so daß er unanwendbar ist, weil seine Anwendung der unzulässigen Genehmigung einer einzelnen Verfahrenshandlung gleichkäme. Außer §§ 112, 113 BGB führt demnach nur noch die Generaleinwilligung und -genehmigung zur verfahrensrechtlichen Handlungsfähigkeit des Minderjährigen.

II. § 12 I Nr. 2,2. Alt., VwVfG

Öffentlich-rechtliche Vorschriften, die den in der Geschäftsfähigkeit Beschränkten für den Gegenstand des Verfahrens als handlungsfähig anerkennen, sind nur solche, die ihm gerade auch für das Verwaltungsverfahren die selbständige Wahrnehmung seiner Rechte deshalb ermöglichen wollen, weil er dafür die nötige Einsichtsfähigkeit besitzt. Dazu zählen etwa § 36 I SGB-AT und § 5 des Gesetzes über die religiöse Kindererziehung. Während § 36 I SGB-AT dem 15jährigen ausdrücklich die Handlungsfähigkeit gewährt, ergibt sie sich im Rahmen des § 5 RelKErzG aus der Überlegung, daß das 14jährige Kind sein Entscheidungsrecht über die Religionszugehörigkeit nur wirksam auszuüben vermag, wenn es auch handlungsfähig für das entsprechende Verwaltungsverfahren ist, weil es sonst wegen der Angewiesenheit auf die Mitwirkung des gesetzlichen Vertreters von der Entscheidung eines Dritten abhängig wäre.

Hingegen ist bei Rechtsvorschriften des öffentlichen Rechtes, die Altersgrenzen für die Erteilung einer Genehmigung oder Erlaubnis vorsehen[31], danach zu differenzieren, ob sie nur die Erlaubtheit der

---

[30] Ebenso *Baumgärtel*, § 12 II, S. 105, für den Zivilprozeß. Dafür auch *Borgs*, in: Meyer / Borgs, § 12 Rdnr. 1; *Ule / Laubinger*, § 16 III 2, S. 96; *Clausen*, in: Knack, § 12 Anm. 9; *Kopp*, VwVfG, § 12 Rdnr. 19 m. w. N.; *Obermayer*, VwVfG, § 12 Rdnr. 41; *Wolff / Bachof*, Verwaltungsrecht III, § 156 III c, S. 329, Rdnr. 20.

natürlichen Handlung betreffen oder auch die verfahrensrechtliche Handlungsfähigkeit gewähren[32], weil zwischen der natürlichen Handlung, also etwa dem Führen eines KFZ der Klassen 4 oder 5, und der rechtlichen Handlung, dem Antrag auf Erteilung der Fahrerlaubnis, ein erheblicher Unterschied besteht. § 7 I Nr. 4 StVZO z. B. regelt nämlich nur, daß ein 16jähriger ein KFZ der Klassen 4 oder 5 führen darf, wenn er eine Fahrerlaubnis besitzt, und daß dem 16jährigen eine Fahrerlaubnis erteilt werden darf, nicht aber, ob der 16jährige im Erlaubnisverfahren selbständig handeln darf. Aus der Erlaubtheit der natürlichen Handlung ist verfahrensrechtliche Handlungsfähigkeit deshalb nicht zu folgern, weil die Zumessungskriterien natürlicher und verfahrensrechtlicher Handlungsfreiheit verschieden sind[33]. Dies beruht jedoch nicht darauf[34], daß Beschränkungen der natürlichen Handlungsfähigkeit in erster Linie dem Schutze Dritter dienen, nämlich derjenigen, die durch die Handlung betroffen werden können, während Beschränkungen der rechtlichen Handlungsfähigkeit primär den Schutz des Minderjährigen bezwecken. Denn allein das Abstellen auf die geschützten Personen vermag nicht zu begründen, wieso dafür differierende Maßstäbe bestehen sollten. Der Grund liegt vielmehr darin, daß die für die Allgemeinheit bestehenden Gefahren, deren Vermeidung das Verbot der natürlichen Handlung bewirkt, und die dem Minderjährigen drohenden verfahrensrechtlichen Gefahren, die die Einschränkung der verfahrensrechtlichen Handlungsfähigkeit vermeiden will, unterschiedlich zu beurteilen sind. Davon gehen nämlich etwa auch die zivilrechtlichen Regelungen der Geschäftsfähigkeit, §§ 104 ff. BGB, einerseits und die der Deliktsfähigkeit, § 828 BGB, andererseits aus. Während etwa die Geschäftsfähigkeit grundsätzlich, von der Ausnahme der §§ 112, 113 BGB abgesehen, generell erst ab Vollendung des 18. Lebensjahres in vollem Umfang zuerkannt wird, ist die Regelung der Deliktsfähigkeit in § 828 BGB elastischer, weil nach Vollendung des 7. Lebensjahres auf die jeweilige Erkenntnis der Verantwortlichkeit abgestellt wird. Zwar gilt § 828 BGB erst im Falle einer Schadenszufügung, man kann ihm aber den Grundsatz entnehmen, daß der BGB-Gesetzgeber Handlungen eines Minderjährigen dann als gefährlich ansieht, wenn der Minderjährige bei Vornahme der Handlung nicht die zur Erkenntnis der Verantwortlichkeit gegenüber Dritten erforderliche Einsicht hat[35]. Diese Einsicht wird er bei natürlichen Handlungen des-

[31] Überblick über derartige Vorschriften bei *Middel*, S. 43.

[32] So unterscheiden auch BayVGH, VRspr. 9, S. 385, 387, und *Middel*, S. 45.

[33] *Middel*, S. 47.

[34] So aber *Middel*, S. 47.

[35] Ob er nach § 828 BGB auch die Fähigkeit besitzen muß, seiner Einsicht gemäß zu handeln, ist streitig, hier aber unerheblich. Dazu: *Medicus*, in: Beuthien / Hadding, § 828 Anm. 2 d.

halb eher haben, weil deren Gefahren nach allgemeiner Lebenserfahrung plastischer sind als die rechtlicher Handlungen, welche wegen der komplizierten Rechtsordnung eine Einsicht in deren Grundstrukturen voraussetzen. Aus der Tatsache, daß der Gesetzgeber etwa im Falle des § 7 I Nr. 4 StVZO davon ausgegangen ist, ein 16jähriger habe die nötige Einsicht, um seine Verantwortlichkeit gegenüber Dritten zu erkennen, läßt sich folglich nicht ableiten, er besitze auch die Fähigkeit, in dem Verfahren, welches auf die Erteilung der Fahrerlaubnis gerichtet ist, selbständig aufzutreten. Ist der automatische Rückschluß von der Altersgrenze für die Erteilung einer Genehmigung oder Erlaubnis auf die Befugnis, sie selbständig zu beantragen, mithin unzulässig[36], so bedeutet dies jedoch nicht, daß nicht im Einzelfall die Altersanforderungen gleich sind. So folgt im Beispielsfall die verfahrensrechtliche Handlungsfähigkeit des 16jährigen zwar nicht aus § 7 I Nr. 4 StVZO, jedoch aus § 7 II StVZO. Wenn nämlich die Behörde nach § 7 II StVZO auch jüngeren als den in § 7 I StVZO Genannten die jeweilige Fahrerlaubnis mit Zustimmung des gesetzlichen Vertreters erteilen kann, so bedeutet dies, daß eine Mitwirkung des gesetzlichen Vertreters im Genehmigungsverfahren sonst überflüssig ist. Wäre sie nämlich immer nötig, so ließe sich aus einer Antragstellung des gesetzlichen Vertreters zur Erlangung einer Fahrerlaubnis der Klassen 4 oder 5 etwa für einen 14jährigen zugleich die Zustimmung in die Ausnahme von § 7 I Nr. 4 StVZO ableiten, so daß das Zustimmungserfordernis in § 7 II StVZO überflüssig wäre[37].

In jüngerer Zeit ist mit § 2 II Nr. 1 AuslG ebenfalls eine Norm kontrovers beurteilt worden, die die Erteilung einer Erlaubnis von dem Erreichen einer Altersgrenze abhängig macht[38]. Nach § 2 II Nr. 1 AuslG bedarf ein Ausländer, der das 16. Lebensjahr vollendet hat und der in den Geltungsbereich des AuslG einreisen und sich darin aufhalten will, einer Aufenthaltserlaubnis, während jüngere Ausländer keine Aufenthaltserlaubnis benötigen. § 2 II Nr. 1 AuslG unterscheidet sich daher strukturell von § 7 I Nr. 4 StVZO dadurch, daß die Erlaubtheit der natürlichen Handlung „Aufenthalt“ nicht von der Vollendung des 16. Le-

---

[36] Im Ergebnis wie hier *Middel*, S. 45 ff. Verfehlt daher *Obermayer*, VwVfG, § 12 Rdnr. 15, der meint, § 17 I Nr. 1 BJagdG sei auch eine Regelung der verfahrensrechtlichen Handlungsfähigkeit.

[37] Mit gleicher Begründung BayVGH, VRspr. 9, S. 385, 387; im Ergebnis ebenso BVerwG, MDR 1966, S. 442; *Clausen*, in: Knack, § 12 Anm. 3.2.2; *Kopp*, VwVfG, § 12 Rdnr. 6. A. A. *Middel*, S. 45 ff.

[38] Als Regelung der Handlungsfähigkeit nach § 12 I Nr. 2,2. Alt., VwVfG sehen § 2 II Nr. 1 AuslG an: KG Berlin, NJW 1978, S. 2454, 2455; dass., NJW 1978, S. 2455; dass., NJW 1978, S. 2455, 2456. A. A. BayObLG, DÖV 1979, S. 62, 63; BVerwG, DÖV 1982, S. 452 f., DÖV 1985, S. 407. OVG Berlin, DÖV 1979, S. 378.

bensjahres abhängig ist, sondern vielmehr schon vorher gegeben ist und erst ab Vollendung des 16. Lebensjahres eine Erlaubnis erfordert. Demnach beruht § 2 II Nr. 1 AuslG auch nicht — wie etwa § 7 I Nr. 4 StVZO — auf der Vorstellung, erst der 16jährige habe die nötige Einsicht, die aus der natürlichen Handlung — hier: „Aufenthalt" — resultierenden Gefahren zu erkennen. Stattdessen geht der Gesetzgeber davon aus, die Anwesenheit noch nicht 16 Jahre alter Ausländer sei regelmäßig nicht mit öffentlichen Interessen derart unvereinbar, daß ein Prüfungsverfahren erforderlich wäre, während bei höherem Alter öffentliche Interessen erheblich berührt werden können mit der Folge, daß eine vorherige Kontrolle geboten erscheint[39]. Bezieht sich aber die Vorschrift mithin nicht einmal auf die Einsichtsfähigkeit des Minderjährigen, sondern wählt die Altersgrenze aus ganz anderen Erwägungen, so kann ihr unter keinen Umständen verfahrensrechtliche Handlungsfähigkeit entnommen werden.

Neben einfachgesetzlichen Vorschriften könnten öffentlich-rechtliche Vorschriften i. S. des § 12 I Nr. 2,2. Alt., VwVfG auch die Grundrechte der Art. 1 - 17 GG sein, so daß die als Grundrechtsmündigkeit[40] bezeichnete Fähigkeit, die Grundrechte selbständig ausüben zu können, für solche Verfahren zur Handlungsfähigkeit führen könnte, die „Grundrechtsrelevanz" aufweisen, etwa, weil die Vorenthaltung einer Erlaubnis oder Genehmigung sich als Grundrechtsverletzung erweisen würde[41]. Erheblich könnte die Grundrechtsmündigkeit für die Handlungsfähigkeit im Verfahren aber nur werden, wenn man sich der Auffassung anschließt, daß die Grundrechtsmündigkeit an der individuellen Einsichtsfähigkeit zu orientieren ist[42], weil es dann jeweils denkbar ist, daß auch ein Minderjähriger die Einsichts- und damit auch die Handlungsfähigkeit besitzt. Dieser individualistische Maßstab ist jedoch mit der im Verfahren nötigen Rechtssicherheit nicht vereinbar, weil jeweils die Einsichtsfähigkeit des Minderjährigen zu prüfen wäre[43] und dies angesichts der Vielzahl der alltäglichen Verwaltungsgeschäfte die Funktionsfähigkeit der in der Verfassung geschützten Staatsfunktion „Verwaltung" nicht unerheblich belasten würde. Daher ist § 12 I Nr. 2,2. Alt., VwVfG eine Schematisierung zu entnehmen, nach der Grundrechtsmündigkeit gerade nicht zur verfahrensrechtlichen Handlungsfähigkeit führt[44]. Diese Auslegung ist auch dann zulässig, wenn man

---

[39] BVerwG, DÖV 1982, S. 452 f.

[40] Dazu *Dürig*, in: Maunz / Dürig, Art. 19 Rdnr. 16.

[41] Dazu I. Teil, 1. Kap., B.

[42] Siehe *Geck / Moselle*, JuS 1980, S. 744, 748, m. w. N. in Fußn. 37.

[43] Dies halten *Geck / Moselle*, JuS 1980, S. 744, 748, für akzeptabel.

[44] *Bleckmann*, § 17 3, S. 299, betont, auf generelle Altersgrenzen könne aus Gründen der Rechtssicherheit abgestellt werden.

die Vorenthaltung der Handlungsfähigkeit für einen Grundrechtsmündigen als Grundrechtsbeeinträchtigung ansieht, weil sowohl für die unter Gesetzesvorbehalt stehenden Grundrechte als auch für die vorbehaltlos gewährleisteten Grundrechte[45] das kollidierende Verfassungsrechtsgut „Funktionsfähigkeit der öffentlichen Verwaltung" die Grundrechtsbeeinträchtigung rechtfertigt.

III. Der Ausschluß der Handlungsfähigkeit

Unwirksam ist eine Verfahrenshandlung entsprechend § 105 II BGB dann, wenn sie im Zustande der Bewußtlosigkeit oder vorübergehenden Störung der Geistestätigkeit vorgenommen wird, weil § 105 II BGB Willenserklärungen, die in einem solchen Zustand abgegeben werden, ebenso für nichtig erklärt wie Willenserklärungen eines Geschäftsunfähigen, und der Schutz der betreffenden Person gegenüber dem Interesse an einer ordnungsgemäßen Durchführung des Verfahrens deshalb vorrangig ist, weil dies nur unerheblich beeinträchtigt wird. Anders als bei einer Einwilligung in die Vornahme oder der Genehmigung einer einzelnen Verfahrenshandlung, deren Zulässigkeit die Einheit des Verfahrens zerstören würde[46], ist die Beeinträchtigung der ordnungsgemäßen Durchführung des Verfahrens hier nämlich nicht vom Willen des Betroffenen abhängig und die durch die entsprechende Anwendung des § 105 II BGB bewirkte Unsicherheit daher quantitativ und qualitativ geringer[47]. Unwirksam ist daher auch eine mündliche Verfahrenserklärung der Behörde, die gegenüber einer Person abgegeben wird, die sich in einem Zustand nach § 105 II BGB befindet, nicht aber eine schriftliche Verfahrenserklärung, weil der Betroffene von ihr dann wirksam Kenntnis erhält, wenn der Zustand der Bewußtseinstrübung aufgehört hat[48].

D. Antragsinhalt

Weil der antragsbedürftige Verwaltungsakt nur auf Antrag erlassen werden darf, der Antrag also eine Einwilligung in den Erlaß des Verwaltungsaktes darstellt, muß der Antrag den Inhalt des Verwaltungsaktes bestimmen[49], also festlegen, welche Regelung getroffen werden

---

[45] Zu deren Einschränkbarkeit siehe lediglich BVerfGE 28, S. 243, 261.

[46] II. Teil, 3. Kap., C. I. 1. u. 2.

[47] Im Ergebnis ebenso *Borgs*, in: Meyer / Borgs, § 12 Rdnr. 1; *Obermayer*, VwVfG, § 12 Rdnr. 5. Für den Zivilprozeß im gleichen Sinne *Rosenberg / Schwab*, § 44 II 2 a, S. 231.

[48] So auch *Larenz*, § 6 I a 3, S. 96 Fußn. 3, für zivilrechtliche Willenserklärungen — hier sei § 105 II BGB nicht für die Wirksamkeit der Willenserklärung, sondern nur für den Zugangszeitpunkt erheblich.

[49] Ebenso auch *Obermayer*, VwVfG, Vor. § 9 Rdnr. 77.

soll und welche Behörde gegenüber welchem Adressaten handeln soll. Da die Erlaßbehörde, die sich regelmäßig schon aus der Adressierung des Antrages ergibt, aber auch prüfen muß, ob der Antrag von dem einwilligungsberechtigten Rechtssubjekt gestellt wurde, ist es ebenfalls erforderlich, daß die Person des Antragstellers eindeutig bestimmt ist[50]. Diese Obliegenheiten des Antragstellers werden jedoch ebenso wie im Prozeßrecht durch die Pflicht der Behörde zur Weiterleitung eines fehladressierten Antrages und die Belehrungspflicht nach § 25 S. 1 VwVfG relativiert, nach der die Behörde unter Umständen die Stellung eines unterbliebenen oder die Berichtigung eines unrichtig gestellten Antrages anzuregen hat[51].

Da dem Antragsteller durch die in seinem Belieben stehende Möglichkeit, die Behörde durch den Antrag zum Erlaß des Verwaltungsaktes oder jedenfalls zur rechtmäßigen Ermessensentscheidung über seinen Erlaß zu verpflichten, ein Entscheidungsspielraum zugestanden wird, fragt sich, ob er seine Autonomie auch insoweit ausüben darf als er seinem Antrag Nebenbestimmungen beifügt. Die für die Beurteilung dieser Frage relevanten Maßstäbe ergeben sich aus den Gründen, auf denen der Autonomiebereich basiert.

Da die Antragsbedürftigkeit der Verwaltungsakte, die ihren Adressaten nicht belasten, aber in seinem überwiegenden Interesse ergehen, auf dem Gedanken beruht, daß ein Antragserfordernis die Behörde entlastet, also Verwaltungsaufwand spart[52], darf der Antrag mittels einer Nebenbestimmung nicht dazu führen, daß gegenüber einem Antrag ohne Nebenbestimmung ein Mehr an Verwaltungsfunktionen veranlaßt wird. Ähnliches gilt auch da, wo der Antrag erforderlich ist, weil der Verwaltungsakt den Adressaten belastet und diese Belastung übermäßig ist, wenn der Betroffene sie nicht will[53]. Dies verlangt nämlich nur, daß der Antragsteller die Möglichkeit hat, seinen — unbedingten — Willen zu äußern. Ein Recht, seinen Willen durch Nebenbestimmungen zu modifizieren, hat er folglich nur dann, wenn dadurch die Verwaltungsfunktionen nicht über das Maß hinaus beansprucht werden, welches mit einem Antrag ohne Nebenbestimmungen verbunden ist.

Als Nebenbestimmungen kommen dabei die im bürgerlichen Recht bei Rechtsgeschäften und im öffentlichen Recht bei Verwaltungsakten

---

[50] *Kopp*, VwVfG, § 22 Rdnr. 18, führt entsprechend aus, es müsse der Antragsteller und das von ihm angestrebte Ziel genannt sein.

[51] § 25 S. 1 VwVfG entspricht § 86 III VwGO und § 139 I ZPO. Die — allerdings nur auf Antrag des Klägers bestehende — Verweisungspflicht folgt aus § 17 III GVG und § 41 III VwGO. Siehe auch II. Teil, 3. Kap., A.

[52] Dazu I. Teil, 1. Kap., A.

[53] Siehe I. Teil, 1. Kap., A.

gesetzlich vorgesehenen Nebenbestimmungen Bedingung, Befristung, Widerrufsvorbehalt, Auflage und Auflagenvorbehalt[54] in Betracht. Auflage und Auflagenvorbehalt unterscheiden sich von der Bedingung, Befristung und dem Widerrufsvorbehalt charakteristisch dadurch, daß sie nicht unmittelbar die Wirksamkeit der Erklärung beeinflussen sollen, der sie beigefügt sind, sondern eigenständige Rechtsakte darstellen, die ihrerseits von der Wirksamkeit der Erklärung abhängen und mit denen dem Erklärungsgegner ein Tun, Dulden oder Unterlassen vorgeschrieben wird (Auflage) bzw. eine solche Möglichkeit vorbehalten wird (Auflagenvorbehalt)[55]. Daher müssen diese unterschiedlichen Rechtsfolgen bei einer Untersuchung der Zulässigkeit von Nebenbestimmungen beim Antrag auf Erlaß eines antragsbedürftigen Verwaltungsaktes, die gerade die Vereinbarkeit ihrer Rechtsfolgen mit dem öffentlichen Recht zum Gegenstand hat, auch zu einer gesonderten Betrachtung beider Gruppen führen.

I. Zulässigkeit von Bedingung, Befristung und Widerrufsvorbehalt

Durch die Beifügung dieser Nebenbestimmungen zum Antrag auf Erlaß eines Verwaltungsaktes hätte es der Antragsteller in der Hand, die Rechtsfolgen seines gegenwärtig gestellten Antrages vom Eintritt zukünftiger ungewisser Ereignisse oder von bestimmten Zeitpunkten abhängig zu machen, sei es, daß der Antrag erst mit Eintritt des Ereignisses oder Erreichen des Zeitpunktes wirksam wird (aufschiebende Bedingung und Befristung), sei es, daß er damit seine Wirksamkeit verliert (auflösende Bedingung und Befristung sowie Widerrufsvorbehalt)[56]. Nicht zu den Bedingungen rechnet man aber den Fall, daß der Erklärende die Wirksamkeit seiner Erklärung daran knüpft, daß ein in der Gegenwart oder Vergangenheit liegender Umstand gegeben ist, der sich bei Abgabe der Erklärung jedoch seiner Kenntnis entzieht[57]. Weil aber solche Umstände Motiv eines Antrages sein können, ist auch der Frage nachzugehen, ob diese mittels einer Nebenbestimmung die Wirkung des Antrages berühren können. Im folgenden wird dieser Nebenbestimmungstyp als „Voraussetzung" bezeichnet, um auch terminologisch den Unterschied zur Bedingung zum Ausdruck zu bringen.

---

[54] § 36 II VwVfG nennt alle diese Nebenbestimmungstypen. §§ 158, 163 BGB regeln mit der Bedingung und Befristung auch den Widerrufsvorbehalt als Unterfall der Potestativbedingung. Auflagen hingegen sieht das BGB ausdrücklich nur bei Zuwendungsgeschäften vor, §§ 525, 1940, 1941, 1967, 2192 - 2196 BGB.

[55] Siehe nur § 36 II Nr. 4 und 5 VwVfG.

[56] Vgl. § 36 II Nr. 1 und 2 VwVfG und §§ 158, 163 BGB.

[57] Statt vieler lediglich *Larenz*, § 25 I, S. 482 f.

Der Antragsteller vermag sein Interesse daran, die Rechtsfolgen seines Antrages durch Nebenbestimmungen zu modifizieren, grundsätzlich auf zwei unterschiedlichen Wegen zu erreichen. Neben der schon erwähnten Antragstellung unter einer Nebenbestimmung kann der Antrag nämlich auch auf den Erlaß eines mit einer Nebenbestimmung versehenen Verwaltungsaktes gerichtet sein. Dann ist die Wirksamkeit des Antrages nicht von dem (Nicht-)Vorliegen oder (Nicht-)Eintritt eines bestimmten Ereignisses oder von einem bestimmten Zeitpunkt abhängig, sondern es liegt vielmehr ein inhaltlich modifiziertes Begehren vor, das nur erfolgreich sein kann, wenn die Beifügung der Nebenbestimmung nach § 36 VwVfG zulässig ist. Eine Pflicht zum Erlaß des derart begehrten Verwaltungsaktes besteht aber nur dann, wenn das Ermessen einer Behörde zur Beifügung einer Nebenbestimmung auf „Null" reduziert ist. Weil dies aber ein Problem der Begründetheit des Antrages ist, die hier nicht behandelt werden soll[58], beschäftigt sich die Untersuchung des weiteren nur mit dem Antrag, dessen Wirksamkeit von einer Nebenbestimmung abhängig gemacht werden soll, nicht aber mit dem inhaltlich beschränkten Antrag. Dies rechtfertigt sich auch daraus, daß der inhaltlich beschränkte Antrag jedenfalls dann keinen Erfolg hat, wenn der Antragsteller den Erlaß eines Verwaltungsaktes unter einer Voraussetzung wünscht, weil diese Nebenbestimmungsart in § 36 II VwVfG nicht vorgesehen ist. Ebenso scheidet der Erlaß eines Verwaltungsaktes unter einer Bedingung aus, wenn der begehrte Verwaltungsakt bedingungsfeindlich ist[59]. Letztlich steht aber auch der Erlaß eines Verwaltungsaktes unter einer Nebenbestimmung — wie erwähnt — im Ermessen der Behörde, so daß dieser „zweite Weg" den Wünschen des Antragstellers nur sehr eingeschränkt Rechnung tragen könnte.

Stellt ein Privater einen Antrag, dessen Wirksamkeit er nach seinem Willen von einer Nebenbestimmung abhängig machen will, so können diese Nebenbestimmungen ihren Zweck nur dann erreichen, wenn der Eintritt der durch den Antrag ausgelösten Rechtsfolge auch gerade auf dem Willen des Antragstellers beruht, nicht jedoch, wenn der Wille für sie nicht konstitutiv ist[60]. Wirksam sind Voraussetzung, Bedingung, Befristung und Widerrufsvorbehalt also nur dann, wenn der Antrag eine Willenserklärung darstellt, ebenso, wie auch §§ 158, 163 BGB die genannten Nebenbestimmungen deshalb nur bei Rechtshandlungen vorsehen, die — wie auch der Verwaltungsakt[61] — die Struktur einer Willenserklärung aufweisen. Der Antrag auf Erlaß eines mitwirkungs-

---

[58] Siehe I. Teil, 1. Kap., A.

[59] Dazu *Franßen*, passim.

[60] *Pietsch*, S. 32 ff. m. w. N.

[61] *Franßen*, S. 54 ff.

bedürftigen Verwaltungsaktes ist deshalb eine Willenserklärung, weil die durch den Verwaltungsakt ausgesprochene Regelung auch auf dem Willen des Antragstellers beruht, da dessen Wille gerade durch den Antrag zur Geltung gebracht werden soll[62]. Ob aber bei diesen Anträgen die Beifügung von Nebenbestimmungen zulässig ist, läßt sich nur beantworten, wenn man sich deren Rechtsfolgen für den Verwaltungsakt vor Augen führt und ihre Vereinbarkeit mit dem öffentlichen Recht prüft.

Wird ein Antrag unter einer aufschiebenden Voraussetzung, Bedingung oder Befristung gestellt, so müßte die Behörde allemal ein Verwaltungsverfahren einleiten, denn die Wirksamkeit des Antrages ist Erlaßvoraussetzung des Verwaltungsaktes und die Prüfung der Wirksamkeit mithin schon Verfahrenstätigkeit. Die Behörde dürfte hingegen den Verwaltungsakt erst erlassen, wenn der Antrag wirksam geworden ist. Hat der Antragsteller seinem Antrag aber eine auflösende Voraussetzung beigefügt, so dürfte die Behörde den Verwaltungsakt erst erlassen, wenn sie darüber Gewißheit hat, daß das auflösende Ereignis nicht vorliegt. Bedient der Antragsteller sich hingegen einer auflösenden Bedingung oder Befristung oder eines Widerrufsvorbehaltes, so wäre die Behörde zunächst berechtigt und unter Umständen sogar verpflichtet, den Verwaltungsakt zu erlassen, da ein wirksamer Antrag vorliegt. Allerdings würde der Verwaltungsakt jedenfalls rechtswidrig, wenn das Ereignis oder der Endtermin eintritt oder der Antragsteller den Widerruf ausübt. Da die Behörde aber wegen Art. 20 III GG nicht rechtswidrig handeln darf, müßte sie den Verwaltungsakt unter einer entsprechenden auflösenden Bedingung oder Befristung[63] erlassen, was wiederum nur unter den Voraussetzungen des § 36 VwVfG zulässig oder geboten ist. Zulässig ist dies aber nur dann, wenn zum Zeitpunkt des Erlasses des Verwaltungsaktes der Antrag seine Wirksamkeit aufgrund der Nebenbestimmung noch nicht eingebüßt hat, weil die auflösende Bedingung oder Befristung begrifflich voraussetzen, daß auf ein gegenüber dem Erlaßzeitpunkt des Verwaltungsaktes zukünftiges Geschehen Bezug genommen wird. Weil jedoch der unter einer auflösenden Bedingung oder Befristung oder einem Widerrufsvorbehalt gestellte Antrag im Ergebnis — wie gezeigt — dann strukturgleich zu

---

[62] *Middel*, S. 27 f. Daß die Rechtsfolge nicht allein auf dem Willen des Antragstellers beruht, nimmt ihm nicht den Charakter einer Willenserklärung, wie ein Blick auf die sogenannten Hilfgeschäfte des BGB — z. B. den Vertragsantrag — zeigt.

[63] Fügt der Antragsteller seinem Antrag einen Widerrufsvorbehalt bei, so wäre die einschlägige Nebenbestimmung beim Verwaltungsakt eine Potestativbedingung, nämlich eine Bedingung, daß die Rechtswirkungen des Verwaltungsaktes enden, wenn der Antragsteller von seinem Widerrufsrecht Gebrauch macht.

dem inhaltlich beschränkten Antrag ist, wenn das Geschehen gegenüber dem Erlaßzeitpunkt des Verwaltungsaktes noch zukünftig ist, der inhaltlich beschränkte Antrag aber nicht Gegenstand der Untersuchung ist, ist die Zulässigkeit der auflösenden Bedingung, Befristung und des Widerrufsvorbehaltes nur insoweit zu erörtern, als das auflösende Ereignis oder der Endtermin vor Erlaß des Verwaltungsaktes eintritt.

Die fraglichen Nebenbestimmungen zeichnen sich durch folgende Merkmale aus: Bedingung und Widerrufsvorbehalt schaffen eine Unsicherheit der objektiven Rechtslage, weil unsicher ist, „ob“ und unter Umständen auch „wann“ der Antrag wirksam bzw. unwirksam wird[64]. Wählt der Antragsteller die Befristung, so ist zwar nicht ungewiß, „ob“ der Antrag wirksam oder unwirksam wird, jedenfalls bleibt aber Unsicherheit über das „Wann“, wenn der Termin nicht auf einen von vornherein zeitlich eindeutig fixierten, etwa kalendermäßig bestimmten, Zeitpunkt bezogen ist[65]. Keinerlei Ungewißheit über die objektive Rechtslage besteht aber bei der Voraussetzung, weil der Eintritt oder Nichteintritt des zur Voraussetzung erhobenen Ereignisses objektiv bei Stellung des Antrages schon feststeht. Zu der bei Bedingung, Befristung und Widerrufsvorbehalt bestehenden Ungewißheit über die objektive Rechtslage gesellt sich eine tatsächliche Ungewißheit[66], weil die objektive Rechtslage grundsätzlich aufklärungsbedürftig ist. Diese subjektive Ungewißheit kann sich ebenso auf das „Ob“ wie das „Wann“ beziehen, sie entfällt lediglich, wenn der Eintritt des Ereignisses für die Behörde evident ist, also keiner weiteren Aufklärung bedarf, mithin zum Beispiel bei der Bezugnahme auf einen kalendermäßig bestimmten Zeitpunkt oder bei der Ausübung des Widerrufes, weil dann die Rechtsfolge erst aufgrund einer an die Behörde zu richtenden Widerrufserklärung eintritt. Subjektive Gewißheit über die objektive Rechtslage hat die Behörde aber nicht schon dann, wenn sie etwa vom Eintritt des bedingenden Ereignisses weiß, sondern vielmehr erst unter der Voraussetzung, daß sie auch die Relevanz dieses Ereignisses für die Wirksamkeit des Antrages kennt. Sie muß als das Datum „Antrag mit einer Nebenbestimmung“ und das Datum „Eintritt des fraglichen Ereignisses“ verknüpfen, weil erst daraufhin für sie die Rechtslage klar ist[67].

---

[64] Vgl. *Larenz*, § 25 I, S. 482; *Baumgärtel*, § 16 II, S. 120; *Bruck*, S. 100; *Elster*, S. 171 f.

[65] Beispiel: Der Antrag wird wirksam bzw. unwirksam am 1. 1. 1986.

[66] *Elster*, S. 172. *Bruck*, S. 100, und *Baumgärtel*, § 16 II, S. 120 f., unterscheiden daher zu Recht zwischen der Rechtssicherheit und der durch die Aufklärungsbedürfigkeit berührten Rechtsklarheit.

[67] Dies ist — soweit ersichtlich — in der Judikatur und Literatur noch nicht berücksichtigt worden. Überlegungen in diese Richtung finden sich aber bei *Planck*, Vor. § 158 Anm. 3 d, S. 411.

Die Nebenbestimmungen zeichnen daher drei Charakteristika aus: Sie erzeugen teilweise rechliche Unsicherheit und tatsächliche Ungewißheit und begründen eine „Verknüpfungslast“ der Behörde. Diese Rechtsfolgen des unter einer Nebenbestimmung gestellten Antrages könnten die Unzulässigkeit der Nebenbestimmungen zur Folge haben. Fraglich ist daher, ob sie für die Behörde erhebliche Nachteile mit sich bringen. Soweit die rechtliche Unsicherheit betroffen ist, ist dies nicht der Fall, denn die Behörde weiß ja grundsätzlich ohnehin nicht, ob und wann der Antragsteller von seinem Recht Gebrauch macht — die Unsicherheit der objektiven Rechtslage unterscheidet sich also bei einem Antrag unter einer Nebenbestimmung nicht von der, die besteht, wenn keine Nebenbestimmungen verwendet werden. Dies gilt deshalb auch für die auflösende Bedingung, Befristung oder den Widerrufsvorbehalt, weil der Antragsteller seinen Antrag bis zum Erlaß des Verwaltungsaktes grundsätzlich jederzeit frei zurücknehmen kann[68], rechtliche Unsicherheit über das Wirksambleiben des Antrages also auch dann besteht[69]. Soweit im Einzelfall der Antrag aber nicht zurückgenommen werden darf, weil ein besonderes öffentliches Interesse am Bestand des Antrages gegeben ist[70], sind auch auflösende Nebenbestimmungen unzulässig, weil sie im Ergebnis das gleiche bewirken wie die unzulässige Antragsrücknahme. Falls die auflösende Nebenbestimmung die Unwirksamkeit des Antrages nach dem Erlaß des Verwaltungsaktes auslösen würde, zu einem Zeitpunkt also, da die Rücknahmemöglichkeit stets ausgeschlossen ist, so handelt es sich um ein Problem des inhaltlich beschränkten Antrages, der nicht Gegenstand der Untersuchung ist. Anders als hier erweist sich dagegen im Zivilrecht und im Prozeßrecht die Beifügung einer auflösenden Nebenbestimmung bei einseitig gestaltenden belastenden Willenserklärungen zu Recht als unzulässig, weil dort die Rücknahme der Willenserklärung gerade ausgeschlossen ist bzw. nach Beginn der mündlichen Verhandlung der Einwilligung des Beklagten bedarf, § 92 I VwGO und § 269 I ZPO. Nachteilige Wirkungen im Vergleich zur Antragstellung ohne Nebenbestimmung ergeben sich jedoch, wenn man den Blick auf die tatsächliche Ungewißheit lenkt. Wird der Antrag nämlich ohne eine Nebenbestimmung gestellt, so wird er mit Zugang bei der Behörde auch wirksam, die objektive

---

68 Dazu III. Teil, 1. Kap., A. I. 2.

69 Nicht zu folgen ist daher *Baumgärtel*, § 16 II, S. 123 f., nach dem die Möglichkeit der Klagerücknahme nach § 269 ZPO nicht für die Zulässigkeit der Bedingung spreche, weil sich die Rücknahmemöglichkeit aus dem Gesetz ergebe, während bei einer bedingten Verfahrensgestaltung das Verfahren in willkürlicher Weise mit einer Unsicherheit belastet werde; denn auch dann, wenn sich die Rücknahmemöglichkeit aus dem Gesetz ergibt, ist das Gebrauchmachen von diesem Recht in die Willkür des Betreffenden gestellt.

70 Siehe III. Teil, 1. Kap., A. I. 2.

Rechtslage ist also für die Behörde evident, ihre Ermittlung bedarf außer der Wahrnehmung des Antrages keiner weiteren Tätigkeit mehr, während die Rechtslage bei einer Nebenbestimmung erst nach der Aufklärung subjektiv gewiß ist, die Behörde also weitere Aufklärungsarbeit leisten müßte, eine Pflicht, der sie durch das Erfordernis der Antragstellung gerade enthoben werden soll[71]. Keine tatsächliche Ungewißheit besteht hingegen, wenn der Antragsteller auf Umstände Bezug nimmt, die für die Behörde evident sind, wie etwa Kalendertage oder Ereignisse, die innerhalb des Verwaltungsverfahrens liegen, weil sie diese dann ohnehin kennt und keine weitere Aufklärungsarbeit zu leisten hat[72]. Dies gilt insbesondere auch für den Widerrufsvorbehalt, weil der Antrag erst durch die der Behörde gegenüber abzugebende Widerrufserklärung unwirksam wird. Erweisen sich manche Nebenbestimmungen unter diesen Gesichtspunkten noch als unbedenklich, so sind auch diese weitgehend unzulässig, weil sie der Behörde die Verknüpfungslast aufbürden. Zwar mag diese in privatrechtlichen Rechtsbeziehungen keine erhebliche Bedeutung besitzen, weil der von ihr Betroffene regelmäßig nur in einer überschaubaren Anzahl von Rechtsbeziehungen steht und die Belastung folglich quantitativ gering ist. Für die in einer Vielzahl von Rechtsbeziehungen befindliche Behörde ist sie aber eine erhebliche Beeinträchtigung ihrer Interessen. Unproblematisch ist daher allein der Widerrufsvorbehalt, weil er unmittelbar auf den gestellten Antrag Bezug nimmt, die Verknüpfung also selbst enthält. Als unzulässig erweisen sich aber Fristbestimmungen auch mit Bezug auf Kalendertage, weil sie das Verwaltungsverfahren komplizieren würden und der Antragsteller ja auch selbst oder durch einen Vertreter den Antrag zum gewünschten Zeitpunkt stellen bzw. zurücknehmen kann, für die Belastung der Behörde also kein Bedürfnis besteht. Dies gilt etwa auch bei Bezugnahme auf das Inkrafttreten eines künftigen Gesetzes, weil dies veröffentlicht werden muß und der Antragsteller sich somit selbst Gewißheit über dessen Inhalt und Inkrafttreten zu verschaffen vermag. Zulässig sind aber ebenso wie im Prozeßrecht[73] Eventualanträge, weil sich der Eintritt des Ereignisses im jeweiligen Verfahren vollzieht und diese Sachnähe die Verknüpfungslast der Behörde als nicht erheblich erscheinen läßt.

---

[71] Ähnlich *Grunsky*, Grundlagen, § 6 I 3, S. 56, das Gericht sei nicht dazu da, dem Kläger die Arbeit der Feststellung abzunehmen, ob das Ereignis eingetreten sei.

[72] Ähnlich für das Zivilrecht auch schon *Bruck*, S. 133. Vgl. auch *Heinrichs*, in: Palandt, Vor. § 158 Anm. 6.

[73] Siehe nur *Arens*, Zivilprozeßrecht, § 19 III 4, S. 145, Rdnr. 213.

II. Zulässigkeit von Auflage und Auflagenvorbehalt

Oben wurde bereits dargelegt, daß Nebenbestimmungen nur insoweit zulässig sein können, wie die durch sie bewirkte Belastung zwingend mit der Ausübung des Gestaltungsrechtes verbunden ist. Demnach kann über die Auflage ein Anspruch gegenüber der Behörde nur begründet werden, wenn er ohnehin schon besteht, die Auflage darf hier also nur deklaratorischen Charakter haben. Im Zivilrecht ist die Auflage hingegen bei Verträgen zulässig, weil es im Belieben der Vertragspartner steht, bestimmte Belastungen zu vereinbaren, während die Behörde dem Antragsteller nur Rechte einräumen darf, die gesetzlich vorgesehen sind und dabei in ihrer Ermessensausübung gebunden, nicht aber wie ein Privater frei ist.

E. Antragsform

Häufig erweist es sich als sinnvoll, Anträge einem Formzwang zu unterwerfen, sei es, um dadurch Klarheit darüber zu schaffen, ob überhaupt ein Antrag gestellt wurde und welchen Inhalt er hat (Antragstellungs- und Antragsinhaltsklarheit), sei es, daß für den Fall des Streites oder der Ungewißheit über das „Ob“ und „Wie“ des Antrages eine Beweissicherung herbeigeführt werden soll (Beweissicherungsfunktion) oder sei es schließlich, daß das Formgebot den Antragsteller vor Übereilung schützen soll (Warnfunktion)[74]. Verlangen diese Zwecke die Schriftform des Antrages, so können sowohl Interessen der Behörde an einer vereinfachten und damit schnelleren Bearbeitung des Antrages wie auch Interessen des Antragstellers daran, daß er die für die Bearbeitung des Antrages maßgeblichen Gesichtspunkte auch darlegt, eine formularmäßige Antragstellung ratsam erscheinen lassen[75]. Da ein Umkehrschluß zu § 64 VwVfG aber ergibt, daß Anträge im nicht-förmlichen Verwaltungsverfahren auch mündlich oder in anderer Weise[76] gestellt werden können[77], ist eine Zurückweisung eines Antrages als unzulässig wegen mangelnder Formgemäßheit nur dann rechtmäßig, wenn ein Formgebot aufgrund spezieller gesetzlicher Anordnung besteht[78], denn weder § 10 S. 2 VwVfG noch § 26 II 1 VwVfG ermöglichen

[74] Diese möglichen Formzwecke lassen sich in allen Rechtsgebieten beobachten, vgl. statt vieler *Häsemeyer*, JuS 1980, S. 1, 2, m. w. N., und *Bonk*, in: Stelkens / Bonk / Leonhardt, § 57 Rdnr. 4.

[75] Dazu *Henke*, Wirtschaftssubventionen, S. 171.

[76] Vgl. § 37 II VwVfG bezüglich der Form des Verwaltungsaktes.

[77] *Borgs*, in: Meyer / Borgs, § 22 Rdnr. 7. Dies kann nicht auch aus § 10 S. 1 VwVfG abgeleitet werden, weil dieser nichts über die Form des Antrages aussagt, sondern lediglich bedeutet, daß die Behörde bei der Durchführung und Gestaltung des Verfahrens frei ist, soweit nicht besondere Rechtsvorschriften etwas anderes bestimmen, *Borgs*, in: Meyer / Borgs, § 10 Rdnr. 2.

es, daß die Behörde mit dieser Wirkung einen Formzwang festsetzt. Zwar kann es durchaus der Einfachheit und Zweckmäßigkeit des Verfahrens dienen, wenn die Behörde etwa Formulare für die Antragstellung vorsieht, jedoch berechtigt eine Nichtbenutzung der Formulare deshalb nicht zur Abweisung des Antrages als unzulässig, weil § 10 S. 2 VwVfG sich nur an die Behörde richtet, nicht aber den Antragsteller in Pflicht nimmt[79]. Eine derartige Pflicht resultiert auch nicht aus § 26 II 1 VwVfG, nach dem die Beteiligten bei der Ermittlung des Sachverhaltes mitwirken sollen, denn § 26 II 1 VwVfG begründet keine Mitwirkungspflicht, sondern nur eine verfahrensrechtliche Last[80], deren Nichterfüllung lediglich mittelbar nachteilige Folgen haben kann, weil die Verpflichtung der Behörde zur Ermittlung des Sachverhaltes dort endet, wo der „Belastete" seiner „Mitwirkungspflicht" nicht nachkommt[81]. Daher könnte es aber zulässig sein, daß die Behörde bei Nichtbenutzung eines Formblattes den Antrag als unbegründet zurückweist, weil die für den Erlaß des Verwaltungsaktes nötigen Voraussetzungen durch den Antragsteller nicht dargetan sind und die Behörde zu ihrer Ermittlung nicht mehr verpflichtet ist. Diese Schlußfolgerung ist aber nur dann möglich, wenn § 26 II 1 VwVfG nicht lediglich das „Ob" der Mitwirkung betrifft, sondern auch das „Wie", also auch an die Verweigerung der Mitwirkung in einer bestimmten Form nachteilige Folgen knüpft. Diese Auslegung findet jedoch einmal im Wortlaut des § 26 II 1 VwVfG keine Stütze, weil dieser lediglich von „Mitwirkung" spricht, ihre Form aber gerade offenläßt, und damit dahin zu deuten ist, daß die Mitwirkung auch mündlich oder auf andere Weise geschehen kann und nicht schriftlich oder formularmäßig erfolgen muß.

---

78 Etwa § 83 I 1 BauONW. So auch *Stelkens*, in: Stelkens / Bonk / Leonhardt, § 24 Rdnr. 24, und *Wolff / Bachof*, Verwaltungsrecht III, § 156 V a, S. 343, Rdnr. 56, der den Formularzwang aber unzutreffend für zulässig hält, wenn die Formulare von der Behörde zur Verfügung gestellt werden. Verfehlt auch *Badura*, in: Erichsen / Martens, § 39 II, S. 337 — ohne ausdrückliche gesetzliche Anordnung dürfe die Behörde eine schriftliche oder formularmäßige Antragstellung fordern, wenn sonst die sachgemäße Bearbeitung des Antrages nicht möglich sei.

79 Abweichend *Borgs*, in: Meyer / Borgs, § 11 Rdnr. 5, der aus der Verpflichtung der Behörde durch § 10 S. 2 VwVfG folgert, die Behörde müsse dann auch bestimmte Gestaltungsbefugnisse gegenüber dem Beteiligten haben. Er betont jedoch, die Rechtsfolgen bei Nichtbeachtung der behördlichen Gestaltung seien im wesentlichen die gleichen wie bei § 26 VwVfG, so daß es richtiger erscheint, die Problematik statt § 10 S. 2 VvVfG gleich dem § 26 II VwVfG zuzuordnen. *Clausen*, in: Knack, § 10 Anm. 2.2, führt aus, es bedürfe zum Verlangen nach Benutzung eines amtlichen Vordruckes keiner besonderen gesetzlichen Ermächtigung, sie ergebe sich vielmehr aus der Eingriffsnorm (z. B. § 14 GewO) selbst; a. A. noch *Clausen*, in: Knack, 1. Aufl., § 10 Anm. 2.2 — bei Nichtbeachtung der Formblätter dürften dem Antragsteller im allgemeinen keine Nachteile erwachsen.

80 Statt vieler *Stelkens*, in: Stelkens / Bonk / Leonhardt, § 26 Rdnr. 11.

81 *Stelkens*, in: Stelkens / Bonk / Leonhardt, § 26 Rdnr. 12 m. w. N.

Dieses Ergebnis wird systematisch auch durch § 26 II 3 VwVfG gestützt, weil diese, eine im Vergleich zu § 26 II 1, 2 VwVfG weitergehende Mitwirkungsverpflichtung regelnde Norm mit der beispielhaften Aufzählung der Pflicht zum Erscheinen oder zur Aussage gerade auch die Form der Mitwirkung betrifft und die Pflicht zur förmlichen Mitwirkung von der besonderen Anordnung durch eine Rechtsvorschrift abhängig macht, woraus zu folgern ist, daß § 26 II 1 VwVfG von der Formfreiheit der Mitwirkung ausgeht. Dagegen läßt sich auch nicht einwenden, § 26 II 3 VwVfG betreffe nicht nur eine verfahrensrechtliche Last, sondern im Gegensatz zu § 26 II 1 VwVfG eine vollstreckbare Verpflichtung[82] und sei daher in einem anderen systematischen Zusammenhang zu sehen, der Rückschlüsse von § 26 II 3 VwVfG auf § 26 II 1 VwVfG verbiete. Denn § 66 SGB-AT, der die Folgen aus der Nichterfüllung einer durch eine besondere Rechtsvorschrift angeordneten Mitwirkungspflicht betrifft, gestaltet diese ebenso wie die Folgen, die sich bei der Verweigerung einer Mitwirkung nach § 26 II 1 VwVfG ergeben. Aus einer speziellen Rechtsvorschrift ergibt sich die Formgebundenheit eines Antrages aber nur dann, wenn die Rechtsvorschrift gerade auch die Form des Antrages betrifft. Nicht gefolgt werden kann daher der Ansicht des BVerwG[83], die zuständige Behörde dürfe von demjenigen, der eine Anzeige nach § 14 I GewO abzugeben habe, das Ausfüllen eines Anzeigenvordruckes verlangen, der Angaben zur Person und zum ausgeübten Gewerbe vorsehe, weil die Anzeige des Beginnes der Gewerbetätigkeit der Behörde die Prüfung ermöglichen solle, ob etwaige gesetzliche Voraussetzungen für den Betrieb des Gewerbes erfüllt seien und ob Bedenken gegen die Zuverlässigkeit des Gewerbetreibenden bestünden. Zwar mag es zulässig sein, vom Antragsteller die Angabe dieser Information zu verlangen, die GewO enthält aber, wie das BVerwG selbst konzediert, keine Bestimmungen über die Form der Anzeige, so daß sie schriftlich, mündlich oder in anderer Weise erfolgen kann. Dafür spricht auch, daß § 14 IV GewO die Bestimmung von Form und Inhalt der Anzeige durch eine Verordnungsermächtigung der Regelung durch den Bundesminister für Wirtschaft vorbehält, der davon bis jetzt noch keinen Gebrauch gemacht hat. Sofern jedoch ein Gesetz einen Formularzwang festlegt, besteht — vorbehaltlich anderer gesetzlicher Regelung — keine Verpflichtung der Behörde, die Formulare selbst bereitzuhalten[84] und kostenlos abzugeben.

---

[82] *Stelkens*, in: Stelkens / Bonk / Leonhardt, § 26 Rdnr. 15.

[83] NJW 1977, S. 772 f. Dagegen auch *Stelkens*, in: Stelkens / Bonk / Leonhardt, § 24 Rdnr. 24.

[84] So auch OLG Koblenz, DVBl. 1967, S. 338; HessVGH, DÖV 1965, S. 857, 858. Anders z. B. § 94 II VwVfG BW.

Unterliegen Anträge daher vorbehaltlich ausdrücklicher gesetzlicher Anordnung keinem Formgebot, so können sie grundsätzlich auch konkludent gestellt werden. Zu erwägen ist eine solche konkludente Antragstellung etwa dann, wenn eine erlaubnis- oder genehmigungspflichtige Sachlage ohne vorherigen Antrag geschaffen wird, also z. B. ein Straßenhändler eine rechtlich genehmigungsbedürftige Sondernutzung i. S. des § 18 LStrGNW vornimmt. Bevor man jedoch untersucht, ob die Vornahme der Handlung als konkludenter Antrag aufzufassen ist, muß zunächst gefragt werden, ob es einer auf Erteilung der Erlaubnis oder Genehmigung gerichteten Willenserklärung, also eines Antrages, in diesen Fällen überhaupt bedarf oder ob er verzichtbar ist, weil die Gründe nicht vorliegen, welche die Antragsbedürftigkeit auslösen. Wenn letzteres zutrifft, dann ist es auch möglich, daß ein vom Gesetzgeber ausdrücklich vorgeschriebener Antrag sich aufgrund einer teleologischen Reduktion als überflüssig erweist. Ist für den Antrag die Schriftform vorgeschrieben, so ist ein Verzicht auf einen schriftlichen Antrag im Wege teleologischer Reduktion aber nur dann möglich, wenn sowohl die Gründe der Antragsbedürftigkeit nicht vorliegen als auch die durch die Schriftform verfolgten Interessen beachtet bleiben. Hat der Betreffende die erlaubnis- oder genehmigungspflichtige Handlung bereits vorgenommen, so ist die Erteilung der Erlaubnis oder Genehmigung auch ohne Antrag geeignet, das gesetzgeberische Ziel, die Legalisierung des Vorhabens, zu erreichen, während bei der Situation vor der Vornahme der Handlung die Erlaubnis oder Genehmigung einen Antrag voraussetzt, weil andernfalls unnützer Verwaltungsaufwand entsteht, wenn der Adressat, wie aus dem Nichtvorliegen des Antrages zu entnehmen ist, von der eingeräumten Freiheit keinen Gebrauch machen, also die Handlung nicht vornehmen will. Jedoch ist auch nach Schaffung der erlaubnis- oder genehmigungsbedürftigen Lage ein Antrag erforderlich, wenn die Genehmigung der Erlaubnis — wie in der Regel — etwa durch die Auslösung einer Gebührenpflicht belastend wirkt[85] und diese Belastung unverhältnismäßig im engeren Sinne ist[86]. Dabei ist aber zu bedenken, daß hier, anders als im Normalfall, nicht lediglich eine intrapersonale Rechtsgüterkollision[87] vorliegt, sondern ein erhebliches öffentliches Interesse daran besteht, den rechtswidrigen Zustand zu beseitigen[88]. Dies kann aber sowohl durch die Er-

---

85 So im Ergebnis *Bachof*, S. 250 f., und *Hablitzel*, BayVBl. 1974, S. 392, 398, der aber die Gebührenpflicht — ohne Begründung — gerade nicht als erhebliche Belastung ansieht.

86 Dazu I. Teil, 1. Kap., A.

87 Vgl. I. Teil, 1. Kap., A.

88 Verfehlt daher *Badura*, JuS 1964, S. 103, 106 ff., der einen Antrag nur dann für verzichtbar hält, wenn die Erlaubnis oder Genehmigung der Befreiung von einem repressiven Verbot dient, weil hier — anders als beim

teilung der Genehmigung oder Erlaubnis als auch durch Sanktionen — z. B. Beseitigungsanordnung — geschehen. Die Behörde ist daher verpflichtet, von diesen Handlungsmöglichkeiten diejenige zu wählen, die den Betroffenen am wenigsten belastet. Wenn auch objektiv in aller Regel die Erteilung einer Genehmigung oder Erlaubnis das mildere Mittel darstellt, so ist dem Betroffenen doch die Wahl zu belassen[89], ob er einen Antrag nachträglich stellt oder die Beseitigung des rechtswidrigen Zustandes auf anderem Wege will. Nur dann, wenn er sich gar nicht erklärt, hat die Behörde das objektiv mildere Mittel anzuwenden. Weil danach im letztgenannten Falle eine Antragstellung nicht mehr erforderlich ist, erübrigt sie sich im Wege teleologischer Reduktion auch dann, wenn sie vom Gesetzgeber ausdrücklich vorgeschrieben ist, weil der Gesetzgeber dabei den Normalfall vor Augen hatte, daß die erlaubnis- oder genehmigungsbedürftige Handlung noch nicht durchgeführt wurde. Auch dann, wenn vom Gesetzgeber ein schriftlicher Antrag gefordert wird, ist dieser in diesen Situationen verzichtbar[90], weil alle Funktionen, denen die Schriftform dient, auch durch die tatsächliche Vornahme der Handlung gewahrt werden. Denn der Inhalt des „Antrages" ist durch die tatsächliche Vornahme der Handlung bestimmt und beweisbar, und ein Schutz vor Übereilung zugunsten des Antragstellers kommt ohnehin nicht mehr in Betracht, wenn er die Handlung schon ausgeführt hat. Weil jedoch etwa beim sog. „Schwarzbau" die Genehmigungserteilung in aller Regel nur möglich ist, wenn die „Bauvorlagen"[91] eingereicht werden, da ohne diese die Genehmigungsfähigkeit des Baues nicht beurteilt werden kann, ist die Behörde auch befugt, diese zu fordern und ihre Forderung im Verwaltungszwang durchzusetzen[92]. Der Entbehrlichkeit etwa des Bauantrages stehen auch keine Bedenken daraus entgegen, daß er den Gegenstand des Genehmi-

präventiven Verbot — die Tätigkeit an sich unerwünscht sei und somit ein Einschreiten von Amts wegen erfordere; gegen *Badura* auch *Hablitzel*, BayVBl. 1974, S. 392, 398 — beim präventiven Verbot reiche die Vornahme der Handlung erst recht; im Ergebnis ebenso *Schachel*, S. 62.

[89] *Schachel*, S. 63, meint, der Betroffene habe hier durch die Handlung bestimmt, in welche Richtung sich seine Freiheit entfalten solle, die Handlung könne also einem Antrag gleichgesetzt werden. Dies trifft deshalb nicht zu, weil sich der Handelnde u. U. gar keine Gedanken macht oder sogar meint, seine Handlung sei gar nicht erlaubnis- oder genehmigungsbedürftig.

[90] Bezüglich des Bauantrages ebenso *Hablitzel*, BayVBl. 1974, S. 392, 398; OVG Berlin, OVGE Bln. 7, S. 12, A. A. *Dölker*, BayVBl. 1974, S. 400, 401.

[91] Siehe § 83 II BauO NW.

[92] Wie hier *Dölker*, BayVBl. 1974, S. 400, 401 f.; VGH BW, BWVBl. 1969, S. 107, 108; OVG Berlin, OVGE Bln. 7, S. 12; OVG Münster, BRS, Bd. 23, Nr. 136, S. 212, 213, m. w. N., welches als Rechtsgrundlage des Begehrens § 14 OBG NW nennt. A. A. *Hablitzel*, BayVBl. 1974, S. 392, 399, der die entstehenden Schwierigkeiten aber mit den für die Beweislast entwickelten Grundsätzen lösen will, wonach der Betreffende die Folgen gegen sich gelten lassen muß, wenn er die Bauvorlagen nicht einreicht.

gungsverfahrens umreißt und Ausgangspunkt und Grundlage für die Beteiligung von Behörden und Privatpersonen am Genehmigungsverfahren ist, denn die Bauvorlagen umreißen das ausgeführte Vorhaben in ausreichendem Maße und ermöglichen damit die ordnungsgemäße Durchführung des Verfahrens[93].

F. Antragsfrist

Weil sich rechtliches Geschehen in der Zeit vollzieht, kann auch das Entstehen oder der Untergang von Antragsrechten an eine Frist gebunden sein. Obwohl der Rechtsuntergang durch Fristablauf für denjenigen nachteilig ist, dem das Recht zustand, kann er aus je nach Antrag und Sachgebiet unterschiedlichen Gründen angemessen sein[94]. Da Fristen folglich auf den Erfolg des Antrages Einfluß haben, ist zu klären, welche Anforderungen an die fristwahrende Handlung zu stellen sind, unter welchen Voraussetzungen also ein Antrag auf Erlaß eines Verwaltungsaktes eine Frist wahrt, und welche Möglichkeiten bestehen, dem Antragsteller nach Fristversäumung dennoch zum Erlaß des begehrten Verwaltungsaktes zu verhelfen.

I. Anforderungen an die fristwahrende Handlung

Weil die Vorschriften, welche anordnen, ein bestimmter Antrag müsse bis zum Zeitpunkt „X" gestellt sein, die Anforderungen an den Antrag nicht näher konkretisieren, sondern die Erfolgsvoraussetzungen des Antrages — also Zulässigkeits- und Begründetheitsvoraussetzungen — in anderen Vorschriften festlegen, ist jeweils zu fragen, ob jedenfalls nur ein im übrigen zulässiger Antrag fristwahrend ist. Ob alle oder nur einige Zulässigkeitsvoraussetzungen bei Fristablauf vorliegen müssen, ergibt sich daher aus Sinn und Zweck der Fristbestimmung, welchen man ermitteln kann, wenn man auf die Folgen einer Fristbestimmung für den Antrag blickt. Danach bewirken Fristregelungen Rechtssicherheit insoweit, als jedenfalls ein nach Ablauf der Frist gestellter Antrag nicht mehr erfolgreich ist, die Behörde also zu diesem Zeitpunkt weiß, daß sie einem nachträglichen Begehren auf Erlaß des Verwaltungsaktes nicht mehr entsprechen muß. Hingegen hat die Behörde unmittelbar mit Fristablauf keine Gewißheit, ob einem innerhalb der Frist gestellten Antrag Erfolg beschieden ist, weil die Prüfung dieser

---

[93] Das gilt auch bezüglich des Einwandes, nur der Bauantrag gebe Aufschluß über die Zweckbestimmung des Baues und damit über seine planungsrechtliche Zulässigkeit, *Dölker*, BayVBl. 1974, S. 400, 401, denn etwa § 4 BauVorlVO NW (GVBl. NW 1975, S. 14) verlangt, daß die Baubeschreibung das Vorhaben und seine Nutzung zu erläutern habe.

[94] Überblick über unterschiedliche Fristzwecke bei *Köppl*, S. 12 ff.

Frage ein Verwaltungsverfahren voraussetzt, dessen Ergebnis auch erst nach Fristablauf vorliegen kann. Damit besteht bei einem innerhalb der Frist gestellten Antrag Rechtssicherheit erst nach Abschluß des Verfahrens. Die Fristbestimmung bewirkt jedoch auch in diesem Falle, daß jedenfalls frühzeitig Klarheit über die Erlaßpflicht besteht, weil der Antragsteller sein Recht eben eher geltend machen muß, als wenn eine zeitliche Begrenzung nicht existiert, und demgemäß die Behörde jedenfalls schon mit Fristablauf in die Prüfung des Antrages eintreten kann und entsprechend eher zum Abschluß des Verfahrens gelangt. Die damit angesprochene Beschleunigungsfunktion der Fristbestimmungen ist — ungeachtet der umfassenderen Fristzwecke im einzelnen — aber stets vom Gesetzgeber beabsichtigt, wie ein Blick auf die unterschiedlichen Fristtypen zeigt.

Häufig dienen gesetzliche Fristen dazu, der Behörde einen schnellen Überblick über die angemeldeten Ansprüche zu ermöglichen, um entsprechend dem Anspruchsvolumen Finanzmittel im Haushalt zur Verfügung stellen zu können[95]. Weil aber allein aus der Antragstellung noch nicht auf deren Erfolg geschlossen werden kann, sondern die Bereitstellung der Mittel im Haushalt erst möglich ist, wenn die Behörde die Anträge sachlich geprüft hat und klar ist, ob ihnen entsprochen werden muß oder nicht, bezwecken diese Fristen gerade auch, daß das Verfahren beschleunigt abgewickelt wird, damit das Verfahrensergebnis frühzeitig feststeht. Einer schnellen Prüfung muß man Anträge aber auch zuführen, wenn etwa Subventionsmittel als einmalige, situationsgebundene Maßnahme vergeben werden sollen, weil sonst die Subvention ihren Zweck verfehlt, wenn die Situation nicht mehr gegeben ist, die den Gesetzgeber zur Subventionierung veranlaßt hat[96]. Ebenso auch auf Beschleunigung angelegt sind etwa die Antragsfristen bei Nachrückverfahren in „numerus-clausus-Fächern", die von der Zentralstelle für die Vergabe von Studienplätzen durchgeführt werden. Wenn auch die Frist hier in erster Linie das Ziel verfolgt, den Kreis der Bewerber durch Abgrenzung zu bestimmen, weil eine nach sachgerechten Kriterien zu erstellende Rangfolge unter den Bewerbern erst dann möglich ist[97], so dient die Frist doch auch dazu, einen Einstieg in das Studium noch zu einem vertretbaren Zeitpunkt zu ermöglichen, was nur möglich ist, wenn die Anträge beschleunigt geprüft und beschieden werden. Darum geht es aber auch, wenn Fristen den Zweck haben, die Beweisprobleme auszuschließen, die mit lange zurücklie-

---

[95] BVerwG, DÖV 1975, S. 137, 138; OVG Lüneburg, DÖV 1968, S. 884; wohl auch BVerwGE 17, S. 199, 201. *Stelkens*, in: Stelkens / Bonk / Leonhardt, § 31 Rdnr. 5, und *Badura*, in: Erichsen / Martens, § 39 II, S. 337 f.

[96] Siehe etwa *Henke*, Wirtschaftssubventionen, S. 183.

[97] OVG Münster, DVBl. 1976, S. 879, 880.

genden Sachverhalten verbunden sind[98] oder die alsbaldige Auflösung von Behörden ermöglichen sollen[99]. Beweisprobleme entstehen nämlich nicht nur dann, wenn ein Antrag erst nach Fristablauf gestellt wird, sondern auch dann, wenn der Antrag, der innerhalb des Fristzeitraumes gestellt wurde, nicht sogleich bearbeitet werden kann. Schließlich ist die Auflösung der Behörden erst möglich, wenn alle Verfahren, die innerhalb der Frist eingeleitet wurden, auch beendet sind, so daß deren frühzeitige Beendigung beabsichtigt ist.

Weil also der Zweck aller Fristbestimmungen auch darin besteht, das Verfahren zu beschleunigen[100], also die Behörde zu befähigen, den Antrag frühzeitig und ohne Verzögerung prüfen zu können, ist ein Antrag dann fristwahrend, wenn er keine Verfahrensverzögerung bewirkt, so daß zu untersuchen ist, ob das Fehlen einzelner Zulässigkeitsvoraussetzungen dazu führt.

1. Antragstellung bei einer unzuständigen Behörde

Der bei einer unzuständigen Behörde gestellte Antrag wahrt die Frist jedenfalls dann, wenn die unzuständige Behörde den Antrag derart weiterleitet, daß er noch innerhalb der Frist bei der zuständigen Behörde eingeht, oder wenn er nach Belehrung des Antragstellers von diesem noch innerhalb der Frist bei der zuständigen Behörde gestellt wird. Geht der Antrag aber der zuständigen Behörde erst nach Fristablauf zu, so ist diese auch erst nach Fristablauf in der Lage, den Antrag zu prüfen. Weil dadurch das Verfahren aber gegenüber einer rechtzeitigen Antragstellung bei der zuständigen Behörde verzögert wird, ist der Antrag nur dann fristwahrend, wenn eine besondere Rechtsnorm dies anordnet. Wegen der besonderen Schutzbedürftigkeit derjenigen, die Anträge auf Sozialleistungen nach dem Sozialgesetzbuch stellen, ordnet § 16 II 2 SGB-AT Fristwahrung an, auch wenn der Antrag innerhalb der Frist lediglich einer unzuständigen Behörde zugeht. Weil aber eine entsprechende Vorschrift für Verfahren nach dem VwVfG fehlt, wird das Interesse an der beschleunigten Verfahrensdurchführung hier keinem Interesse des Antragstellers untergeordnet, so daß der Antrag nur fristwahrend ist, wenn er innerhalb der Frist bei der zuständigen Behörde gestellt wird[101]. Für dieses aus Sinn und Zweck der Fristbestimmungen abgeleitete Ergebnis spricht zudem, daß von den zeitlich

---

[98] BSG, NJW 1961, S. 2277, 2278.

[99] BVerwGE 13, S. 209, 210.

[100] Dies gilt auch für prozessuale Fristen, siehe *Anton*, S. 100 m. w. N.

[101] Ebenso *Stelkens*, in: Stelkens / Bonk / Leonhardt, § 24 Rdnr. 22; *Köppl*, S. 36. A. A. *Wolff / Bachof*, Verwaltungsrecht III, § 156 V a 3, S. 342, Rdnr. 54. Anders auch § 94 III VwVfG BW.

parallel entstandenen Kodifikationen des SGB-AT und des VwVfG das VwVfG keine dem § 16 II SGB-AT vergleichbare Regel enthält (arg. e. contrario).

2. Fristwahrung und mangelnde Bestimmtheit des Antrages

Ein zunächst den oben erörterten[102] inhaltlichen Anforderungen nicht genügender Antrag wahrt die Frist dann, wenn die Mängel auf Belehrung durch die zuständige Behörde nach § 25 S. 1 VwVfG hin vom Antragsteller vor Fristablauf beseitigt werden, nicht aber, wenn die Beseitigung erst nach Fristablauf erfolgt, weil allein ein bestimmter Antrag der Behörde eine sachgerechte Prüfung des Antrages ermöglicht und ein diesen Anforderungen nicht genügender Antrag daher eine Verzögerung des Verfahrens mit sich bringt[103].

3. Mangelnde Formgemäßheit des Antrages

Genügt ein Antrag nicht den unter Umständen bestehenden Formanforderungen, so bestehen keine Bedenken hinsichtlich der Fristwahrung, wenn ein formgerechter Antrag — gegebenenfalls nach Belehrung durch die Behörde — noch vor Fristablauf gestellt wird. Ob jedoch eine den Formanforderungen nicht genügende Antragstellung eine Antragsfrist wahrt, wenn der Formmangel erst nach Ablauf der Antragsfrist beseitigt wird, beantwortet sich danach, ob dadurch eine Verzögerung im Verfahrensverlauf eintritt oder nicht. Diese ist dann zu befürchten, wenn das Formerfordernis zumindest auch der vereinfachten und beschleunigten Abwickelung des Verfahrens dient. Weil dies bei einer gesetzlich gebotenen formularmäßigen Antragstellung der Fall ist[104], nicht jedoch bei einer lediglich schriftlichen Antragstellung, wahrt ein vor Ablauf der Antragsfrist nicht formularmäßig gestellter Antrag die Frist nicht, während der lediglich nicht schriftlich gestellte Antrag keine Verfristung bewirkt.

Fraglich ist aber, ob nicht ein jeweils existierender Unterschriftszwang[105] auch der Verfahrensökonomie und -beschleunigung dient. Dies ist zu bejahen, wenn er für einen glatten, durch unnötige Zwischenprüfungen formeller Art nicht beschwerten Gang des Verfahrens sorgen soll[106]. Der Sinn des Unterschriftserfordernisses besteht nicht zuletzt

---

[102] II. Teil, 3. Kap., D.

[103] Ebenso *Güntzel*, S. 135 ff., 160, 162, für den Zivilprozeß.

[104] Dazu II. Teil, 3. Kap., E.

[105] Dieser besteht bei gesetzlich gebotener schriftlicher Antragstellung grundsätzlich, vgl. § 126 BGB.

[106] Diesen Zweck legt RGZ 126, S. 257, 259, dem Unterschriftszwang bei prozessualen Erklärungen zugrunde.

auch darin, Zweifel darüber zu beseitigen, ob überhaupt eine von einem Willensentschluß getragene Antragstellung vorliegt oder ob der Antrag nur versehentlich in den Verkehr gelangt ist. Zudem ermöglicht die Unterschrift die Feststellung, von welcher Person die Erklärung ausgeht und damit schließlich, ob der Erklärende die Beteiligungs- und Handlungsfähigkeit besitzt[107]. Im Gegensatz zum Zivilprozeß muß jedoch die Behörde gar nicht prüfen, ob der Antrag auch i. S. des § 130 BGB abgegeben wurde, denn auch ein Antrag, bei dem dies nicht zutrifft, ist wirksam[108], sofern die mangelnde Abgabe nicht offensichtlich[109] ist, was im Regelfall auch bei fehlender Unterschrift nicht zutrifft. Daher kann das Fehlen der Unterschrift insoweit auch gar keine Verfahrensverzögerung bewirken[110]. Sofern man der Unterschrift Bedeutung für die Bestimmung des Autors der Erklärung zumißt, gilt das oben hinsichtlich der Bestimmtheit des Antrages Gesagte[111]. Eine Verzögerung im Verfahrensverlauf ist folglich nicht zu befürchten, wenn sich trotz fehlender Unterschrift aus den weiteren Umständen zweifelsfrei ergibt, von wem die Erklärung herrührt. Deshalb ist in diesen Fällen Fristwahrung auch dann zu bejahen, wenn die Unterschrift erst nach Ablauf der Antragsfrist nachgeholt wird[112].

4. Fristwahrung und mangelnder Nachweis der Vertretungsmacht sowie Handeln vollmachtloser Vertreter

Ob ein Antrag eine Frist wahrt, ist unter Umständen dann problematisch, wenn der Antrag durch einen Vertreter mit oder ohne Vertretungsmacht gestellt wird.

a) Vertreter mit Vertretungsmacht

Gemäß § 14 I VwVfG kann eine Antragstellung auch durch einen Vertreter mit Wirkung für den Vertretenen erfolgen. Zwar kann sich nach dem Wortlaut des § 14 I VwVfG nur ein Beteiligter — dies ist der Antragsteller im Zeitpunkt der Antragstellung noch nicht, da das Verfahren nach § 9 VwVfG erst mit dem Handeln der Behörde beginnt

---

107 Dazu *Vollkommer*, S. 121.

108 III. Teil, 2. Kap., A. IV. 2.

109 III. Teil, 2. Kap., A. II. 3.

110 Selbst wenn man dieser Ansicht nicht folgt, erscheint die Notwendigkeit einer eigenhändigen Unterschrift zur Fristwahrung nach *Vollkommer*, S. 260 ff., fraglich.

111 II. Teil, 3. Kap., F. I. 2.

112 So auch *Kopp*, VwVfG, § 64 Rdnr. 7 m. w. N.; *Obermayer*, VwVfG, § 64 Rdnr. 24 m. w. N. A. A. *Köppl*, S. 36 m. w.N. Ebenso hat RGSt. 67, 385, 389, eine nicht unterzeichnete Berufungsschrift unter diesen Voraussetzungen als wirksam angesehen; weitere Nachweise bei *Vollkommer*, S. 258 f.

— durch einen Bevollmächtigten vertreten lassen; es bestehen aber keine Bedenken, § 14 I VwVfG auch auf denjenigen anzuwenden, der das Verfahren durch den Antrag erst in Gang setzen will. Auch die nur mündliche Vollmachterteilung ist wirksam[113], denn die Vorlage eines schriftlichen Vollmachtnachweises auf behördliches Verlangen gemäß § 14 I 3 VwVfG dient nur Beweiszwecken[114], da die Tatsache der Bevollmächtigung sich in aller Regel der Kenntnis der Behörde entzieht. Die Behörde kann und muß zur Vorlage des Vollmachtnachweises eine Frist setzen[115]. Dies ergibt sich zwar nicht aus dem Wortlaut des § 14 I VwVfG, folgt aber aus der Interessenlage, die der des § 89 ZPO gleicht. Hier wie dort hängt nämlich die im weiteren Verfahren zu treffende Entscheidung davon ab, ob eine Bevollmächtigung zur Überzeugung der Behörde bzw. des Gerichts vorliegt. Ist dies nämlich nicht der Fall, so ist der Antrag bzw. die Klage unwirksam und muß daher abgewiesen werden[116]. Weil einerseits die Behörde verpflichtet ist, Verfahren möglichst schnell durch eine Entscheidung abzuschließen, und daher alsbald Klarheit über die Entscheidungsgrundlagen haben muß, andererseits aber der Vertreter die Möglichkeit haben muß, die Vollmacht nachzuweisen, ohne daß inzwischen der Antrag abgelehnt wird, bedarf es einer Vorlagefrist mit der Wirkung, daß eine Antragsablehnung wegen mangelnden Vollmachtnachweises erst nach deren Ablauf erfolgen darf[117].

Unproblematisch ist der Fall, daß der Vollmachtnachweis vor Ablauf der Antragsfrist erfolgt — der Antrag ist dann gewiß fristwahrend. Zu erörtern ist hingegen, ob dies auch gilt, wenn die Vollmacht nach Ablauf der Antragsfrist nachgewiesen wird, und ob es darauf ankommt, daß dies innerhalb der Beibringungsfrist geschieht.

Wird die Vollmacht innerhalb der Beibringungsfrist nachgewiesen, so tritt keine Verfahrensverzögerung ein, denn die Behörde kann den Antrag auch ohne entsprechenden Nachweis prüfen. Die Gefahr, der die Behörde aufgrund seines Fehlens ausgesetzt ist, besteht allein darin, daß, wenn die Vorlage der Vollmacht verlangt wird, sich herausstellen könnte, der „Bevollmächtigte“ sei in Wahrheit gar nicht vertretungsbefugt, womit sich der bisher von der Behörde geleistete Verfahrens-

---

[113] Siehe nur *Borgs*, in: Meyer / Borgs, § 14 Rdnr. 11.

[114] *Borgs*, in: Meyer / Borgs, § 14 Rdnr. 11.

[115] Für fakultative Fristsetzung: *Kopp*, VwVfG, § 14 Rdnr. 7; wohl auch *Borgs*, in: Meyer / Borgs, § 14 Rdnr. 11.

[116] Für Abweisung des Antrages *Kopp*, VwVfG, § 14 Rdnr. 7, und *Obermayer*, VwVfG, § 14 Rdnr. 40. A. A. *Borgs*, in: Meyer/Borgs, § 14 Rdnr. 11 — das Verfahren sei einzustellen.

[117] Vgl. § 89 I 2 ZPO. Siehe zur ähnlichen Interessenlage im Verwaltungsprozeß BVerwG, DÖV 1985, S. 484, 485, das aber eine Fristsetzung nicht für obligatorisch hält.

aufwand als nutzlos erwiese; dieses Risiko müssen Behörden aber ohnehin stets in Kauf nehmen, weil der Antragsteller seinen Antrag ja auch jederzeit während des Verfahrens zurücknehmen kann[118].

Wenn ein Vollmachtnachweis innerhalb der Beibringungsfrist nicht erfolgt, so darf die Behörde den Antrag — wie erörtert — sogleich ablehnen. Solange sie dies aber nicht getan hat, ist auch ein nachträglich beigebrachter Nachweis beachtlich, denn solange das Verfahren weiterbetrieben wird, verzögert der fehlende Nachweis dieses nicht[119]. Wenn die Behörde aber den Antrag abgelehnt hat, so ist die Antragsfrist nicht mehr gewahrt, selbst wenn später die Vollmacht nachgewiesen wird; das Verfahren läuft dann nämlich nicht ebenso beschleunigt ab wie im Falle eines rechtzeitigen Nachweises.

b) Vollmachtloser Vertreter

Wird einem vollmachtlosen Vertreter noch vor Ablauf der Antragsfrist eine Vollmacht erteilt, so ist er im erheblichen Zeitpunkt der Antragstellung Vertreter mit Vertretungsmacht; insoweit gilt dann das oben für diesen Gesagte. Ob hingegen eine nach Ablauf der Antragsfrist erteilte Genehmigung zur Fristwahrung des Antrages führt, ist davon abhängig, daß eine Genehmigung vollmachtlosen Vertreterhandelns hier überhaupt möglich ist.

Während das VwVfG hinsichtlich der Genehmigungsfähigkeit des Handelns vollmachtloser Vertreter schweigt, ist diese im Zivilrecht nach § 177 BGB für Verträge und nach § 180 S. 1,2 i. V. m. § 177 BGB für einseitige Willenserklärungen gegeben. Ebenso sieht das Zivilprozeßrecht in § 89 II ZPO diese Genehmigung vor, macht sie allerdings davon abhängig, daß der „Vertreter“ nach § 89 I ZPO vom Gericht einstweilen zur Prozeßführung zugelassen wird. Hingegen kennt die VwGO das Institut der einstweiligen Zulassung ausdrücklich nicht, bestimmt aber in § 67 III 2 VwGO, daß die schriftlich zu erteilende Vollmacht mit der Wirkung nachgereicht werden kann, daß die bisherigen Prozeßhandlungen des Vertreters ohne Vertretungsmacht nachträglich wirksam werden[120].

---

118 Vgl. BVerwG, NJW 1980, S. 1120, 1121, bezüglich des Anlaufens der Frist des § 19 IV 3 BBauG 1960 (= § 19 IV 7 BBauG 1976). Zur Rücknehmbarkeit von Anträgen siehe III. Teil, 1. Kap., A. I. 2.

119 So für das Verwaltungsverfahren *Kopp*, VwVfG, § 14 Rdnr. 12; für den Verwaltungsprozeß *Fischer*, NJW 1977, S. 2200, 2201. Für den Zivilprozeß VGH Kassel, NJW 1967, S. 2130 f.; nunmehr auch GmSOGB, NJW 1984, S. 2149 f., der dieses Problem aber nur bezüglich des Mangels der Vollmacht im Rechtsmittelzug erörtert.

120 Ob man dies unmittelbar aus § 67 II 2 VwGO herleiten kann, so *Fischer*, NJW 1977, S. 2200, 2201, oder ob es dazu der Anwendung des § 89 II ZPO über die Verweisungsnorm des § 173 VwGO bedarf, so VGH BW, BWVPr. 1974, S. 133, kann hier offenbleiben.

Die Genehmigungsfähigkeit prozessualer Handlungen beruht auf der zutreffenden Analyse der Interessenlage; wenn nämlich erst einmal gehandelt worden ist, dann überwiegt das Interesse des „Vertretenen" daran, das bisherige Verfahren gegebenenfalls als Urteilsgrundlage zu erhalten, und diese Möglichkeit dient auch der Prozeßökonomie[121].

Weil (Verwaltungs-)Verfahrenshandlungen ebenfalls aufgrund von Interessen des Genehmigenden und der Verfahrensökonomie genehmigt werden können, wie schon in anderem Zusammenhang erörtert wurde[122], sind auch hier die Gedanken der Prozeßordnungen angesichts der parallelen Interessenlage zu übernehmen — vollmachtloses Vertreterhandeln kann also rückwirkend genehmigt werden[123]. Unter welchen Voraussetzungen diese Genehmigung eine Antragsfrist wahrt, hängt davon ab, ob die fehlende Vertretungsmacht des „Vertreters" für die Behörde bei der Antragstellung evident ist oder nicht.

Weiß die Behörde von dem Vollmachtmangel nichts, so kommt eine fakultative einstweilige Zulassung zum Verfahren entsprechend § 89 I 1 ZPO nicht in Betracht, sondern die Teilnahme des „Vertreters" am Verfahren vollzieht sich gleichsam automatisch. Fordert die Behörde dann gemäß § 14 I 3 VwVfG die Vorlage eines Vollmachtnachweises, so ergeben sich die gleichen Folgen wie beim Vertreter mit Vertretungsmacht, denn für die Abwicklung des Verfahrens ist es gleichgültig, ob dann ein Vollmachtnachweis oder aber eine Genehmigung vorgelegt wird.

Bei evidentem Vollmachtmangel ist eine entsprechende Anwendung des § 89 I 1 ZPO angebracht, weil der „Verzicht" der Behörde auf die sofortige Zurückweisung des Antrages nur sinvoll ist, wenn nach Lage der Dinge zu erwarten ist, daß die Handlungen des „Vertreters" vom „Vertretenen" genehmigt werden[124]. Folglich ist das durch § 89 I 1 ZPO gewährte Ermessen bezüglich der einstweiligen Zulassung das geeignete Mittel, den Interessen der Behörde Rechnung zu tragen[125]. Wenn die Behörde den „Vertreter" zum Verfahren nicht einstweilen zuläßt, sondern den Antrag auf Erlaß des Verwaltungsaktes ablehnt, dann kommt

---

121 Dazu II. Teil, 3. Kap., C. I. 2. Siehe auch *Anton*, S. 42.

122 II. Teil, 3. Kap., C. I. 2.

123 So auch *Obermayer*, VwVfG, § 14 Rdnr. 46; *Clausen*, in: Knack, § 14 Anm. 3.5; *Kopp*, VwVfG, § 14 Rdnr. 12; *Leonhardt*, in: Stelkens / Bonk / Leonhardt, § 14 Rdnr. 13; *Wolff / Bachof*, Verwaltungsrecht III, § 156 III d, S. 330, Rdnr. 23.

124 Zu diesem Gesichtspunkt *Christmann*, S. 80 f.

125 Pro einstweilige Zulassung auch *Clausen*, in: Knack, § 14 Anm. 3.5; *Kopp*, VwVfG, § 14 Rdnr. 12; *Leonhardt*, in: Stelkens / Bonk / Leonhardt, § 14 Rdnr. 13; *Wolff / Bachof*, Verwaltungsrecht III, § 156 III d, S. 330, Rdnr. 23. Siehe auch § 124 FlurbG.

eine Genehmigung nicht mehr in Betracht. Hat die Behörde den vollmachtlosen Vertreter aber einstweilen zum Verfahren zugelassen, so entsteht dadurch, daß die Genehmigung erst nach Ablauf der Antragsfrist erfolgt, keine Verzögerung im Verfahrensverlauf, weil das Verfahren in diesem Falle weitergeführt wird. Da der Fristzweck mithin eine Unbeachtlichkeit der Genehmigung nicht verlangt, kann diese auch noch nach Ablauf der Antragsfrist erteilt werden[126]. Ebenso wie beim Antrag eines Vertreters mit Vertretungsmacht wahrt die Genehmigung die Antragsfrist, wenn sie innerhalb der Frist zur Beibringung der Genehmigung oder jedenfalls vor Abschluß des Verfahrens erteilt wird.

Hingegen ist es im materiellen Zivilrecht zutreffend, daß die Genehmigung einer vom vollmachtlosen Vertreter abgegebenen Erklärung nach Ablauf der Erklärungsfrist keine Rückwirkung entfaltet[127], weil die Frist dort — anders als im Verwaltungsverfahren — dazu dient, einen Zeitraum abzustecken, in dem die Entwicklung der Rechtslage klargestellt werden soll. Im Gegensatz zum Verwaltungsverfahren ist nämlich bei Ablauf einer zivilrechtlichen Frist für den Erklärungsgegner grundsätzlich sogleich klar, daß sowohl nach Fristablauf abgegebene Erklärungen unbeachtlich sind als auch, daß innerhalb der Frist abgegebene Erklärungen wirksam sind, da er die Wirksamkeit dieser Erklärungen nicht erst in einem Verfahren nachprüfen muß.

II. Wiedereinsetzung in den vorigen Stand

Weil die Fristbestimmungen durch den Untergang von Rechten für den vormaligen Rechtsinhaber eine Belastung darstellen, ist dieser Rechtsausschluß nur angemessen, wenn die durch ihn verfolgten Interessen die Interessen des Antragstellers überwiegen. Daher gewährt § 32 VwVfG dem Betroffenen die Möglichkeit einer Wiedereinsetzung in den vorigen Stand, wenn er ohne Verschulden verhindert war, eine gesetzliche Frist einzuhalten. Zu untersuchen ist somit, welche Antragsfristen gesetzliche Fristen i. S. des § 32 I VwVfG sind und wann eine Wiedereinsetzung nach § 32 V VwVfG ausgeschlossen ist.

Vor Inkrafttreten des VwVfG hielt man verfahrensrechtliche Fristen grundsätzlich für wiedereinsetzungsfähig, während diese Möglichkeit für materiellrechtliche Fristen sehr umstritten war[128]. Die Ansicht,

---

126 Im Prozeßrecht ganz h. M., siehe etwa *Anton*, S. 100; VGH BW, BWVPr. 1974, S. 133 f.; *Redeker / von Oertzen*, § 67 Rdnr. 24. A. A. *Wussow*, NJW 1963, S. 1756, 1758 ff.

127 BGHZ 32, S. 375, 382 f.; *Anton*, S. 90 ff. m. w. N.

128 Nachweise bei *Kopp*, BayVBl. 1977, S. 33 Fußn. 1, und *Köppl*, S. 64 ff., insbesondere S. 66. Zur Abgrenzung verfahrensrechtlicher und materiellrechtlicher Fristen *Köppl*, S. 22 ff.

materiellrechtliche Fristen seien nicht wiedereinsetzungsfähg, begründete man damit, das Institut der Wiedereinsetzung sei rein verfahrensrechtlicher Natur und könne daher für materiellrechtliche Fristen nicht angewendet werden[129]. Hingegen spricht § 32 VwVfG ganz allgemein nur von gesetzlichen Fristen, also sowohl von materiellrechtlichen als auch von verfahrensrechtlichen Fristen. Die vom Wortlaut nahegelegte Einbeziehung aller gesetzlichen Antragsfristen ist auch deshalb angebracht, weil alle materiellen Antragsfristen zugleich verfahrensrechtliche Bedeutung haben, da der Antrag auch in seiner materiellrechtlichen Funktion eine Verfahrenserklärung darstellt[130]. Schließlich ist auch zu bedenken, daß die durch die Wiedereinsetzungsvorschriften gemilderte Härte der unverschuldeten Fristversäumung bei beiden Fristen in gleicher Weise auftaucht[131]. Ist daher grundsätzlich sowohl bei der Versäumung materiellrechtlicher als auch verfahrensrechtlicher Fristen die Wiedereinsetzung möglich[132], so könnte man aus der systematischen Stellung des § 32 VwVfG folgern, er beziehe sich nur auf Fristen, die Handlungen im Rahmen eines schon anhängigen Verwaltungsverfahrens betreffen, nicht jedoch auf Fristen für Anträge, die das Verfahren erst einleiten sollen[133]. Obwohl § 32 VwVfG den Vorschriften über die Verfahrenseinleitung, § 22 VwVfG, die Sachverhaltsermittlung, § 24 VwVfG, und die Anhörung, § 28 VwVfG, nachfolgt, ist daraus aber nicht der Schluß zu ziehen, er betreffe nur Anträge im Rahmen eines bereits begonnenen Verfahrens, denn das VwVfG besitzt keine derart konsequente Systematik, daß sie eine einschränkende Interpretation des Merkmales „gesetzliche Frist" rechtfertigen könnte. So bezieht sich etwa § 24 III VwVfG ebenso auf verfahrenseinleitende Anträge wie § 25 S. 1 VwVfG, obschon beide Vorschriften hinter § 22 VwVfG — Verfahrenseinleitung — stehen. § 13 VwVfG, der den Kreis der am Verfahren Beteiligten bestimmt, ist wiederum vor § 22 VwVfG gestellt, obgleich Beteiligung nur an einem bereits begonnenen Verwaltungsverfahren möglich ist. Schließlich ist auch zu bedenken, daß die Position des § 32 VwVfG im zweiten Abschnitt des Teils II des VwVfG

---

129 So *Köppl*, S. 66.

130 Siehe I. Teil, 1. Kap., A.

131 Daher hält *Kopp*, BayVBl. 1977, S. 33, 34, den Ausschluß der Wiedereinsetzung bei Versäumung materiellrechtlicher Fristen für einen Verstoß gegen rechtsstaatliche Grundsätze. Siehe auch *Obermayer*, VwVfG, § 32 Rdnr. 13.

132 So auch *Stelkens*, in: Stelkens / Bonk / Leonhardt, § 32 Rdnr. 6; *Badura*, in: Erichsen / Martens, § 39 II, S. 337 f.; *Borgs*, in: Meyer / Borgs, § 32 Rdnr. 3; *Obermayer*, VwVfG, § 32 Rdnr. 11; *Schwarze*, in: Knack, § 32 Anm. 9.

133 Diese Interpretationsmöglichkeit erwähnt *Kopp*, BayVBl. 1977, S. 33, mit Hinweis auf die österreichische Literatur zu der vergleichbaren Vorschrift des § 71 AVG. Diese Position wird aber für das VwVfG nicht vertreten; dagegen ausdrücklich *Kopp*, BayVBl. 1977, S. 33 ff.

— „Allgemeine Vorschriften über das Verwaltungsverfahren“ — dem ersten Abschnitt — „Verfahrensgrundsätze“ — nachfolgt, so daß die Systematik sogar eher dafür spricht, daß § 32 VwVfG alle Fristen meint, die im Rahmen des ersten Abschnittes relevant werden und damit auch solche, die sich auf die Verfahrenseinleitung beziehen.

§ 32 I VwVfG trägt dem grundsätzlichen Gedanken Rechnung, daß bei schuldloser Fristversäumung das Interesse des Betroffenen gegenüber dem mit der Fristnorm verfolgten Interesse vorrangig ist. Da aber im Einzelfall auch bei nichtvorwerfbarer Nichteinhaltung einer Frist die Interessen an der Fristtrenge überwiegen können, verwehrt § 32 V VwVfG die Wiedereinsetzung, wenn sich aus einer Rechtsvorschrift ausdrücklich oder nach deren Sinn und Zweck[134] ergibt, daß sie ausgeschlossen ist. Gedacht ist dabei, wie die Gesetzesbegründung ausweist, etwa an Fristen im Wahlverfahren, weil die Wiedereinsetzung hier mit den Interessen an Rechtssicherheit nicht vereinbar ist; es wäre unerträglich, nach Abschluß der Wahl unter Umständen alle Berechnungen erneut vornehmen zu müssen. Da § 32 V VwVfG aber als Ausnahmevorschrift konzipiert ist, unterliegen ihm Antragsfristen in aller Regel nicht[135].

G. Antragsberechtigung

Der Antrag auf Erlaß eines mitwirkungsbedürftigen Verwaltungsaktes im Verwaltungsverfahren weist Parallelen zur verwaltungsgerichtlichen Verpflichtungsklage nach § 42 I 2. Alt. VwGO auf, unterscheidet sich davon allerdings insoweit, als der Antrag im Verwaltungsverfahren unmittelbar auf den Erlaß des Verwaltungsaktes durch die zuständige Behörde gerichtet ist, während der Klagantrag auf die Verurteilung der Behörde durch das Gericht zum Erlaß des Verwaltungsaktes abzielt. Weil aber das Endziel des Antragstellers wie des Klägers jeweils der Erlaß des Verwaltungsaktes ist, findet sich vielfach die Auffassung[136], der Antrag im Verwaltungsverfahren sei nur zulässig, wenn dem Antragsteller eine Antragsberechtigung entsprechend § 42 II VwGO zustehe. Danach ist die Klage nur zulässig, wenn der Kläger geltend macht, durch die Ablehnung oder Unterlassung des Verwal-

---

[134] *Stelkens*, in: Stelkens / Bonk / Leonhardt, § 32 Rdnr. 28.

[135] So ausdrücklich *Borgs*, in: Meyer / Borgs, § 32 Rdnr. 19 — Ausschluß nur, wenn der Sinn und Zweck der gesetzlichen Regelung mit der Fristbeachtung steht und fällt. *Obermayer*, VwVfG, § 32 Rdnr. 87; *Kopp*, BayVBl. 1977, S. 33, 35 f. A. A. *Stelkens*, in: Stelkens / Bonk / Leonhardt, § 32 Rdnr. 6, nach dem in den häufigen Fällen, wo eine Frist dazu dient, einen Überblick über die angemeldeten Ansprüche zu erlangen, die Wiedereinsetzung ausgeschlossen sein soll. Dagegen *Borgs*, in: Meyer / Borgs, § 32 Rdnr. 19.

[136] Etwa *Kopp*, VwVfG, § 22 Rdnr. 24; *Borgs*, in: Meyer / Borgs, § 22 Rdnr. 5. Der Sache nach auch *Gusy*, BayVBl. 1985, S. 484, 486.

tungsaktes in seinen Rechten verletzt zu sein, also einen Anspruch auf Erlaß des Verwaltungsaktes zu haben, und das Bestehen dieses Anspruches nicht von vornherein ausgeschlossen ist, sondern vielmehr möglich erscheint[137].

Eine entsprechende Anwendung des § 42 II VwGO auf Anträge auf Erlaß eines mitwirkungsbedürftigen Verwaltungsaktes ist aber nur geboten, wenn das VwVfG insoweit eine planwidrige Lücke enthält und die Interessen, die den Gesetzgeber in der VwGO zur Aufnahme des § 42 II VwGO bewogen haben, auch im Verwaltungsverfahren anzutreffen sind. Ob ein Gesetz eine planwidrige Lücke enthält, läßt sich aber mitunter erst ermitteln, wenn man den Blick auf die Lösung des anderen Gesetzes, hier § 42 II VwGO, lenkt, weil bei übereinstimmenden Interessenlagen eine entsprechende Lösung dort geboten ist, wo das Gesetz schweigt[138]. Die Verpflichtungsklage dient der Durchsetzung subjektiver Rechte; daher darf eine Behörde gemäß § 113 IV 1 VwGO durch das Gericht nur dann zum Erlaß des Verwaltungsaktes verurteilt werden, wenn der Kläger einen Anspruch auf Erlaß des Verwaltungsaktes hat, nicht aber, wenn die Behörde lediglich objektiv-rechtlich verpflichtet ist, den Verwaltungsakt zu erlassen, dieser Verpflichtung also kein korrespondierendes subjektives öffentliches Recht des Klägers gegenübersteht. Hingegen darf bzw. muß eine Behörde einen Verwaltungsakt auch dann erlassen, wenn ihr dies nur objektiv-rechtlich möglich ist bzw. sie objektiv-rechtlich dazu verpflichtet ist. Über das Maß der Verpflichtung der Behörde entscheidet folglich allein das objektive Recht, auf das Bestehen eines subjektiven öffentlichen Rechtes kommt es nicht an. Erklärt man daher einen Antrag wegen mangelnder Antragsbefugnis für unzulässig, so ist damit über die Verpflichtung der Behörde zum Erlaß des Verwaltungsaktes gar keine abschließende Aussage getroffen. Mithin deckt sich die Interessenlage im Verwaltungsverfahren und im Verwaltungsprozeß nur in den Fällen, wo das fehlende subjektive öffentliche Recht zugleich Aufschluß über die fehlende objektiv-rechtliche Verpflichtung der Behörde gibt, wo also der Verwaltungsakt nicht erlassen werden darf bzw. muß, wenn kein subjektives öffentliches Recht des Antragstellers besteht. Dies ist bei mitwirkungsbedürftigen Verwaltungsakten dann der Fall, wenn man davon ausgeht, daß die Pflicht der Behörde zugleich dem Interesse des einzelnen zu dienen bestimmt ist, weil dann eine Parallelität zwischen Verpflichtung und Berechtigung existiert. Diese ist bei mitwirkungsbedürftigen Verwaltungsakten zwar grundsätzlich gegeben, wird aber teilweise verneint,

---

137 Dazu umfassend *Neumeyer*, S. 25 ff., 137 ff.

138 Vgl. *Canaris*, S. 148, der zu Recht betont, daß jedenfalls bei diesen teleologischen Lücken Lückenfeststellung und Lückenausfüllung ein ineinander übergehendes Verfahren darstellt.

wenn eine Genehmigung oder Erlaubnis der Befreiung von einem repressiven Verbot dient[139]. Folgt man der letztgenannten Ansicht, dann scheidet jedenfalls für diese Fälle eine entsprechende Anwendung des § 42 II VwGO mangels Vergleichbarkeit der Interessenlage aus. Die Entscheidung der Streitfrage kann aber offenbleiben, weil § 42 II VwGO sich schon im Verwaltungsprozeß als überflüssige Norm erweist und seine Anwendung auch im Verwaltungsverfahren nicht geboten ist, wie im folgenden gezeigt wird.

Sinn und Zweck des § 42 II VwGO ist nach einhelliger Auffassung nämlich die Verhinderung der Popularklage dadurch[140], daß die Zulässigkeit der Verpflichtungsklage stets eine subjektiv-rechtliche Beziehung zwischen dem Kläger und der Behörde verlangt, also zumindest die Möglichkeit des Bestehens eines subjektiven öffentlichen Rechtes, eines Anspruches auf Erlaß des Verwaltungsaktes. § 42 II VwGO kann jedoch die Popularklage deshalb gar nicht verhindern, weil auch auf einen Antrag des Popularklägers hin ein gerichtliches Verfahren zustandekommt, die Frage der Klagebefugnis im Verfahren zu klären ist und der Popularkläger auch im Falle der Abweisung seiner Klage als unzulässig den Instanzenzug beschreiten kann[141]. Ebenso wie § 42 II VwGO zur tatsächlichen Verhinderung einer Popularklage nicht tauglich ist, ist er auch nicht erforderlich, um deren Erfolg zu vermeiden. Denn die einschlägige Begründetheitsnorm des § 113 IV 1 VwGO verbietet es dem Gericht, die Behörde zum Erlaß des Verwaltungsaktes zu verurteilen, wenn der Kläger keinen Anspruch auf seinen Erlaß hat. Daher wird der Anspruch auf der Begründetheitsebene allemal geprüft, eine Popularklage ist mithin jedenfalls unbegründet[142]. § 42 II erweist sich somit nur noch dann als sinnvoll, wenn zwischen der Abweisung einer Klage als unzulässig oder als unbegründet ein erheblicher Unterschied besteht. Dieser könnte zunächst im psychologischen Bereich liegen, falls nämlich die Popularklage zwar nicht rechtlich, wohl aber faktisch durch ihre Unzulässigkeit eher verhindert wird als durch ihre Unbegründetheit, wenn also die Abweisung als unzulässig einen Abschreckungseffekt ausübt. Ein derartiger Effekt ist aber deshalb nicht zu erwarten, weil kein Anhaltspunkt für die Annahme besteht, der Kläger werde nur dann und deshalb von einer Klage abgehalten, wenn und weil er befürchten müsse, sie werde als unzulässig und nicht, wie bei Fehlen des § 42 II VwGO, als unbegründet abgewie-

139 Siehe I. Teil, 1. Kap., A.

140 Siehe etwa *Neumeyer*, S. 17 f. mit zahlr. w. N. in Fußn. 7. Diesen Sinn soll auch der dem § 42 II VwGO entsprechende § 74 III des Entwurfes einer Verwaltungsprozeßordnung haben, *Bundesminister der Justiz*, S. 225.

141 *Rupp*, DVBl. 1982, S. 144, 146; *Gierth*, DÖV 1980, S. 893, 894 f.

142 *Rupp*, DVBl. 1982, S. 144, 145. Darauf weist auch *Gierth*, DÖV 1980, S. 893, 895 f., hin.

sen. Besteht aber gar kein Abschreckungseffekt in Abhängigkeit von der Abweisung der Klage durch Prozeß- oder Sachurteil, so ist es insoweit auch gleichgültig, ob man den Erfolg der Klage auf der Zulässigkeits- oder der Begründetheitsebene scheitern läßt[143]. Ein Unterschied in den Rechtsfolgen von Prozeß- und Sachurteil könnte jedoch in einer differierenden Rechtskraftwirkung zu erblicken sein. Da sich die formelle Rechtskraft, also die Frage, ob das Urteil innerhalb desselben Verfahrens mit einem Rechtsmittel angefochten werden kann[144], hinsichtlich des Prozeß- und Sachurteiles nicht unterscheidet, kommen Abweichungen nur bezüglich der materiellen Rechtskraft in Betracht, also der Frage, ob die Parteien außerhalb des abgeschlossenen Prozesses, insbesondere in einem neuen Prozeß, an das Urteil gebunden sind[145]. Die Rechtskraft reicht jedoch gemäß § 121 VwGO beidemal nur so weit, wie über den Streitgegenstand entschieden worden ist. Weil bei Klageabweisung die Urteilsformel allein zur Bestimmung des Umfanges der Rechtskraft nicht ausreicht, müssen die Entscheidungsgründe zur Ermittlung der Rechtskraft mit herangezogen werden[146], welche folglich nur punktuell, nämlich nach Maßgabe des jeweiligen Abweisungsgrundes, wirkt[147]. Dann spielt es aber keine Rolle, ob eine Klage wegen § 42 II VwGO als unzulässig oder gemäß § 113 IV 1 VwGO als unbegründet abgewiesen wird, da die Rechtskraft jeweils nur soweit reicht, wie sich die Sach- oder Rechtslage nicht geändert hat[148], und der Antragsteller daher in beiden Situationen nicht an der erfolgreichen Erhebung einer neuen Klage gehindert ist, wenn ihm das zuvor nur behauptete Recht nun tatsächlich zusteht. Besteht folglich auch insoweit kein erheblicher Unterschied[149], so erweist sich die Klagebefugnis als überflüssig, weil sie die vom Gesetzgeber verfolgten Interessen entweder gar nicht verwirklicht oder aber zu ihrer Verwirklichung entbehrlich ist[150]. Hingegen ist es prozeßökonomisch angebracht[151], die Frage des Bestehens eines Anspruches nicht zweimal, nämlich auf der Zulässigkeits- und Begründetheitsebene, zu prüfen,

---

143 So auch *Rupp*, DVBl. 1982, S. 144, 146, und *Gierth*, DÖV 1980, S. 893, 897 f.

144 Vgl. nur *Ule*, § 58 III, S. 295 f.

145 *Ule*, § 59 I 1, S. 297.

146 *Redeker / von Oertzen*, § 121 Anm. 8 m. w. N.

147 Siehe *Rimmelspacher*, Prüfung von Amts wegen, S. 99; *Grunsky*, ZZP 1967, S. 55, 62 f., zur inhaltsgleichen Vorschrift des § 322 ZPO.

148 *Redeker / von Oertzen*, § 121 Anm. 12.

149 Ebenso *Rupp*, DVBl. 1982, S. 144, 146 Fußn. 12, und *Gierth*, DÖV 1980, S. 893, 896.

150 Anders *Achterberg*, DVBl. 1981, S. 278, 280, der aber im Ergebnis nicht beweist, daß § 42 II VwGO erforderlich ist, sondern nur, daß er nicht „schadet".

151 *Rupp*, DVBl. 1982, S. 144, 145 f.

sondern nur einmal bei der Begründetheit. Eine entsprechende Anwendung des § 42 II VwGO auf Anträge auf Erlaß eines Verwaltungsaktes ist daher nur dann geboten, wenn die Regelung im Verwaltungsverfahren lückenhaft ist und die Anwendung des § 42 II VwGO hier den Interessen dienen kann, die der Gesetzgeber in § 42 II VwGO verfolgt.

Ebenso wie § 42 II VwGO die Popularklage nicht verhindern kann, so vermöchte auch eine entsprechende Anwendung des § 42 II VwGO bei Anträgen auf Erlaß eines mitwirkungsbedürftigen Verwaltungsaktes die Popularantragstellung nicht zu verhindern, weil auf jeden Antrag hin ein Verwaltungsverfahren zustandekommt[152]. § 42 II VwGO erweist sich auch nicht als erforderlich, um den Erfolg der Popularantragstellung zu verhindern, denn der Verwaltungsakt darf ohnehin nur dann erlassen werden, wenn der Antrag durch eine Person gestellt wird, die antragsberechtigt ist[153]. In gleicher Weise, wie ein psychologischer Unterschied zwischen einer Abweisung des Antrages als unzulässig oder als unbegründet nicht gegeben ist, ist auch die Unanfechtbarkeit des Verwaltungsaktes, also seine formelle Bestandskraft, in beiden Fällen identisch. Dies gilt auch hinsichtlich der materiellen Bestandskraft, weil diese, wie im gerichtlichen Verfahren, nur soweit reicht, wie sich die Sach- und Rechtslage nicht geändert hat, also nur punktuell, nämlich nach Maßgabe des einzelnen Abweisungsgrundes, wirkt[154]. Eine entsprechende Anwendung des § 42 II VwGO ist folglich nicht geboten.

H. Verfahrensanhängigkeit und Rechtskraft

Weil im gerichtlichen Verfahren ein doppelter Aufwand an Zeit, Mühen und Kosten entstünde, wenn ein Prozeß über den gleichen Streitgegenstand gleichzeitig bei verschiedenen Gerichten geführt werden könnte, sehen § 90 II VwGO und § 261 III Nr. 1 ZPO übereinstimmend vor, daß eine neue Klage unzulässig ist, wenn und solange die Streitsache schon oder noch bei einem anderen Gericht rechthängig ist[155]. Dies dient nicht zuletzt auch der Verhinderung doppelter, sich unter Umständen widersprechender Entscheidungen und damit der Rechtssicherheit wie auch dem Schutz des Beklagten dagegen, sich

---

152 Siehe II. Teil, 1. Kap., B. I. 1.

153 Dazu II. Teil, 3. Kap., D.

154 Siehe nur § 51 I 1 Nr. 1 VwVfG.

155 Dies ergibt sich aus dem eindeutigen Wortlaut des § 90 II VwGO und dem öffentlichen Interesse an der Vermeidung doppelter Prozeßführung, welches es verbietet, die Rechtshängigkeit auch bei § 261 III Nr. 1 ZPO lediglich — wie der Wortlaut dort allerdings nahelegt — auf eine Einrede der Parteien hin zu berücksichtigen. Zum Zweck des Verbotes der Prozeßverdoppelung siehe *Rosenberg / Schwab*, § 101 III 1, S. 580.

in mehreren Prozessen verteidigen zu müssen[156]. Aus ähnlichen Motiven ordnen § 121 VwGO und § 322 I ZPO an, daß nach Eintritt der formellen Rechtskraft eines Urteiles dasselbe Gericht oder ein anderes Gericht grundsätzlich[157] jedenfalls kein abweichendes Urteil mehr fällen dürfen, weil dies der durch die Rechtskraft beabsichtigten Rechtssicherheit widerspräche.

Weil auch im Verwaltungsverfahren eine Verfahrensverdoppelung unökonomisch ist, sei es, daß das „erste" Verfahren noch anhängig ist, sei es, daß es durch Verwaltungsakt bereits beendet ist, und die Gefahr des die Rechtssicherheit beeinträchtigenden Erlasses von Verwaltungsakten mit unterschiedlichem Inhalt mit sich bringt, fragt sich, ob das VwVfG insoweit eine planwidrige Lücke enthält, die durch eine entsprechende Anwendung der §§ 90 II, 121 VwGO und §§ 261 III Nr. 1, 322 I ZPO geschlossen werden könnte, oder ob es die Verfahrensverdoppelung auf andere Weise verhindert. Dabei ist zwischen dem noch anhängigen Verfahren und dem schon abgeschlossenen Verfahren zu differenzieren.

I. Verfahrensanhängigkeit

Einen Schutz vor einer doppelten Führung des gleichen Verfahrens stellt zunächst schon die behördliche Zuständigkeitsverteilung dar, soweit keine Mehrfachzuständigkeiten bestehen, die aber im Hinblick auf die sachliche und die funktionelle Zuständigkeit ausgeschlossen sind und nur bei der örtlichen Zuständigkeit auftauchen.

Um eine Verfahrensverdoppelung bei örtlichen Mehrfachzuständigkeiten zu vermeiden, hat der Gesetzgeber in § 3 II 1 VwVfG vorgeschrieben, daß die Entscheidungsbefugnis bei der Behörde liegt, die zuerst mit der Sache befaßt worden ist (Prioritätsprinzip), vorbehaltlich einer Bestimmung der gemeinsamen fachlichen Aufsichtsbehörde, daß eine andere örtlich zuständige Behörde zu entscheiden hat. Damit ist die Verfahrensverdoppelung zwar rechtlich, nicht aber faktisch ausgeschlossen, weil die mehreren zuständigen Behörden und die Aufsichtsbehörde darauf angewiesen sind, daß ihnen die Befassung einer Behörde mit der Sache bekannt wird. Diesem Problem vermag von der Natur der Sache her aber auch weder § 90 II VwGO noch § 261 III Nr. 1 ZPO beizukommen.

Weil es aber möglich ist, daß sich mehrere Behörden für zuständig halten, ohne daß sie es jedenfalls auch alle tatsächlich sind, also ein positiver Kompetenzkonflikt entstehen kann, schreibt § 3 II 3 VwVfG

---

[156] *Rosenberg / Schwab*, § 101 III 1, S. 580, und *Hartmann*, in Baumbach / Lauterbach, § 261 Anm. 5 A.

[157] Ausnahmen: § 153 VwGO i. V. m. §§ 578 ff. ZPO; §§ 578 ff. ZPO.

für den Konflikt über die örtliche Zuständigkeit vor, daß dieser von der gemeinsamen fachlichen Aufsichtsbehörde, oder, wenn eine solche fehlt, von den fachlich zuständigen Aufsichtsbehörden zu entscheiden ist. Aus der Formulierung „die Aufsichtsbehörde entscheidet" ist zu folgern, daß ihr kein Entschließungsermessen zusteht, ob sie eine Behörde als zuständig bestimmt, wohl aber ein Auswahlermessen unter den gegebenenfalls mehreren Behörden, die zuständig sind. Die Entscheidung ist nicht nur auf Antrag der Behörden, sondern von Amts wegen zu treffen, weil die Aufsichtsbehörde dann einschreiten muß, wenn eine Behörde ihre Zuständigkeit rechtswidrig bejaht. Ist den Behörden der Kompetenzkonflikt bekannt, so sind sie ebenfalls verpflichtet, den Sachverhalt der Aufsichtsbehörde zur Entscheidung zu unterbreiten, weil sie gegenüber der Fachaufsichtsbehörde auch ohne deren Aufforderung eine Informationspflicht hinsichtlich aller wichtigen Vorgänge haben[158]. Damit ist bei Zuständigkeitskonflikten bezüglich der örtlichen Zuständigkeit eine Verfahrensverdoppelung immer dann ausgeschlossen, wenn sie auch nur einer Behörde überhaupt bekannt ist. Ist sie hingegen weder einer Behörde noch der Aufsichtsbehörde bekannt, so kann sie verständlicherweise ohnehin nicht verhindert werden.

§ 3 II 3 und 4 VwVfG sind entsprechend auf die Kompetenzkonflikte bei der funktionellen und sachlichen Zuständigkeit anwendbar, weil er nur Grundsätze widergibt, die sich bereits aus dem hierarchischen Aufbau der Behörden, dem Weisungsrecht der übergeordneten Behörden gegenüber den nachgeordneten Behörden und aus der allgemeinen, ungeschriebenen Verpflichtung der Behörden zur Zusammenarbeit ergeben[159].

Weil folglich Verfahrensverdoppelungen in all den Fällen vermieden werden, wo dies zumindest einer der beteiligten Behörden oder der Aufsichtsbehörde bekannt ist, und eine Verfahrensverdoppelung im übrigen ohnehin nicht verhindert werden kann, ist das auch im Verwaltungsverfahren bestehende Interesse an der Vermeidung solcher „Doppelbefassungen" verwirklicht, ohne daß es eines Rückgriffes auf Grundsätze des Prozeßrechtes bedürfte.

II. Rechtskraft

Verwaltungsakte entfalten insoweit eine der Rechtskraft gerichtlicher Entscheidungen vergleichbare Wirkung, als die Bestandskraft des unanfechtbaren Verwaltungsaktes nur unter den Voraussetzungen

[158] *Wolff / Bachof*, Verwaltungsrecht II, § 77 II d, S. 107.

[159] *Kopp*, VwVfG, § 3 Rdnr. 57, 61; siehe auch *Wolff / Bachof*, Verwaltungsrecht II, § 72 IV c, S. 27.

der §§ 48, 49, 51 VwVfG durchbrochen werden darf. Solange also der „alte“ Verwaltungsakt noch bestandskräftig ist, darf die Behörde jedenfalls[160] keinen Verwaltungsakt mit abweichendem Inhalt erlassen, sie ist aber auch nicht verpflichtet, einen Verwaltungsakt mit identischem Inhalt zu erlassen, weil sie damit die Bestandskraft des „alten“ Verwaltungsaktes automatisch durchbrechen würde. Daher darf die Behörde, sofern nicht die Voraussetzungen der §§ 48, 49, 51 VwVfG vorliegen, auf einen zweiten Antrag hin auch keine identische Regelung erlassen; zulässig ist vielmehr allein eine sog. wiederholende Verfügung[161].

J. Das Sachbescheidungsinteresse

Der Antragsteller hat nur dann einen Anspruch auf Erlaß des Verwaltungsaktes, wenn die den Erlaß des Verwaltungsaktes regelnde Norm zumindest auch seinen Interessen zu dienen bestimmt ist, der Antragsteller also ein rechtlich geschütztes Interesse besitzt. Bezüglich dieser Anspruchsvoraussetzungen wird in jüngerer Zeit mit dem Sachbescheidungsinteresse[162] einem rechtlichen Institut Aufmerksamkeit geschenkt, welches unter der Bezeichnung „Rechtsschutzinteresse“ oder „Rechtsschutzbedürfnis“ im Prozeßrecht schon seit längerem Gegenstand vielfacher Erörterung ist. Die Funktion des Sachbescheidungsinteresses ist es, die Verwaltung vor überflüssigem Arbeitsaufwand zu bewahren, ohne schutzwürdige Interessen des Antragstellers zu beeinträchtigen[163]. Das Sachbescheidungsinteresse läßt sich damit letztlich auf den Gedanken der Verwaltungswirtschaftlichkeit zurückführen[164], nach dem die Verwaltungszwecke mit möglichst geringem Aufwand erreicht werden sollen[165]. Daher ist die Verwaltungswirtschaftlichkeit zwar Geltungsgrund des Sachbescheidungsinteresses, vermag aber sein Nichtvorliegen erst dann zu begründen, wenn man die Zwecke[166] des jeweiligen Verfahrens bestimmt hat, weil nur dann der zweckmäßige Gebrauch einer Verfahrensbefugnis von ihrem zweckwidrigen Gebrauch

160 Im Ergebnis ebenso *Gusy*, BayVBl. 1985. S. 484, 486.

161 Zur wiederholenden Verfügung siehe lediglich *Stelkens*, in: Stelkens / Bonk / Leonhardt, § 51 Rdnr. 23.

162 Der Terminus geht auf *Gierth*, DVBl. 1967, S. 848, zurück. Ihm folgen auch der Sache nach: *Weides*, § 4 III 5 b) bb), S. 40 ff. *Obermayer*, Dogmatische Probleme, S. 111, 125 f.; *Pietzner / Ronellenfitsch*, § 26 II, S. 199 f., Rdnr. 6 ff.

163 *Obermayer*, Dogmatische Probleme, S. 111, 125.

164 *Gierth*, DVBl. 1967, S. 848, 852.

165 Dazu nur *Rainer Wahl*, VVDStRL 41, S. 151, 163 f. m. w. N.

166 *Gierth*, DVBl. 1967, S. 848, 852, nennt daher zu Recht sowohl die Verwaltungswirtschaftlichkeit als auch die Verwaltungszwecke als Rechtfertigung des Sachbescheidungsinteresses. *Weides*, § 4 III 5 b) bb), S. 40, verweist auf § 10 S. 2 VwVfG.

unterschieden werden kann[167]. Weil sich der Zweck einer Verfahrensbefugnis aus den Wirkungen ergibt, die sie auslöst[168], kommt es mithin auf die Wirkungen des Verwaltungsaktes an, dessen Erlaß durch den Antrag begehrt wird. Daher ist der Antrag zweckgemäß, wenn der auf ihn hin ergehende Verwaltungsakt seinen Zweck erfüllt, also die bestimmungsgemäßen Wirkungen hervorbringt. Da es folglich auf den Zweck des jeweils begehrten Verwaltungsaktes ankommt, dessen Zwecke aber im Einzelfall durchaus unterschiedlich sein können[169], soll das Sachbescheidungsinteresse hier lediglich bezüglich eines Typus des Verwaltungsaktes näher konkretisiert werden, der eine homogene Zweckrichtung aufweist. Die Beschränkung auf Genehmigungen und Erlaubnisse rechtfertigt sich dabei aus der Tatsache, daß diese rechtstatsächlich die Mehrzahl der mitwirkungsbedürftigen Verwaltungsakte darstellen und daher auch — soweit ersichtlich — in den Stellungnahmen der Rechtsprechung[170] und Literatur[171] bisher ausschließlich in Zusammenhang mit dem Sachbescheidungsinteresse gebracht worden sind.

Weil das Sachbescheidungsinteresse fehlt, wenn die Genehmigung oder Erlaubnis ihre bestimmungsgemäßen Wirkungen nicht hervorbringt, ist zunächst auf die Wirkungen von Genehmigungen und Erlaubnissen einzugehen. Diese haben beim präventiven wie auch beim repressiven Verbot zur Folge, daß ein bisher bestehendes Betätigungsverbot aufgehoben und dem Berechtigten ein Handlungsfreiraum eröffnet wird, ihm also zuvor nicht existierende Freiheit verschafft wird. Weil diese tatsächliche Wirkung auch bezweckt ist, stellt sie eine bestimmungsgemäße Wirkung dar. Daher verfehlt die Genehmigung oder Erlaubnis dann ihren Zweck, wenn der Betreffende auch ohne die Genehmigung oder Erlaubnis in der Lage ist, von der Freiheit Gebrauch zu machen, der Erlaß des Verwaltungsaktes also für die Freiheit nicht kausal ist[172]. Dies ist etwa dann der Fall, wenn jemand um eine Genehmigung für ein Vorhaben nachsucht, welches gar keiner Genehmigung bedarf[173].

---

167 Daß eine Herleitung des Rechtsschutzbedürfnisses aus dem Prozeßzweck nur dann weiterhilft, wenn man die Zwecke bestimmt, betont auch *Wieser*, S. 26.

168 Ähnlich *Wieser*, S. 44.

169 Daher ist *Schwerdtfeger*, DÖV 1966, S. 494, 496, gegenüber einer allgemeinen Lehre vom Sachbescheidungsinteresse skeptisch.

170 BVerwGE 42, S. 115, 116 ff.; 50, S. 282, 285; BVerwG, NJW 1970, S. 1061; OVG Saar., NJW 1978, S. 1495.

171 Siehe II. Teil, 3. Kap., J. Fußn. 162.

172 Ebenso die im II. Teil, 3. Kap., J. Fußn. 162 Genannten.

173 II. Teil, 3. Kap., J. Fußn. 162. Weitere Beispiele bei *Pietzner / Ronellenfitsch*, § 26 II, S. 199, Rdnr. 7.

Ebenso wie ein schutzwürdiges Interesse dann fehlt, wenn der Gebrauch der Freiheit auch ohne Genehmigung möglich ist, fehlt es spiegelbildlich dann, wenn der Gebrauch der Freiheit auch durch die Genehmigung oder Erlaubnis nicht ermöglicht wird, also etwa ein Antrag auf Erteilung einer Baugenehmigung für ein Grundstück gestellt wird, dessen Bebauung dem Antragsteller aus zivilrechtlichen Gründen unmöglich ist[174].

Fehlt das Sachbescheidungsinteresse folglich, weil der Verwaltungsakt seine objektiv bestimmungsgemäßen Wirkungen nicht hervorzurufen vermag, so ist es auch dann zu verneinen, falls der objektiv bestimmungsgemäße Erfolg zwar eintritt, aber vom Antragsteller nicht gewollt ist[175]. Zwar ist es grundsätzlich gleichgültig, ob derjenige, der ein Recht hat, davon Gebrauch machen will, weil der Gebrauch wie der Nichtgebrauch gleichermaßen legitim sind. Hier ist im Verfahren aber das Sachbescheidungsinteresse zu verneinen, da die Rechtsordnung keinen Anlaß hat, durch eine verwaltungsbehördliche Entscheidung, also unter Opfern und Aufwendungen zu Lasten der Allgemeinheit, einem Rechtssubjekt einen Vorteil zu verschaffen, den dieses selbst gar nicht wünscht. Daß eine Anspruchsnorm an sich auch zugunsten eines gleichgültigen Rechtsgenossen gilt, benachteiligt nämlich die Gemeinschaft nur in der Regel nicht. Überdies kann die Rechtsordnung einen Anspruch nicht schon deshalb erlöschen lassen, weil der Gläubiger den Vorteil innerlich nicht mehr wünscht, weil dies allgemein zur Ungewißheit über den Bestand von Rechten führen würde. Hingegen ist es unbedenklich, daß die Rechtsordnung den Erlaß eines Verwaltungsaktes davon abhängig macht, daß der Betreffende auch von der durch ihn eingeräumten Freiheit Gebrauch machen will[176]. Daher fehlt einem Bauantrag das Sachbescheidungsinteresse, wenn er nur eingereicht wird, um eine Wette unter Architekten über die Zulassung einer ungewöhnlichen Baugestaltung zu gewinnen[177].

Mit der Situation, daß von dem Recht gar kein Gebrauch gemacht werden soll, ist die Situation verwandt, daß von dem Recht erst in geraumer Zeit Gebrauch gemacht werden soll. Dient das Recht zu bauen dazu, dem Bauwilligen des Bauen zu ermöglichen, so sind seine Interessen hinreichend gewahrt, wenn er den Bauantrag zu einem Zeitpunkt stellt, dem keine erhebliche Zeitspanne zur Realisierung des Baues mehr nachfolgt. Für die Allgemeinheit hingegen wäre der Aufschub des Bauantrages von Vorteil, weil sich die Behörde zur Zeit nicht mit dem Antrag beschäftigen müßte und andere Bauwillige, die sogleich

[174] BVerwGE 42, S. 115, 116 ff., 50, S. 282, 285.

[175] Dazu II. Teil, 3. Kap., J. Fußn. 162.

[176] Vgl. dazu die entsprechenden Ausführungen von *Wieser*, S. 44 f.

[177] *Gierth*, DVBl. 1967, S. 848, 850.

bauen wollen, eher in den Besitz einer Baugenehmigung kommen können[178]. Folglich fehlt auch hier das Interesse an einer — sofortigen — Sachentscheidung.

Sind hiermit die Fälle fehlenden Sachbescheidungsinteresses bei Anträgen auf Genehmigungen und Erlaubnisse umrissen, so fragt sich, ob die Versagung eines Anspruches auf Erlaß des Verwaltungsaktes bedeutet, daß die Behörde den Verwaltungsakt nun auch nicht erlassen darf, oder ob sie dazu noch berechtigt ist. Allen behandelten Fällen ist gemeinsam, daß das Verfahrensergebnis, der Verwaltungsakt, dem Recht nicht widerspricht, weil das Nicht-Gebrauchmachen-Können oder -Wollen von einem durch einen Verwaltungsakt eingeräumten Recht dann, wenn der Verwaltungsakt schon erlassen wurde, der Rechtsordnung gleichgültig ist. Es geht hier folglich allein darum, daß der Weg zur Erreichung des Zieles, nämlich der Verfahrensaufwand, unangemessen ist. Weil aber das Sachbescheidungsinteresse letztlich eine zulässige Arbeitsersparnis für die Behörde bewirken soll, würde es seinem Zweck zuwiderlaufen, wenn man eine Behörde auch dann für verpflichtet halten wollte, das Sachbescheidungsinteresse ausgiebig zu prüfen, wenn es ökonomischer ist, den Verwaltungsakt zu erlassen. Daher gewährt das fehlende Sachbescheidungsinteresse der Behörde ein Recht auf Ablehnung des Antrages, beinhaltet aber keine Pflicht zu seiner Ablehnung[179].

K. Verhältnis von Zulässigkeit und Begründetheit

Nachdem im Vorstehenden die sog. Zulässigkeitsvoraussetzungen eines Antrages abschließend dargestellt worden sind, ist noch zu fragen, ob hinsichtlich der Zulässigkeitsvoraussetzungen ein Prüfungsvorrang vor den Begründetheitsvoraussetzungen gilt, ob also die Behörde immer auch dann die Zulässigkeit eines Antrages vorweg prüfen muß, wenn seine Unbegründetheit evident ist, oder ob sie dann den Antrag als jedenfalls unbegründet zurückweisen darf, ohne seine Zulässigkeit geprüft zu haben. Eine derartige Beschränkung auf die materiellrechtliche, also die Begründetheitsprüfung, ist allerdings nur zu erwägen, wenn dem Antrag jedenfalls im Ergebnis kein Erfolg beschieden ist, denn eine dem Antrag stattgebende Entscheidung setzt selbstverständlich das Vorliegen aller Erfolgsvoraussetzungen voraus, also sowohl der Zulässigkeits- als auch der Begründetheitsvoraussetzungen.

Weil keine Norm existiert, die ausdrücklich einen Prüfungsvorrang festlegt, ist dieser nur dann zu bejahen, wenn die Folgen der Abwei-

---

178 Vgl. entsprechend *Wieser*, S. 131 f.

179 Ebenso *Gierth*, DVBl. 1967, S. 848, 852.

sung eines Antrages als jedenfalls unbegründet unter Außerachtlassung seiner Zulässigkeit interessenwidrig sind. Interessenwidrig sind diese Folgen jedenfalls dann, wenn die ablehnende Entscheidung deshalb rechtswidrig ist, weil eine Zulässigkeitsvoraussetzung des Antrages fehlt. *Kopp*[180] meint, ein Verwaltungsakt, der einen Antrag als jedenfalls unbegründet ablehne, ohne daß die Behörde zuvor seine Zulässigkeit geprüft habe, sei nach § 44 I VwVfG stets nichtig, da Inhalt und Tragweite der getroffenen Entscheidung ungewiß bleibe und der Verwaltungsakt daher inhaltlich nicht hinreichend bestimmt sei. Seine Auffassung beruht auf der im Prozeßrecht noch herrschenden Meinung, die Zulässigkeit einer Klage müsse stets zuerst geprüft werden, weil Prozeß- und Sachurteil unterschiedliche Rechtskraftwirkung entfalteten[181]. Diese Ansicht hält er offenbar auf das Verwaltungsverfahren für übertragbar, weil der Verwaltungsakt eine der Rechtskraft gerichtlicher Entscheidungen vergleichbare Regelungswirkung entfaltet[182]. Unterstellt man einmal die Richtigkeit der These von der unterschiedlichen Rechtskraftwirkung und ihre „Analogiefähigkeit" für das Verwaltungsverfahren, so ließe sich mit ihr jedoch allenfalls beweisen, daß eine Klage oder ein Antrag nicht zugleich als unzulässig und als unbegründet abgewiesen werden dürfte, nicht jedoch, daß die Zulässigkeitsprüfung der Begründetheitsprüfung vorzuschalten ist[183]. Darüber hinaus sind aber die Rechtskraft- bzw. die Regelungswirkungen auch nicht verschieden, da die Rechtskraft der gerichtlichen Entscheidung ebenso wie die Regelungswirkung eines Verwaltungsaktes nur punktförmig, nach Maßgabe des einzelnen Abweisungsgrundes, besteht[184] und den Erfolg eines später erneut gestellten Antrages nicht hindert, wenn sich die Sach- und Rechtslage zugunsten des Antragstellers geändert hat.

Weil folglich kein genereller Vorrang der Zulässigkeitsprüfung anzuerkennen ist, muß für jede einzelne Zulässigkeitsvoraussetzung geprüft werden, ob ihr Vorliegen zu ermitteln ist, bevor die Behörde einen Antrag als unbegründet abweisen darf[185]. Rechtswidrig ist dabei die Abweisung eines Antrages als unbegründet durch eine unzuständige Behörde, weil sich die Zuständigkeitsanforderungen stets auf das Verfahren beziehen, dessen Ausgang aber sowohl antragsgemäß sein

---

[180] *Kopp*, VwVfG, Vor. § 9 Rdnr. 9. Auch *Gusy*, BayVBl. 1985, S. 484, 486, ist der Ansicht, auf einen unzulässigen Antrag hin dürfe keine Sachprüfung erfolgen.

[181] Siehe II. Teil, 3. Kap., G. *Grunsky*, ZZP 1967, S. 55, 61 m. w. N.

[182] Dazu *Erichsen / Knoke*, NVwZ 1983, S. 185, 190.

[183] *Grunsky*, ZZP 1967, S. 55, 61 f.; *Zeiss*, § 41 VI 2, S. 101.

[184] Dazu II. Teil, 3. Kap., G. Siehe auch *Jauernig*, JZ 1955, S. 235.

[185] Ähnlich *Grunsky*, ZZP 1967, S. 55, 70, für das Prozeßrecht.

als auch in einer Abweisung des Antrages bestehen kann. Darf daher eine unzuständige Behörde keine in der Sache abweisende Entscheidung treffen, so muß die Behörde jedenfalls ihre Zuständigkeit vor der Sachentscheidung prüfen, weil sie ohne diese Prüfung über ihre Zuständigkeit keinen Aufschluß gewinnt und daher nicht weiß, ob sie rechtmäßig handelt oder nicht[186]. Ein Prüfungsvorrang besteht darüber hinaus aber auch hinsichtlich der Beteiligungs- und Handlungsfähigkeit, weil die Beteiligtenfähigkeit Voraussetzung der Innehabung der Verfahrensrechte — Anhörung, Akteneinsicht usw. — ist, die Handlungsfähigkeit das Recht auf ihre selbständige Ausübung betrifft, und ein Beteiligungs- oder Handlungsunfähiger daher entgegen der Intention des VwVfG[187] zum Objekt des Verfahrens würde, wenn eine ablehnende Sachentscheidung ergeht, obwohl der Adressat beteiligungs- oder handlungsunfähig ist[188]. Vor einer ablehnenden Sachentscheidung muß aber auch untersucht werden, ob das Verfahren nicht bereits bei einer anderen Behörde anhängig ist, weil nur so der Gefahr einander widersprechender Entscheidungen vorgebeugt werden kann[189]. Schließlich hat die Behörde vorrangig auch zu ermitteln, ob über den Antrag schon entschieden worden ist, weil sie dann jedenfalls keine abweichende Entscheidung mehr treffen darf, falls nicht die Voraussetzungen der §§ 48, 49, 51 VwVfG erfüllt sind[190]. Hinsichtlich aller anderen Zulässigkeitsvoraussetzungen besteht aber jedenfalls kein Prüfungsvorrang, da die Abweisung eines u. U. verfristeten oder den Formanforderungen nicht genügenden Antrages als jedenfalls unbegründet keine erheblichen Interessen beeinträchtigt.

---

[186] Im Ergebnis ebenso *Zeiss*, § 41 VI 3, S. 101.

[187] Dazu I. Teil, 1. Kap., C.

[188] So auch im Ergebnis *Zeiss*, § 41 VI 3, S. 101.

[189] Siehe II. Teil., 3. Kap., H.

[190] Entsprechend *Zeiss*, § 41 V 3, S. 101 f.

Viertes Kapitel

Die Wirksamkeitsvoraussetzungen eines Antrages auf Abschluß eines öffentlich-rechtlichen Vertrages

A. Zuständigkeit der Behörde

Ein von einer unzuständigen Behörde etwa geschlossener subordinationsrechtlicher Vertrag[1] ist gemäß § 59 II Nr. 1 VwVfG i. V. m. § 44 II Nr. 3, I VwVfG nur unter besonderen Voraussetzungen, nicht aber stets unwirksam. Weil aber die Zuständigkeit der Behörde nur die Wirksamkeit des Vertragsinhaltes betrifft, der Zuständigkeitsmangel aber nicht gerade auf dem Antrag beruht, scheidet sie hier aus der weiteren Untersuchung aus[2]. Jedoch ist die Behörde, die feststellt, daß der Abschluß des begehrten Vertrages nicht in ihren Zuständigkeitsbereich fällt, gemäß § 24 III VwVfG i. V. m. Art. 17 GG verpflichtet, den Antrag an die zuständige Behörde weiterzuleiten bzw. den Antragsteller nach § 25 S. 1 VwVfG über die zuständige Behörde zu belehren[3], so daß insoweit keine Unterschiede zwischen dem Antrag auf Erlaß eines Verwaltungsaktes und Abschluß eines öffentlich-rechtlichen Vertrages bestehen.

B. Beteiligungs- und Handlungsfähigkeit

Als Verfahrenserklärung[4] setzt der Vertragsantrag voraus, daß er von einem gemäß §§ 11, 12 VwVfG Beteiligungs- und Handlungsfähigen gestellt wird. Der Umfang der Beteiligungs- und Handlungsfähigkeit ist dabei mit dem identisch, der oben für den Antrag auf Erlaß eines Verwaltungsaktes ermittelt wurde[5], weil seine Bestimmung nicht von Spezifika des Verwaltungsaktes abhängig ist, sondern allein von den Besonderheiten des (Verwaltungs-)Verfahrens, dieses aber sowohl die auf den Erlaß des Verwaltungsaktes als auch die auf den Abschluß

---

1 Zum koordinationsrechtlichen Vertrag siehe etwa *Meyer*, in: Meyer / Borgs, § 54 Rdnr. 82 f.

2 Siehe I. Teil, 2. Kap., A.

3 Dazu II. Teil, 2. Kap., B.

4 *Bonk*, in: Stelkens / Bonk / Leonhardt, § 54 Rdnr. 15.

5 II. Teil, 3. Kap., C.

eines öffentlich-rechtlichen Vertrages gerichtete Tätigkeit umfaßt[6], § 9 VwVfG. Fehlt dem Antragsteller die Handlungsfähigkeit, so ist sein Antrag unwirksam und daher auch gemäß § 59 I VwVfG i. V. m. § 12 VwVfG und § 105 I, II BGB ein dennoch geschlossener öffentlich-rechtlicher Vertrag[7]. Weil aber die Wirksamkeit des Vertrages durch eine nachträgliche Genehmigung der gesamten Verfahrensführung des Handlungsunfähigen eintritt[8], liegt keine endgültige, sondern lediglich eine schwebende Unwirksamkeit vor. Wenn aber schon der Antrag eines Handlungsunfähigen zur Nichtigkeit des Vertrages führt, so gilt dies erst recht dann, wenn der Antragsteller nicht einmal beteiligungsfähig ist[9].

C. Antragsinhalt

Der Antrag auf Abschluß eines öffentlich-rechtlichen Vertrages muß ebenso wie der Antrag auf Abschluß eines zivilrechtlichen Vertrages[10] so bestimmt sein, daß ein Vertrag mit hinreichend bestimmtem Inhalt durch die einfache Zustimmungserklärung des Empfängers — ohne irgendwelche Zusätze — zustandekommen kann.

Gemäß § 62 S. 2 VwVfG i. V. m. §§ 158 ff. BGB[11] darf der Antrag auch mit einer Bedingung oder Zeitbestimmung versehen sein, weil er — anders als der Antrag auf Erlaß eines Verwaltungsaktes — keine einseitig belastende Gestaltungserklärung darstellt[12]. Es ist nämlich vom Einverständnis der Behörde abhängig, ob sie den Vertrag abschließt, und im Rahmen ihres Vertragsschließungsermessens vermag sie demnach darüber zu entscheiden, ob sie die Nebenbestimmung akzeptiert oder nicht. Hingegen wäre eine Behörde beim Antrag auf Erlaß eines Verwaltungsaktes dann verpflichtet, auf die Nebenbestimmung einzugehen, wenn sie den Verwaltungsakt erlassen muß. Aber auch dann,

---

6 Unzutreffend daher *Meyer*, in: Meyer / Borgs, § 62 Rdnr. 11, nach dem auch § 110 BGB über § 62 S. 2 VwVfG zur Wirksamkeit des Vertrages führen soll, denn § 110 BGB ist gemäß § 12 I Nr. 2, 1. Alt., VwVfG als lex specialis gegenüber § 62 S. 2 VwVfG nicht anwendbar, siehe II. Teil, 3. Kap., C. I. 2.

7 Ebenso *Clausen*, in: Knack, § 12 Anm. 8; *Bonk*, in: Stelkens / Bonk / Leonhardt, § 59 Rdnr. 23; *Meyer*, in: Meyer / Borgs, § 59 Rdnr. 15; *Ule / Laubinger*, § 16 III 2, S. 97; *Kopp*, VwVfG, § 12 Rdnr. 20.

8 Dazu II. Teil, 3. Kap., C. I. 2., und *Obermayer*, VwVfG, § 59 Rdnr. 42.

9 *Kopp*, VwVfG, § 11 Rdnr. 14; Borgs, in: Meyer / Borgs, § 11 Rdnr. 1; *Ule / Laubinger*, § 15 IV 3, S. 93; *Clausen* in: Knack, § 11 Anm. 6. *Obermayer*, VwVfG, § 59 Rdnr. 40, bringt diesen Erst-Recht-Schluß dadurch zum Ausdruck, daß er die Unwirksamkeit des Vertrages aus § 59 I VwVfG i. V. m. § 105 I BGB ableitet.

10 Dazu *Larenz*, § 27 I a, S. 505.

11 Die Anwendbarkeit der §§ 158 ff. BGB betonen auch *Meyer*, in: Meyer / Borgs, § 62 Rdnr. 13, und *Obermayer*, VwVfG, § 62 Rdnr. 43.

12 Dazu II. Teil, 3. Kap., D. I.

wenn der Erlaß des Verwaltungsaktes im Ermessen der Behörde steht, gehören die durch den Antrag unter einer Nebenbestimmung ausgelösten Rechtsfolgen nicht zu den Gründen, die eine Ermessensentscheidung i. S. des Nichterlasses des Verwaltungsaktes rechtfertigen, weil der Zweck der Ermessensermächtigung nicht darin besteht, solche Folgen in den Entscheidungsprozeß einbeziehen zu können. Beim öffentlich-rechtlichen Vertrag ist der Behörde demgegenüber ein freieres Ermessen eingeräumt, welches eine Ablehnung eines Vertragsschlusses auch gerade deshalb rechtfertigt, weil er vom Antragsteller nur unter einer Nebenbestimmung gewollt ist. Es bestehen auch keine Bedenken dagegen, daß der Antrag unter einer Voraussetzung gestellt wird. Rechnet man diese Fälle zum Kreis der bedingten Rechtsgeschäfte[13], so resultiert die Zulässigkeit der Voraussetzung nämlich aus § 62 S. 2 VwVfG i. V. m. §§ 158 ff. BGB, sonst aber aus § 62 S. 2 VwVfG i. V. m. § 305 BGB. Gleiches gilt hinsichtlich der Auflage, die der Antragsteller seinem Antrag beifügen kann, weil eine entsprechende Vertragsgestaltung gemäß § 62 S. 2 VwVfG i. V. m. § 305 BGB grundsätzlich zulässig ist und die Behörde auch hier nach Ermessen entscheiden kann, ob sie das Angebot annimmt oder nicht.

D. Antragsform

Gemäß § 57 VwVfG muß der Vertrag vorbehaltlich anderslautender Rechtsvorschriften schriftlich geschlossen werden, die Vertragsurkunde also von den Vertragsparteien unterschrieben sein[14]. Fraglich ist jedoch, ob das Schriftformerfordernis allein für den Vertrag als ganzen oder auch für den Vertragsantrag gilt. Weil § 57 VwVfG auch dem Schutz des Antragstellers vor Übereilung dient[15], ist die Schriftform des Antrages geboten, wenn andernfalls eine nicht-schriftliche Antragstellung eine Verpflichtung des Antragstellers zum formgerechten Abschluß des Vertrages begründen könnte. Dies ist dann der Fall, wenn der Antragsteller gemäß § 62 S. 2 VwVfG i. V. m. § 145 BGB an seinen Antrag gebunden ist, weil die Behörde dann nach Annahme des Antrages einen Anspruch auf Abschluß des formgültigen Vertrages hat. Wie unten[16] noch gezeigt wird, gilt § 145 BGB über § 62 S. 2 VwVfG auch für den Antrag auf Abschluß eines öffentlich-rechtlichen Vertra-

---

13 Anders die herrschende Lehre im Zivilrecht, siehe lediglich *Larenz*, § 25 I, S. 482 m. w. N.

14 So *Obermayer*, VwVfG, § 57 Rdnr. 12 ff.; *Meyer*, in: Meyer / Borgs, § 57 Rdnr. 3; *Heinrichs*, in: Palandt, § 126 Anm. 3, für § 126 BGB. Großzügiger *Bonk*, in: Stelkens / Bonk / Leonhardt, § 57 Rdnr. 11 — unzweideutige willensmäßige Übereinstimmung durch Briefwechsel reiche aus.

15 *Bonk*, in: Stelkens / Bonk / Leonhardt, § 57 Rdnr. 4.

16 Dazu III. Teil, 1. Kap., A. II.

ges, so daß es dem durch § 57 VwVfG bezweckten Übereilungsschutz zuwiderläuft, wenn ein bindender Antrag mündlich gestellt werden könnte. Dies gilt aber auch dann, wenn der Antragsteller gemäß § 62 S. 2 VwVfG i. V. m. § 145 BGB die Gebundenheit an den Antrag ausgeschlossen hat, weil die Rücknahme des Antrages jedenfalls dann ausgeschlossen ist, wenn die Behörde das Angebot angenommen und damit einen Anspruch auf Abschluß des formgültigen Vertrages erlangt hat. Der Vertragsantrag bedarf also gemäß § 57 VwVfG stets der Schriftform[17], andernfalls ist er unwirksam.

E. Antragsfrist

Gemäß § 62 S. 2 VwVfG i. V. m. § 163 BGB kann die Behörde dann, wenn sie einem Privaten ein Vertragsangebot unterbreitet, für die Annahme des Angebotes eine Frist bestimmen[18]. Ebenso wie beim Antrag auf Erlaß eines Verwaltungsaktes stellt sich dann die Frage, welche Anforderungen an die fristwahrende Annahme des Angebotes zu stellen sind. Die Antwort läßt sich wiederum nur dann geben, wenn man den Sinn und Zweck der Fristsetzung bestimmt. Naheliegend ist es, die Intention der Frist ebenso wie im Zivilrecht darin zu sehen, daß ein Zeitraum festgelegt werden soll, in dem die Entwicklung der Rechtslage klargestellt wird, um der betroffenen Behörde nach Ablauf der Frist die freie Dispositionsmöglichkeit zu garantieren[19]. Diesen Zweck kann man der Fristsetzung aber nur dann entnehmen, wenn und soweit die Behörde tatsächlich mit Ablauf der Antragsfrist subjektive Gewißheit darüber hat, ob ein wirksamer Vertrag zustandekommt oder nicht. Wie beim Antrag auf Erlaß eines Verwaltungsaktes hat die Behörde jedenfalls Gewißheit, daß ein wirksamer Vertrag nicht zustandekommt, wenn ihr innerhalb der Annahmefrist gar keine Annahmeerklärung zugeht. Anders als beim Antrag auf Erlaß eines Verwaltungsaktes hat sie jedoch darüber auch dann Gewißheit, wenn ihr innerhalb der Annahmefrist ein Antrag zugeht, weil die Prüfung der Wirksamkeit der Annahmeerklärung keines längeren Verwaltungsverfahrens mehr bedarf. Denn die Behörde muß bereits vor Unterbreitung des Angebotes prüfen, ob der Vertrag mit demjenigen geschlossen werden kann, an den sie das Angebot richtet. Folglich bedarf es im Gegensatz zur Situation beim Antrag auf Erlaß eines Verwaltungsaktes kei-

---

[17] Wie hier wohl *Bonk*, in: Stelkens / Bonk / Leonhardt, § 57 Rdnr. 9 — die Schriftform beziehe sich nach Umfang und Inhalt auf die Vertragserklärungen aller Vertragsteile. A. A. *Kopp*, VwVfG, § 57 Rdnr. 2, und *Obermayer*, VwVfG, § 57 Rdnr. 8.

[18] Siehe auch § 148 BGB.

[19] Dazu II. Teil, 3. Kap., F. I. 4.

ner Prüfung der „Zulässigkeit“ und „Begründetheit“ des Antrages mehr, weil diese Prüfung schon zuvor stattgefunden hat. Zwar muß die Behörde feststellen, ob der Annehmende auch noch zum Annahmezeitpunkt handlungsfähig ist, ob er also etwa gemäß § 12 I Nr. 2, 1. Alt., VwVfG i. V. m. § 105 II BGB eine wirksame Verfahrenshandlung vorgenommen hat, diese Prüfung beansprucht aber in aller Regel keinen erheblichen Verfahrensaufwand, weil regelmäßig keine Anhaltspunkte für einen Ausschluß der Handlungsfähigkeit gemäß den erwähnten Normen bestehen. Kann die Behörde daher mit Ablauf der Antragsfrist auch Gewißheit über die Wirksamkeit des Vertrages haben, so ist ihr Klarstellungsinteresse ebenso wie im Zivilrecht der Fristzweck. Folglich ist eine Annahmeerklärung nur dann fristwahrend, wenn sie der beabsichtigten Gewißheit der Behörde über die Rechtslage nicht zuwiderläuft. Demnach ist die Frist nur gewahrt, wenn die Annahmeerklärung der Behörde innerhalb des Fristzeitraumes zugeht, nicht aber dann, wenn die Annahme gegenüber einer anderen Behörde erklärt wurde und die Erklärung der zuständigen Behörde erst nach Fristablauf zugeht, weil die Behörde sonst nach Fristablauf die erforderliche Gewißheit über die Rechtslage nicht hat. Die Annahme muß der Behörde gegenüber auch schriftlich erklärt worden sein, weil nur dies eine Verpflichtung des Betreffenden zum Abschluß des formgültigen Vertrages auslöst[20] und die Behörde andernfalls nicht weiß, ob der Vertrag geschlossen wird oder nicht.

Weil sich auch in dem auf den Abschluß eines öffentlich-rechtlichen Vertrages gerichteten Verfahren der Beteiligte gemäß § 14 I VwVfG durch einen Bevollmächtigten vertreten lassen kann, ist letztlich, ebenso wie beim Antrag auf Erlaß eines Verwaltungsaktes, zu erörtern, ob die Annahmefrist gewahrt ist, wenn die Annahme durch einen Vertreter ohne Vertretungsmacht zwar innerhalb der Frist erfolgt, der „Vertretene“ die Handlung aber erst nach Fristablauf genehmigt. Weiß die Behörde von dem Vollmachtmangel, so ist sie nach § 89 I 1 ZPO analog berechtigt, nicht aber verpflichtet, den Vertreter ohne Vertretungsmacht einstweilen zu dem Verfahren zuzulassen und ihm eine Frist für die schriftliche Vorlage der Vollmacht zu setzen. Lehnt die Behörde

---

20 Nach der Ansicht von *Bonk*, in: Stelkens / Bonk / Leonhardt, § 57 Rdnr. 11 — Schriftform i. S. des § 57 VwVfG sei auch gewahrt, wenn eine unzweideutige willensmäßige Übereinstimmung durch Briefwechsel vorliege — stellt die schriftliche Annahme des schriftlichen Angebotes jedoch schon den wirksamen Vertragsschluß dar. Dies ist nach der überwiegenden Meinung — siehe II. Teil, 4. Kap., D. Fußn. 14 — aber nur dann der Fall, wenn die Vertragsurkunde von beiden Vertragsparteien unterschrieben ist, also etwa die Behörde die Vertragsurkunde unterschrieben an den Empfänger übersendet und dieser ebenfalls seine Unterschrift daruntersetzt und die Urkunde an die Behörde zurückschickt.

dabei die einstweilige Zulassung ab, so taucht die Frage nach der Genehmigungsfähigkeit nicht mehr auf. Hat sie hingegen den Vertreter ohne Vertretungsmacht einstweilen zugelassen, so wird die Annahmeerklärung durch die in der Ausstellung des schriftlichen Vollmachtnachweises liegende Genehmigung wirksam. Nach Ablauf der Vorlagefrist kann die Genehmigung aber nur noch dann wirksam nachgeholt werden, wenn die Behörde die Annahmefrist verlängert hat, weil die Behörde sonst nicht die erforderliche Gewißheit über das Zustandekommen des Vertrages hat. Hat die Behörde dagegen von dem Vollmachtmangel keine Kenntnis, so ist die Rechtslage für sie ohnehin so lange ungewiß, bis sie den „Bevollmächtigten“ zur Vorlage des schriftlichen Vollmachtnachweises aufgefordert hat und dieser Nachweis innerhalb der Frist erbracht oder die Frist verstrichen ist, so daß eine innerhalb der Vorlagefrist erteilte Genehmigung zur wirksamen Wahrung der Annahmefrist führt, eine noch später erteilte Genehmigung aber nur, wenn die Behörde die Annahmefrist verlängert hat. Eine Wiedereinsetzung in den vorigen Stand nach § 32 VwVfG bei Fristversäumung scheitert daran, daß § 32 I VwVfG die Versäumung einer gesetzlichen Frist verlangt, hier aber eine behördliche Frist vorliegt.

F. Antragsberechtigung

Der Vertragsantrag setzt schon deshalb keine Antragsberechtigung entsprechend § 42 II VwGO voraus, weil ein Anspruch auf Abschluß eines öffentlich-rechtlichen Vertrages ohnehin nicht besteht und der Abschluß des Vertrages einen solchen Anspruch nicht verlangt.

G. Verfahrensanhängigkeit und Rechtskraft

Weil das Verwaltungsverfahrensrecht den Schutz vor einer doppelten Führung des gleichen Verfahrens durch die behördliche Zuständigkeitsverteilung bewirkt[21], die Zuständigkeit der Behörde aber keine Wirksamkeitsvoraussetzung des Vertragsantrages ist, ist das Problem der Verfahrensanhängigkeit nicht zu erörtern[22]. Da der Vertrag auch keine der Bestandskraft des Verwaltungsaktes vergleichbare Wirkung entfaltet, sondern aufgrund einer Übereinstimmung der Parteien jederzeit aufgehoben oder geändert werden kann, steht der Vertragsschluß einer solchen Modifikation nicht entgegen.

---

21 Siehe II. Teil, 3. Kap., H. I.

22 Siehe II. Teil, 4. Kap., A.

H. Sachbescheidungsinteresse

Eines Sachbescheidungsinteresses bedarf der Antragsteller hier nicht, weil er ohnehin keinen Anspruch auf Abschluß des Vertrages hat, dessen mißbräuchlicher Ausnutzung durch das Sachbescheidungsinteresse entgegenzutreten wäre.

Dritter Teil

Rücknahme und Änderung von Anträgen, Bedeutung von Willensmängeln

Da Anträgen grundsätzlich eine Willensentschließung des Antragstellers vorausgeht und diese bekanntlich Wandlungen unterworfen sein kann, sei es, daß sich die für die Entschließung maßgeblichen Grundlagen geändert haben, sei es, daß sie nachträglich vom Antragsteller anders bewertet werden, kommt es vor, daß ein Antragsteller im nachhinein die bisher durch den Antrag erstrebte Rechtsfolge des Erlasses des Verwaltungsaktes oder Abschlusses des öffentlich-rechtlichen Vertrages nicht mehr wünscht oder durch Änderung seines Antrages modifizieren möchte. Ebenso kann er bei seiner Antragstellung auch Fehlvorstellungen unterliegen, die die Willensbildung oder die Erklärung des fehlerfrei gebildeten Willens betreffen. Das zwischenmenschliche Beziehungen ordnende Recht muß diesen Phänomenen Beachtung schenken, indem es entweder der gewandelten Entscheidung bzw. dem Interesse an einem dem wahren Willen entsprechenden Rechtszustand Rechnung trägt oder den Antragsteller an seiner Erklärung festhält. Welchen Weg die Rechtsordnung dabei beschreitet, ist von der Bewertung des Lossagungsinteresses einerseits und des Bindunginteresses der von den Rechtswirkungen des Antrages Betroffenen andererseits abhängig, die je nachdem, ob ein Willensmangel vorliegt oder nicht, anders ausfallen kann und daher eine gesonderte Behandlung beider Fälle erfordert. Zusätzlich ist zwischen dem Antrag auf Erlaß eines Verwaltungsaktes und dem auf Abschluß eines öffentlich-rechtlichen Vertrages zu differenzieren.

Erstes Kapitel

Rücknahme und Änderung von Anträgen

Antragsrücknahme und Antragsänderung weisen insoweit Gemeinsamkeiten auf, als der Antragsteller beidemal seinen Antrag nicht mehr so aufrechterhalten möchte wie bisher, sie unterscheiden sich aber darin, daß die Antragsrücknahme das bisherige Begehren nur beseitigen will, ohne es, wie die Antragsänderung, durch ein anderes zu ersetzen. Weil jedoch die Antragsänderung in aller Regel zugleich die Rücknahme des Antrages einschließt, bedarf ihre Erörterung zunächst der Darlegung der für die Rücknahme geltenden Maßstäbe.

A. Die Rücknahme des Antrages

I. Die Rücknahme eines Antrages auf Erlaß eines mitwirkungsbedürftigen Verwaltungsaktes

Je gravierender die durch den Erlaß des mitwirkungsbedürftigen Verwaltungsaktes ausgelösten Rechtsfolgen sind, desto eher wird der Antragsteller bei einer Sinneswandlung den Wunsch nach Rücknahme des Antrages äußern, um dadurch den Erlaß des Verwaltungsaktes zu verhindern oder, falls auch dies möglich ist, die durch den wirksam gewordenen Verwaltungsakt schon eingetretenen Rechtsfolgen zu beseitigen. Geht der Antragsteller etwa von der Nutzlosigkeit der zuvor begehrten Entscheidung für sich aus, so hat die Rücknahme, falls zulässig, bei einer gebührenpflichtigen Amtshandlung ihm günstige Auswirkungen auf die Höhe der Gebührenpflicht, solange die Rücknahme zu einem Zeitpunkt erfolgt, da die Amtshandlung noch nicht beendet ist[1]. Spätestens nach Erlaß des Verwaltungsaktes vermag der Antragsteller jedoch der Gebührenpflicht durch die Antragsrücknahme nicht mehr zu entgehen. Im übrigen ist daher bei Anträgen auf Erteilung einer Genehmigung oder Erlaubnis eine Antragsrücknahme nicht von Interesse, soweit der Verwaltungsakt den Antragsteller nicht über die Gebührenpflicht hinaus belastet. Erheblich wird die Möglichkeit einer Antragsrücknahme folglich in erster Linie da, wo durch den Verwal-

---

[1] Vgl. etwa § 15 I 2, II GebG NW und die entsprechenden Regelungen der anderen Bundesländer.

tungsakt Pflichten begründet oder Rechte entzogen werden, also etwa bei der Einstellung und Entlassung eines Beamten. In Anerkennung dieser Interessenlage sehen § 30 I 3 BBG und der im wesentlichen gleichlautende § 46 III 5 SoldG auch die Rücknahme eines beamten- oder soldatenrechtlichen Entlassungsantrages vor. Hingegen ist das Problem für den entsprechenden Einstellungsantrag gesetzlich ausdrücklich nicht gelöst, wenngleich der Betreffende auch hier ein Rücknahmeinteresse haben kann. Zwar vermag er nach § 30 I 1 BBG und — dem allerdings differenzierenden — § 46 III 1 - 3 SoldG jederzeit seine Entlassung aus dem Dienstverhältnis zu verlangen; er ist aber nach diesen Normen unter Umständen verpflichtet, seine Amtspflichten noch drei Monate lang zu erfüllen, während bei einer zulässigen Antragsrücknahme das Dienstverhältnis entweder gar nicht entsteht oder sogleich aufgelöst werden kann.

Angesichts der Erheblichkeit der Frage, ob eine Antragsrücknahme zulässig ist, verwundert die bisherige Zurückhaltung des Gesetzgebers, der eine umfassende, gesetzlich ausdrücklich formulierte Lösung dieses Interessenkonfliktes bisher nicht angestrebt und lediglich einige bereichsspezifische Regelungen erlassen hat, von denen neben den schon genannten z. B. noch § 362 AO, § 36 II 2 SGB-AT und § 14 I AsylVfG zu erwähnen sind. Ebenso wie sich aber § 15 II GebG NW nur auf die gebührenrechtlichen Rechtsfolgen einer Antragsrücknahme bezieht, nicht aber auf deren Zulässigkeit[2], regelt § 36 II 2 SGB-AT, der die Rücknahme eines Antrages durch Minderjährige von der Zustimmung der gesetzlichen Vertreter abhängig macht, nur das „Verfahren" der Antragsrücknahme, gibt aber keine Anhaltspunkte dafür, wann sie überhaupt zulässig ist[3]. Auch § 14 I AsylVfG gibt nur mittelbar zu erkennen, daß eine Antragsrücknahme zulässig ist, nicht aber, unter welchen Voraussetzungen. § 362 AO betrifft schließlich nur die Widerspruchsrücknahme und mit dem Widerspruchsverfahren einen Bereich, der nicht Gegenstand dieser Arbeit ist. Zu klären ist daher, ob und gegebenenfalls bis wann eine Antragsrücknahme zulässig ist, wem gegenüber sie zu erklären ist und welchen Formvorschriften sie unterliegt.

Ein Bindungsinteresse des Erklärungsgegners kann erst dann bestehen, wenn der Antrag überhaupt Rechtsfolgen für ihn gehabt hat, wenn also das im Antrag enthaltene Einverständnis mit der Einleitung und

---

2 Entsprechendes gilt für die Vorschriften der anderen Bundesländer.

3 Gegen Herleitung einer Rücknahmemöglichkeit aus § 36 II 2 SGB-AT wohl auch *Gitter*, in: Wertenbruch, § 36 Rdnr. 64, da er die fehlende Bindung aus einer entsprechenden Anwendung des § 183 BGB herleitet. Ähnlich *Peters*, § 16 Rdnr. 4, der ebenfalls allgemeine Grundsätze des BGB — §§ 130, 182 ff. BGB — heranzieht.

Durchführung eines Verwaltungsverfahrens oder auch dem Erlaß eines Verwaltungsaktes mit bestimmtem Inhalt[4] wirksam geworden ist.

1. Das Wirksamwerden des Antrages

Diesem Befund hat § 130 I BGB für zivilrechtliche Willenserklärungen konsequenterweise Rechnung getragen, indem er einen Widerruf der einem Abwesenden gegenüber abzugebenden Willenserklärung zuläßt, solange diese noch nicht wirksam geworden ist. Wirksamkeit und Widerruf einer gegenüber einem Anwesenden abzugebenden Willenserklärung regelt das Bürgerliche Gesetzbuch hingegen nicht, weil in diesem Fall Abgabe und Wirksamwerden der Erklärung zeitlich zusammentreffen, für einen Widerruf also kein Raum ist.

Die für das Wirksamwerden einer gegenüber einem Anwesenden abzugebenden Willenserklärung entwickelte These[5], daß die Wirksamkeit bei einer schriftlich verkörperten Willenserklärung mit deren Aushändigung an den Erklärungsgegner, bei mündlichen Erklärungen mit dem in Richtung an den Empfänger ausgesprochenen Wort eintritt, gilt auch für Anträge im öffentlichen Recht, da hier, wie im Zivilrecht, durch die Erklärung einem anderen Rechtssubjekt gegenüber Rechtsfolgen ausgelöst werden sollen und der Erklärungsgegner folglich Kenntnis von dem Eintritt dieser Rechtsfolgen, etwa der Pflicht zur Prüfung des Antrages und unter Umständen zum Erlaß des Verwaltungsaktes, nehmen können muß[6].

Die in § 130 I 1 BGB enthaltene Bestimmung des Wirksamwerdens einer einem Abwesenden gegenüber abzugebenden Willenserklärung ist aber, da Anträge auf Erlaß eines Verwaltungsaktes öffentlich-rechtlich zu beurteilen sind[7], weder unmittelbar, noch über die Verweisung in § 130 III BGB anwendbar. § 130 III BGB meint nämlich mit Willenserklärungen, die einer Behörde gegenüber abzugeben sind, nur die sog. amtsempfangsbedürftigen Willenserklärungen, nicht aber die, deren Erklärungsgegner die Behörde ist[8].

Die von vielen Autoren befürwortete entsprechende[9] Anwendung[10] des § 130 I BGB scheidet aus, da sich aus §§ 23 IV 1, 31 I VwVfG i. V. m.

---

[4] Siehe I. Teil, 1. Kap., A.

[5] Siehe lediglich *Larenz*, § 21 II c, S. 414 ff.

[6] Im Ergebnis ebenso *Krause*, VerwArch. 1970, S. 297, 320 m. w. N.

[7] Dazu I. Teil, 1. Kap., A.

[8] Ebenso *Krause*, VerwArch. 1970, S. 297, 320; *Heiß*, S. 142; auch *Middel*, S. 94, der aber § 130 III BGB entsprechend anwenden will, S. 99 m. w. N.

[9] Ob man dabei von einer analogen oder rechtsgrundsätzlichen Anwendung ausgeht — zur Differenzierung etwa *Middel*, S. 74 ff. — kann offenbleiben, da beidemal ein Vergleich der geregelten mit der nicht geregelten

§ 188 I BGB eine von § 130 I BGB abweichende öffentlich-rechtliche Lösung ergibt. Danach kommt es für den Zeitpunkt des Wirksamwerdens eines einem Abwesenden gegenüber zu stellenden Antrages nicht wie bei § 130 I BGB auf die nach allgemeiner Lebenserfahrung und der Verkehrssitte unter gewöhnlichen Umständen zu erwartende Kenntnisnahme vom Inhalt der Erklärung an[11], sondern allein auf den tatsächlichen Zugang bei der Behörde, sei es auch zu einer Zeit, wo gerade nicht mit der Kenntnisnahme vom Antragsinhalt zu rechnen ist, also etwa in den Nachtstunden oder an Sonn- und Feiertagen. Zwar regelt § 23 IV VwVfG nur Anträge in einer fremden Sprache (= nicht in deutscher Sprache, § 23 I VwVfG), die zugunsten eines Beteiligten eine Frist wahren, einen öffentlich-rechtlichen Anspruch geltend machen oder eine Leistung begehren sollen, abstrahiert man von dieser Norm aber das Spezifikum der fremdsprachigen Antragstellung, dann ist ihr zu entnehmen, daß Anträge generell zum Zeitpunkt des Einganges bei der Behörde als abgegeben gelten und damit wirksam werden. Da es aber bei fristwahrenden Anträgen für den Zeitpunkt der Fristwahrung darauf ankommt, wann der Antrag tatsächlich in die Verfügungsgewalt der Behörde gelangt ist, wenn auch zu einer Zeit, zu der mit der Kenntnisnahme nicht zu rechnen ist[12], tritt auch die Wirksamkeit dieser Anträge zu diesem Zeitpunkt ein, denn nur ein wirksamer Antrag kann fristwahrend sein. Stellt man aber bei fristwahrenden Anträgen auf diesen Zeitpunkt ab, dann ist kein Grund ersichtlich, bei nicht fristgebundenen Anträgen anders zu verfahren, denn auch nach bürgerlichem Recht unterscheidet sich der Zeitpunkt des Wirksamwerdens fristgebundener nicht von dem fristfreier Willenserklärungen[13]. Sobald der Antragsteller daher den mündlichen Antrag gegenüber dem zuständigen Amtsträger ausgesprochen oder das Schriftstück diesem übergeben bzw. in den Briefkasten oder das Postfach der Behörde gebracht hat, ist der Antrag wirksam geworden, so daß sich fragt, ob ab diesem Zeitpunkt ein das Lossagungsinteresse des Antragstellers überwiegendes Bindungsinteresse der Behörde vorhanden ist[14].

Interessenlage vorgenommen wird, das Verfahren sich also nicht erheblich unterscheidet.

10 So *Krauß*, S. 94; *Krause*, VerwArch. 1970, S. 297, 319 ff.; *Henke*, Wirtschaftssubventionen, S. 165; *Middel*, S. 95; *Siebecke*, S. 41. Der Sache nach auch Art. 24 EVRO W.

11 Siehe dazu statt vieler *Larenz*, § 21 II b, S. 410 ff.; RGZ 50, S. 191, 194; BGH, NJW 1965, S. 965, 966.

12 *Kopp*, VwVfG, § 31 Rdnr. 26 f.

13 Vgl. nur § 148 BGB, und dazu *Heinrichs*, in: Palandt, § 148 Anm. 1.

14 Inwieweit auch eine „Abgabe" des Antrages für seine Wirksamkeit erforderlich ist, ob er also mit Wissen und Wollen des Antragstellers dem Erklärungsgegner zugeleitet werden muß — vgl. die entsprechende Definition der „Abgabe" für § 130 I BGB, z. B. *Forschler*, in: Münchener Kommentar,

2. *Die Bindung an den Antrag*

Eine Rücknahme des Antrages auch über den Zeitpunkt seines Wirksamwerdens hinaus erscheint möglich, wenn der Betreffende — wie hier — die (Mit-)Dispositionsbefugnis über die Verfahrenseröffnung und den Erlaß des Verwaltungsaktes besitzt[15]. Ob jedoch dem Lossagungsinteresse oder dem Bindungsinteresse der Vorrang gebührt, läßt sich nur dann feststellen, wenn man die entsprechenden Konfliktlösungen in anderen Bereichen analysiert und überprüft, ob die dort vom Gesetzgeber als schutzwürdig anerkannten Interessen in gleicher Weise beim Antrag auf Erlaß eines mitwirkungsbedürftigen Verwaltungsaktes bestehen.

Das dabei in die Untersuchung einzubeziehende Normmaterial reicht von § 30 I 3 BBG, § 46 III 5 SoldG und § 362 AO über § 49 VwVfG zu den prozessualen Bestimmungen, die die Klagerücknahme regeln, wie §§ 92, 126, 140 VwGO oder §§ 269, 515, 557 ZPO, und den bürgerlichrechtlichen Rechtsvorschriften, die den Widerruf einer Willenserklärung zulassen, wie §§ 130 I 2, 168, 183, 530, 610, 671, 2253 I BGB, oder ausschließen, §§ 130 I, 145, 183 BGB.

Eine erste Systematisierung dieser Vorschriften zeigt, daß der Gesetzgeber im Regelfall die Rücknahme einer Erklärung eher zuläßt, wenn diese entweder noch gar keine Rechtswirkungen gehabt hat, § 130 I 1 BGB, oder ihren Zweck darin findet, über die unmittelbar mit ihrem Zugang in Kraft gesetzten Rechtsfolgen hinaus weitere Rechtsfolgen auszulösen. So zielt der Antrag auf Entlassung aus dem Beamten- oder Soldatenverhältnis auf den Erlaß der Entlassungsverfügung und die Einlegung des Widerspruches auf die Entscheidung über ihn ab, die Klageerhebung und Rechtsmitteleinlegung im Prozeß auf ein wirksames Urteil, die Vollmachterteilung oder Einwilligung darauf, daß der Vertreter nunmehr mit Wirkung für den Vertretenen eine Handlung vornehmen bzw. das einwilligungsbedürftige Rechtsgeschäft wirksam tätigen kann[16]. Eine — allerdings erhebliche — Ausnahme von diesem Befund stellt hingegen § 145 BGB dar, der, obgleich der Vertragsantrag auf den Abschluß eines wirksamen Vertrages gerichtet ist, den Antragenden sogleich für gebunden erklärt, falls er die Gebundenheit nicht

§ 130 Rdnr. 10 —, wird im dafür thematisch einschlägigen Komplex der Problematik von Willensmängeln erörtert; siehe *Medicus*, Allgemeiner Teil, § 22 II 2, S. 100 f., Rdnr. 266, und *Krause*, VerwArch. 1970, S. 297, 324 Fußn. 235, die diesen Zusammenhang ebenfalls herausstellen.

[15] Vgl. *Krauß*, S. 11 f., der die Rücknehmbarkeit in diesen Fällen als Korrelat der Befugnis zur Antragstellung begreift.

[16] So kann auch das auf die Regelung der Erbfolge im Erbfall abzielende Testament nach § 2253 I BGB vor Einritt des Erbfalles sinnvollerweise widerrufen werden.

ausdrücklich ausgeschlossen hat. Abweichend ist auch nach §§ 168, 183 BGB die Erteilung einer Vollmacht bzw. Einwilligung in die Vornahme eines Rechtsgeschäftes unwiderruflich, wenn sich dies aus dem ihrer Erteilung zugrundeliegenden Rechtsverhältnis ergibt. Der Antrag auf Erlaß eines Verwaltungsaktes gleicht den erwähnten Situationen dahingehend, daß auch er eine Rechtsfolge anstrebt, die mit seinem Wirksamwerden noch nicht unmittelbar eintritt, nämlich den Erlaß des Verwaltungsaktes. Die übrigen aufgeführten Bestimmungen, wie etwa § 49 VwVfG und § 530 BGB, lassen hingegen die Rücknahme einer Erklärung auch dann noch zu, wenn sie alle mit ihr intendierten Rechtsfolgen bereits entfaltet hat. Weil sich die Regelung des § 49 VwVfG aber ausschließlich auf den Widerruf von Verwaltungsakten durch die Behörde bezieht und damit in einem anderen Zusammenhang steht und § 530 BGB seine Rechtfertigung in der Unentgeltlichkeit der Schenkung findet, die beim Antrag kein Pendant hat, scheiden diese Normen aus der weiteren Untersuchung ebenso aus wie mangels Vergleichbarkeit der Interessenlage auch die §§ 610, 671 BGB. Da § 183 BGB gegenüber § 169 BGB den allgemeineren Fall darstellt und von ihm nicht erheblich abweicht und die verwaltungsprozessualen Bestimmungen der Klagerücknahme mit denen des Zivilprozeßrechtes im wesentlichen übereinstimmen, konzentriert sich die folgende Erörterung auf §§ 30 I 3 BGB; 46 III 5 SoldG; 362 AO; 92, 126, 140 VwGO und 145, 183 BGB, denen der allgemeine Grundsatz zu entnehmen sein könnte, daß Anträge auf Erlaß eines Verwaltungsaktes grundsätzlich bis zum Wirksamwerden des Verwaltungsaktes zurückgenommen werden können[17].

Obwohl §§ 30 I 3 BBG; 46 III 5 SoldG und 362 AO die sachnächsten Bestimmungen darstellen, kann man ihnen allein nicht entnehmen, ob sie mit der Rücknahmemöglichkeit nur ohnehin geltende verwaltungsrechtliche Grundsätze wiedergeben, modifizieren oder die Rücknahmemöglichkeit nur für die geregelten Fälle konstitutiv schaffen, während sie im übrigen nicht besteht[18]. Die Gesamtschau der Normen belegt

---

[17] Im Ergebnis ebenso *Middel*, S. 102 ff.; *Borgs*, in: Meyer / Borgs, § 22 Rdnr. 8; a. A. *Weides*, § 4 III 5 c, S. 42 f.; *Kopp*, VwVfG, § 9 Rdnr. 47; *Clausen*, in: Knack, § 22 Anm. 4.8 — Rücknahme bis zur Unanfechtbarkeit des Verwaltungsaktes. Offen gelassen für Widerspruch bei BVerwGE 44, S. 64, 66. Differenzierend BVerwG bei Buchholz, 43 6·36, § 15 BaföG, Nr. 9, S. 21, 24 — Rücknahme bis zur Unanfechtbarkeit des Verwaltungsaktes, es sei denn, die Rücknahme sei gesetzlich ausgeschlossen oder durch die Stellung des Antrages oder die Entscheidung über ihn seien Umstände eingetreten, die nicht mehr rückgängig zu machen sind. Für Abwägung im konkreten Fall *Krause*, VerwArch. 1970, S. 297, 321. Siehe auch OVG Lüneburg, NVwZ 1985, S. 431, m. w. N. pro et contra, das der Ansicht ist, eine Rücknahme komme jedenfalls im gerichtlichen Verfahren dann nicht mehr in Betracht, wenn die (Verpflichtungs-)Klage des Antragstellers auf Verurteilung der Behörde zum Erlaß des abgelehnten Verwaltungsaktes wegen § 92 VwGO nurmehr mit Einwilligung des Beklagten zurückgenommen werden könne.

aber, daß die im Prozeßrecht und bürgerlichen Recht enthaltenen Prinzipien über §§ 30 I 3 BBG; 46 III 5 SoldG und § 362 AO auch Eingang in das öffentliche Recht gefunden haben.

§§ 92, 126, 140 VwGO sind Ausdruck der allgemeinen verfahrensrechtlichen Regel, daß Erwirkungshandlungen — zu denen auch der Antrag auf Erlaß eines Verwaltungsaktes zählt[19] — bis zur Entscheidung über den Antrag zurückgenommen werden können[20]. Wie im folgenden gezeigt wird, sind es nämlich Spezifika des Prozeßrechts — die beim Antrag auf Erlaß eines Verwaltungsaktes nicht vorliegen —, daß die Rücknahme einer Klage nach Stellung der Anträge in der mündlichen Verhandlung der Einwilligung des Beklagten und, falls er am Verfahren teilnimmt, des Vertreters des öffentlichen Interesses bedarf. Denn der Gesetzgeber anerkennt das Bindungsinteresse des Beklagten und des Vertreters des öffentlichen Interesses, weil der Kläger — vorbehaltlich von Klage und Rechtsmittelfristen — nicht daran gehindert ist, die Klage nach Rücknahme erneut einzulegen und dadurch den Beklagten in einer ständigen Situation der Rechtsunsicherheit zu halten[21], die auch dem öffentlichen Interesse widerspricht und daher folgerichtig ebenfalls vom Vertreter des öffentlichen Interesses verhindert werden kann. Eine derartige Rechtsunsicherheit ist aber erst dann gegeben, wenn bezüglich des zur Entscheidung anstehenden materiellen Rechtsverhältnisses überhaupt divergierende Auffassungen bestehen. Das

[18] Darüber wird gestritten, siehe *Middel*, S. 107 m. w. N. in Fußn. 57.

[19] Siehe I. Teil, 1. Kap., A.

[20] Dazu etwa *Krause*, VerwArch. 1970, S. 297, 321.

[21] *Grunsky*, Grundlagen, § 8 II, S. 69; *Arens*, Zivilprozeßrecht, § 21 I, S. 164, Rdnr. 241. *Groß*, ZZP 1962, S. 93, 99, betont auch, der Beklagte solle nicht darauf angewiesen sein, eine negative Feststellungsklage erheben zu müssen. Ganz auf dem Hintergrund des Verhältnisses zur negativen Feststellungsklage auch *Grunsky*, Streitbefangene Sache, S. 180 f., der meint, § 269 ZPO wolle es dem Beklagten lediglich ermöglichen, eine auf dem bisherigen Verfahrensstand aufbauende Sachentscheidung zu erreichen, ihm also die Nutzbarmachung der Prozeßlage gewähren, denn er könne im übrigen stets eine negative Feststellungsklage erheben, da § 269 ZPO das Feststellungsinteresse zum Ausdruck bringe. Damit läge der Sinn des § 269 ZPO nicht in der Vermeidung von Rechtsunsicherheit für den Beklagten, da er seine Interessen an einem die Unsicherheit beseitigenden Urteil immer auch im Wege der negativen Feststellungsklage verfolgen könnte, sondern in der Gewährung erleichterten Rechtschutzes, weil bei der negativen Feststellungsklage die bisherige Prozeßlage gerade nicht nutzbar gemacht werden könnte. Verstünde man den Sinn des § 92 VwGO ebenso, dann würde sich eine entsprechende Anwendung der Einwilligungsbedürftigkeit auf die Antragsrücknahme deshalb verbieten, weil die Behörde die Initiative nicht ergreifen kann, sondern immer auf einen Antrag angewiesen ist. § 92 VwGO muß aber deshalb einen anderen Zweck haben, weil der Vertreter des öffentlichen Interesses eine negative Feststellungsklage nicht erheben könnte, für ihn also die Verhinderung der Klagerücknahme der einzige Weg ist, um Rechtssicherheit zu erreichen.

Verwaltungsverfahren betrifft jedoch die streitbefangene Phase überhaupt nicht[22], da ein Streit über das zu gestaltende oder festzustellende Rechtsverhältnis erst dann denkbar ist, wenn die Behörde dem Begehren des Antragstellers nicht entsprochen hat und dieser der Auffassung ist, die Entscheidung der Behörde sei unrichtig. Vor Abschluß des Verwaltungsverfahrens besteht daher gar keine Rechtsunsicherheit, so daß sich die Koppelung der Rücknahmemöglichkeit an die Zustimmung der Behörde erübrigt[23]. Sie hat vielmehr ebensowenig wie das Gericht ein Interesse daran, den Antragsteller gegen seinen Willen an der Erklärung festzuhalten. Zudem ist zu bedenken, daß dem — allerdings in diesem Zusammenhang sekundären — Kosteninteresse der öffentlichen Hand dadurch Rechnung getragen wird, daß die Verfahrenskosten im Verwaltungsverfahren in gleicher Weise wie im gerichtlichen Verfahren von demjenigen zu tragen sind, der den Antrag zurücknimmt[24]. Der Rechtssicherheit dient jedoch die Begrenzung der Rücknahmemöglichkeit durch die Rechtskraft der gerichtlichen Entscheidung, so daß man annehmen könnte, entsprechend könne auch der Antrag bis zur Unanfechtbarkeit des Verwaltungsaktes zurückgenommen werden[25]. Diese Hypothese übersieht aber, daß ein Urteil auch erst mit dem Eintritt der „Unanfechtbarkeit“, der formellen Rechtskraft, materielle Rechtskraft entfaltet, also für die Parteien wirksam wird, während diese beiden Ereignisse im Verwaltungsverfahren zeitlich getrennt sind[26]. Mit dem Wirksamwerden des Verwaltungsaktes nach § 43 I

---

[22] *Rainer Wahl*, VVDStRL 41, S. 151, 154, unterscheidet entsprechend zwischen dem Verwaltungsverfahren als dem Modus der primären Rechtsverwirklichung und dem verwaltungsgerichtlichen Verfahren, welches den streitbefangenen Ausschnitt des Rechtsverwirklichungsprozesses betreffe.

[23] Man könnte daher auf den Gedanken kommen, die Rücknahme eines Widerspruches bedürfe der Einwilligung der Behörde, da das Widerspruchsverfahren ja schon die streitbefangene Phase betreffe. Dem ist jedoch entgegenzuhalten, daß die kurze Widerspruchsfrist des § 70 I VwGO der Rechtssicherheit hinlänglich Rechnung trägt. Zwar gilt die Einwilligungsbedürftigkeit der Klagerücknahme auch bei den fristgebundenen Anfechtungs- und Verpflichtungsklagen im Verwaltungsprozeß und den sowohl nach der VwGO wie der ZPO fristgebundenen Rechtsmitteln, man muß sich aber vergegenwärtigen, daß diese Frist bei Beginn der mündlichen Verhandlung aufgrund der langen Dauer der Verfahren nahezu immer abgelaufen ist, eine nach Rücknahme erneute Klageerhebung oder Einlegung eines Rechtsmittels daher durchweg unzulässig ist. Demnach kann der Kläger in diesen Fällen statt der Klagerücknahme auch den Weg des nicht einwilligungsbedürftigen Klage- oder Rechtsmittelverzichtes gehen, § 306 ZPO, § 167 I VwGO i. V. m. § 306 ZPO. Die Einwilligungsbedürftigkeit der Widerspruchsrücknahme wird daher zu Recht auch nicht vertreten, siehe § 362 AO und statt vieler *Pietzner / Ronellenfitsch*, § 27 II, S. 203 f., Rdnr. 7 ff.

[24] Siehe § 15 II GebG NW und die entsprechenden Vorschriften der anderen Bundesländer.

[25] So insbesondere BVerwG bei Buchholz, 43 6·36, § 15 BaföG, Nr. 9, S. 21, 24.

[26] Darauf weist *Bergmann*, BayVBl. 1967, S. 195 f., hin.

VwVfG hat der Antrag aber sein Ziel erreicht, er ist „verbraucht“[27], und es ist eine verbindliche, der Rechtssicherheit dienende Entscheidung getroffen worden[28], so daß dies für die Rücknehmbarkeit des Antrages nur bis zum Zeitpunkt des Wirksamwerdens, nicht hingegen der Unanfechtbarkeit des Verwaltungsaktes spricht.

Zahlreiche Autoren stützen die Möglichkeit einer Antragsrücknahme bis zum Wirksamwerden des Verwaltungsaktes auf eine entsprechende Anwendung des § 183 BGB[29]. Ob dieser Norm tatsächlich der allgemeine Grundsatz entnommen werden kann, daß Erklärungen, die über die mit ihrem Zugang ausgelösten Rechtsfolgen hinaus weitere Rechtsfolgen auslösen sollen, erst mit Eintritt dieser Folgen nicht mehr zurückgenommen werden können, erscheint jedoch fraglich, da § 183 BGB nur „Drei-Personen-Verhältnisse“ betrifft[30], während beim Antrag auf Erlaß eines Verwaltungsaktes nur ein „Zwei-Personen-Verhältnis“ vorliegt. Zudem sieht das BGB in dem typischen Fall des „Zwei-Personen-Verhältnisses“, nämlich dem gegenseitigen Vertrag, nach § 145 BGB vor, daß derjenige, der einem anderen einen Vertragsantrag unterbreitet, an diesen Antrag gebunden ist, sofern er nicht die Gebundenheit ausdrücklich ausgeschlossen hat.

Auf eine entsprechende Anwendung des § 183 BGB kann mithin die Rücknahme eines Antrages auf Erlaß eines Verwaltungsaktes nur dann gestützt werden, wenn die Gründe, die den Gesetzgeber beim Vertragsantrag zu einer Bindung des Antragenden veranlaßt haben, hier nicht zutreffen. Nach den Motiven[31] zum BGB verfolgt die Bindung des Antragenden die Absicht, dem Erklärungsgegner einen sicheren Ausgangspunkt für die nun von ihm zu treffende Entscheidung darüber zu gewähren, ob er den Antrag annimmt oder nicht, da er unter Umständen auf den Antrag hin sogleich Maßnahmen treffen müsse — etwa Deckungskäufe vornehmen — und andere Vertragsanträge in Bezug auf den Vertragsgegenstand ablehnen werde oder es seinerseits unterlasse, entsprechende Vertragsanträge an Dritte zu stellen. Die Bindung des Antragenden beruht daher auf dem Befund, daß — hauptsächlich im Handelsverkehr — Verträge oft im Wege der — meist brieflichen — Korrespondenz zustandekommen[32], und der Gesetzgeber wollte den

---

27 *Bergmann*, BayVBl. 1967, S. 195 f.

28 *Löwer*, JuS 1980, S. 805, 806.

29 So mit besonders ausführlicher Begründung *Middel*, S. 102 ff.; *Wolff / Bachof*, Verwaltungsrecht III, § 156 V a, S. 341, Rdnr. 52; *Badura*, in: Erichsen / Martens, § 39 II, S. 337.

30 Darauf weist auch *Henke*, Wirtschaftssubventionen, S. 204 Fußn. 1, hin.

31 *Motive I*, S. 165.

32 Dieses Faktum betont auch *Eduard Wahl*, S. 1, 5 f.

Abschluß dieser Verträge verkehrsfreundlich regeln[33]. Die Situation beim Antrag auf Erlaß eines Verwaltungsaktes unterscheidet sich davon aber schon dadurch, daß die Behörde die für den Erlaß des Verwaltungsaktes nötigen personellen und sachlichen Mittel ohnehin zur Verfügung hat, weil sie durch die gesetzliche Vorgabe der Antragsmöglichkeit auf diese eingerichtet ist und daher keine Deckungskäufe u. ä. vorzunehmen braucht. Zudem muß die Behörde schon deshalb von dem Unterbreiten anderer „Angebote" absehen, weil sie dies bei mitwirkungsbedürftigen Verwaltungsakten gar nicht darf[34], und sie kann auch keine Anträge anderer Antragsteller ablehnen, sofern sie gesetzlich dazu verpflichtet ist, ihnen zu entsprechen. In letztgenannter Hinsicht ergeben sich auch dann keine Probleme, wenn die auf Antrag durch den Verwaltungsakt zu gewährenden Leistungen kapazitiv begrenzt sind. Zwar wäre es unter Umständen ein interessenwidriges Resultat, wenn etwa bei einer Zulassung zu Marktveranstaltungen ein Antrag des Antragstellers A_2 deshalb abgelehnt werden müßte, weil keine weiteren Plätze mehr zur Verfügung stehen, nun aber der frühere Antragsteller A_1 seinen Antrag noch zurücknehmen könnte. Unangemessen ist dieses Ergebnis aber nur dann, wenn auf diese Weise die fragliche Veranstaltung nur unvollkommen ausgelastet wird. Dazu kann es jedoch nicht kommen, da die Behörde den Antrag des grundsätzlich den Zulassungsvoraussetzungen entsprechenden A_2 „mangels Masse" erst dann zurückweisen darf, wenn über die Zulassung der Vorbewerber wirksam entschieden wurde. Ist aber A_1 die Zulassung schon durch Verwaltungsakt gewährt worden, so darf er seinen Antrag ohnehin nicht mehr zurücknehmen. Schließlich besteht auch kein erhebliches Bedürfnis der Behörde an einer gesicherten Überlegungsfrist, damit sie in Ruhe darüber nachdenken kann, ob sie einem Antrag entspricht oder nicht[35]. Da die behördliche Entscheidung nämlich rechtlich determiniert ist und daher den rechtlichen Anforderungen entsprechen muß, kann sie, sofern sie diese Vorgaben beachtet und damit rechtmäßig ist, zwar unter Umständen noch als unzweckmäßig angesehen werden[36], aber keine nachteiligen Folgen rechtlich erheblicher Art nach sich ziehen. Überdies ist die Behörde immer dazu verpflichtet, reiflich zu überlegen, und die gesetzliche Pflicht zur Anwendung der Rechtsnormen rationalisiert den Entscheidungsprozeß und beugt übereilten Entscheidungen vor.

---

[33] Der Gesetzgeber lehnte deshalb eine Schadensersatzlösung auch ausdrücklich ab, weil diese vermutlich zu heiklen Prozessen führe und daher nicht verkehrsfreundlich sei, vgl. *Motive I*, S. 165.

[34] Siehe I. Teil, 1. Kap., B.

[35] Einen vergleichbaren Sinn des § 145 BGB betont *Larenz*, § 27 I c, S. 509.

[36] Die Differenzierbarkeit von Rechtmäßigkeit und Zweckmäßigkeit eines Verwaltungsaktes ergibt sich etwa aus § 68 I 1 VwGO.

Demnach sind die Gründe, die den Gesetzgeber in § 145 BGB zur Anordnung der Bindung des Antragstellers bewogen haben, für den Antrag auf Erlaß des Verwaltungsaktes nicht einschlägig; folglich kann man § 183 BGB in der Tat den allgemeinen Grundsatz entnehmen, daß Erklärungen bis zum Eintritt der Gesamtwirkungen zurückgenommen werden können[37], weil nach § 183 BGB die Rücknahme erst ausgeschlossen ist, wenn die mit der Einwilligung beabsichtigten Rechtsfolgen eingetreten sind, also die einwilligungsbedürftige Erklärung — hier der Verwaltungsakt — wirksam geworden ist. Diesen sowohl in den prozessualen Klagerücknahmevorschriften als auch im BGB enthaltenen Gedanken hat der Gesetzgeber durch § 30 I 3 BBG, § 46 III 5 SoldG und § 362 AO in das öffentliche Recht übernommen, womit diese also nur ohnehin geltende Rechtsgedanken wiedergeben. Die Einschränkung der Rücknahme durch die Zwei-Wochen-Frist in § 30 I 3 BBG und § 46 III 5 SoldG beruht auf der Besonderheit, daß die Entlassungsbehörde frühzeitig Klarheit darüber haben muß, ob der Beamte bzw. Soldat aus dem Dienst ausscheidet oder nicht, da sie einem Ausscheiden durch eine Neueinstellung Rechnung tragen muß und daher einer frühzeitig sicheren Dispositionsgrundlage bedarf[38]. Entsprechend sieht § 362 AO wegen der anderen Interessenlage, die ihm zugrundeliegt, eine ähnliche Einschränkung der Rücknahme auch nicht vor. Die grundsätzliche[39] Möglichkeit der Rücknahme eines Antrages bis zum Wirksamwerden des Verwaltungsaktes erweist sich auch deshalb als angebracht, weil der Erlaß des Verwaltungsaktes nur sinnvoll ist, wenn der Antragsteller dies wünscht, und die Behörde kein Interesse daran hat, ihn gegen seinen Willen an seinem Antrag festzuhalten[40].

Hingegen besteht für die Rücknahme über den Zeitpunkt der Wirksamkeit des Verwaltungsaktes hinaus bei rein begünstigenden Verwaltungsakten kein Bedürfnis, weil der Begünstigte die Befugnis zum einseitigen Verzicht besitzt[41], während die Rücknahme bei belastenden Verwaltungsakten nach Eintritt deren Wirksamkeit unzulässig ist, da sie einem nicht zulässigen Verzicht auf die durch den Verwaltungsakt getroffene Regelung gleichkommt[42].

---

37 *Middel*, S. 102 ff.

38 *Middel*, S. 107 f.

39 § 30 I 3 BBG und § 46 III 5 SoldG wird man entsprechend auf Entlassungen aus anderen — freiwilligen — Sonderstatusverhältnissen anwenden können. Dazu auch *Middel*, S. 108 m. w. N.

40 Ebenso *Krause*, VerwArch. 1970, S. 297, 321.

41 *Middel*, S. 105.

42 *Middel*, S. 105; weniger überzeugend ist allerdings Middels Argument, die Rücknahme eines Antrages komme nach Wirksamwerden des Verwaltungsaktes deshalb nicht mehr in Betracht, weil der Antragsteller die Rechtswirkungen des Verwaltungsaktes rechtmäßig nur zusammen mit der

3. *Erklärungsgegner und Form der Rücknahmeerklärung*

Die Rücknahme ist gegenüber der Behörde zu erklären, bei der der Antrag gestellt werden mußte[43].

Ob die Rücknahmeerklärung der gleichen Form bedarf wie der Antrag, ist abhängig vom mit der Formvorschrift verfolgten Zweck. Will diese den Antragsteller lediglich vor einer übereilten Antragstellung schützen, so ist es sinnvoll, die Rücknahme des Antrages nicht dadurch zu erschweren, daß man sie einem Formgebot unterwirft[44], es erscheint vielmehr angebracht, dem Antragsteller, der an den Rechtsfolgen seines Antrages nicht mehr festgehalten werden möchte, nun auch eine erleichterte Lösungsmöglichkeit zu verschaffen. Anders ist hingegen zu entscheiden, wenn die Formvorschrift zumindest auch Beweiszwecken dient, also das „Ob" und „Wie" der Antragstellung unzweideutig festlegen soll. Diese der Rechtssicherheit dienende Funktion würde nämlich unterlaufen, wenn derjenige, der den Antrag schriftlich stellen muß, nunmehr geltend machen könnte, er habe den Antrag mündlich oder in sonstiger Weise zurückgenommen.

II. Die Rücknahme eines Antrages auf Abschluß eines öffentlich-rechtlichen Vertrages

Die Rücknahme eines Vertragsantrages nach seinem Wirksamwerden[45] ist gemäß § 62 S. 2 VwVfG i. V. m. § 145 BGB dann grundsätzlich[46] ausgeschlossen, wenn § 145 BGB über die Verweisungsvorschrift des § 62 S. 2 VwVfG entsprechend gilt, also die Interessenlage im öffentlichen Recht mit der des Zivilrechtes in den für die Anordnung der Bindungswirkung in § 145 BGB wesentlichen Punkten übereinstimmt.

Angesichts der „nur" entsprechenden nicht aber unmittelbaren Geltung überrascht, daß die nach Inkrafttreten des VwVfG erschienene Literatur ganz überwiegend § 145 BGB anwenden will, ohne zuvor die

Behörde erreichen könne und daher auch die Beseitigung der Rechtswirkungen nur zweiseitig geschehen dürfe. Diese formale Betrachtungsweise ist nämlich durch die Möglichkeit des einseitigen Verzichtes auf einen rein begünstigenden Verwaltungsakt widerlegt. Überdies vermag ja auch die Behörde einen mitwirkungsbedürftigen Verwaltungsakt einseitig nach §§ 48, 49 VwVfG aufzuheben.

[43] *Middel*, S. 108.

[44] *Middel*, S. 109, für den beamtenrechtlichen Entlassungsantrag, m. w. N.

[45] Hierfür gelten die gleichen Maßstäbe wie beim Antrag auf Erlaß eines Verwaltungsaktes, weil §§ 23 IV 1, 31 I VwVfG i. V. m. § 188 I BGB auch für die Annahme eines Vertragsangebotes gelten, für das die Behörde nach § 62 S. 2 VwVfG i. V. m. § 148 BGB eine Annahmefrist bestimmt hat. Siehe III. Teil, 1. Kap., A. I. 1.

[46] Es sei denn, der Antragende habe die Gebundenheit ausgeschlossen.

Interessenlage analysiert zu haben[47]. Vor Inkrafttreten des VwVfG war die Anwendung des § 145 BGB nämlich umstritten, weil manche Autoren von einer abweichenden Interessenlage im öffentlichen Recht ausgingen, welche eine Bindung des Antragenden gerade nicht verlange[48]. § 62 S. 2 VwVfG hat die Rechtslage aber allenfalls insoweit geändert, als nunmehr klargestellt ist, daß die entsprechende Anwendung des § 145 BGB nicht bereits daran scheitert, daß eine Analogie zu zivilrechtlichen Vorschriften im öffentlichen Recht grundsätzlich ausscheidet. § 62 S. 2 VwVfG dispensiert hingegen nicht von der Feststellung, ob im konkreten Fall die Gleichartigkeit der Interessenlage gegeben ist, da die zivilrechtlichen Normen eben nur dann entsprechend angewendet werden können.

Im Gegensatz zum Zivilrecht besteht beim Antrag auf Abschluß eines öffentlich-rechtlichen Vertrages ebensowenig wie beim Antrag auf Erlaß eines mitwirkungsbedürftigen Verwaltungsaktes ein erhebliches Bedürfnis der Behörde an der Gewährung einer gesicherten Überlegungsfrist, um Vor- und Nachteile des Vertrages in Ruhe, also ohne die Befürchtung, der Antragende könne seinen Antrag zurücknehmen, abwägen zu können[49]. Die Behörde ist nämlich ohnehin zu reiflicher Überlegung verpflichtet, weil sie wegen ihrer aus Art. 20 III GG resultierenden Gesetzesbindung jedenfalls prüfen muß, ob sie den Antrag überhaupt annehmen darf, ob also die Annahme des Antrages zu einem rechtmäßigen öffentlich-rechtlichen Vertrag führt. Im Rahmen ihres Vertragsschließungsermessens nach § 54 VwVfG hat sie dabei auch die Folgen des Vertrages zu beachten, und eine rechtmäßige Handhabung des Ermessensspielraumes schließt nachteilige Folgen erheblicher Art grundsätzlich aus[50]. Hingegen entspricht die Interessenlage der des Zivilrechtes, wenn man die übrigen Motive für die Bindungswirkung des § 145 BGB in den Blick nimmt. Ebenso wie dort und anders als beim Verwaltungsakt[51] darf die Behörde nämlich auch ihrerseits Vertragsanträge unterbreiten, so daß eine Gebundenheit des Antragenden sinn-

---

47 Etwa *Obermayer*, VwVfG, § 62 Rdnr. 43; *Meyer*, in: Meyer / Borgs, § 62 Rdnr. 13; *Bonk*, in: Stelkens / Bonk / Leonhardt, § 62 Rdnr. 16; *Knack*, in: Knack, § 62 Anm. 3. A. A. *Henke*, Wirtschaftssubventionen, S. 204, allerdings allein unter Bezugnahme auf die Zwecke der Wirtschaftssubventionen.

48 So wohl *Krause*, JuS 1972, S. 425, 428; zurückhaltender noch *Krause*, VerwArch. 1970, S. 297, 321. *Hofacker*, S. 28 f. Anders hingegen Art. 48 EVRO W, der zwar ebenfalls nur die entsprechende Anwendung der Rechtsvorschriften des BGB anordnet, nach der Begründung aber gerade auch die Gebundenheit des Antragenden entsprechend § 145 BGB vorschreiben will, siehe *Kommission für die Landesordnung des Allgemeinen öffentlichen Rechts*, S. 180 f.

49 Siehe III. Teil, 1. Kap., A. I. 2.

50 Dazu III. Teil, 1. Kap., A. I. 2.

51 III. Teil, 1. Kap., A. I. 2.

voll erscheint, weil die Behörde gegebenenfalls, nachdem ihr das Vertragsangebot des Privaten zugegangen ist, im Vertrauen auf dessen Bestand davon absehen wird, selbst an Dritte Angebote zu richten. Dieses Unterlassen ist für sie dann nachteilig, wenn das durch den Vertrag zu erreichende Ziel im gegenwärtigen erheblichen Interesse der Behörde liegt, da sie — nach Rücknahme des Antrages — nun erst zu einem späteren Zeitpunkt Kontakt mit anderen geeigneten Vertragspartnern aufnehmen kann. Diese Beeinträchtigung ihrer Interessen wird dann noch plastischer, wenn die Behörde in der Zwischenzeit an sie gerichtete Angebote eines anderen Privaten abgelehnt hat, wozu sie berechtigt ist, weil, abweichend von der Situation beim Antrag auf Erlaß eines Verwaltungsaktes, ein Anspruch auf Abschluß eines öffentlich-rechtlichen Vertrages regelmäßig nicht besteht. Hat die Behörde aber das zweite Angebot abgelehnt, weil das erste günstiger war und sie auf dessen Bestand vertraute, so besteht nach Rücknahme des ersten Antrages die Gefahr, daß nunmehr auch die zweitbeste Lösung nicht mehr erreichbar ist, weil der Zweit-Anbieter jetzt nicht mehr bereit ist, einen Vertrag zu den zuvor noch akzeptierten Bedingungen zu schließen. Weil der öffentlich-rechtliche Vertrag sein natürliches Anwendungsgebiet dort findet, wo die Rechtsbeziehungen zwischen Verwaltung und Bürger Räume der freien Disposition eröffnen[52], verfügt die Behörde auch nicht stets über die Mittel, die sie zur Vertragserfüllung benötigt[53]. Muß sie sich diese also mitunter erst vor Vertragsschluß beschaffen, so erleidet sie einen Schaden, wenn der Antragende danach noch von seinem Antrag zurücktritt, da nicht gewährleistet ist, daß die Mittel nunmehr noch sinnvoll genutzt werden können. Zu denken ist dabei etwa an sog. Industrieansiedlungsverträge. Dort kann es nämlich vorkommen, daß das ansiedlungswillige Unternehmen — u. U. nach längeren Vorverhandlungen — der Gemeinde ein Angebot unterbreitet, in dem die Ansiedlung auf einem Grundstück beabsichtigt ist, welches noch gar nicht im Eigentum der Gemeinde steht. Ist die Gemeinde an der Ansiedlung interessiert, so muß sie versuchen, Eigentümer des Grundstückes zu werden, kann das Angebot auf Abschluß des Ansiedlungsvertrages aber erst annehmen, wenn sie etwa Klarheit darüber hat, daß sie das Grundstück vom Eigentümer zu einem angemessenen Preis erwerben kann, mit anderen Worten, wenn sie jedenfalls den Kaufvertrag über das Grundstück abgeschlossen hat. Nimmt das Unternehmen nun seinen Antrag auf Abschluß des Ansiedlungsvertrages zurück, so verfügt die Gemeinde über ein Grundstück, das sie gegebe-

---

[52] *Ossenbühl*, JuS 1979, S. 681, 684.

[53] Darauf weist etwa auch die *Kommission für die Landesordnung des Allgemeinen öffentlichen Rechts*, S. 181, hin. Hinsichtlich des Verwaltungsaktes siehe III. Teil, 1. Kap., A. I. 2.

nenfalls gar nicht mehr benötigt und auch nicht zu einem kostendeckenden Preis veräußern kann. Obwohl diese Probleme gewiß nicht bei allen öffentlich-rechtlichen Verträgen auftauchen, sind sie doch nicht als Ausnahme anzusehen, so daß die Interessenbewertung des BGB-Gesetzgebers — Bindung des Antragenden zur Vermeidung dieser Nachteile — auch im öffentlichen Recht sachgerecht ist, weil ja auch im Zivilrecht diese Konflikte nicht bei allen Verträgen auftauchen müssen.

Gegenüber diesen Erwägungen, die für eine entsprechende Anwendung des § 145 BGB sprechen, sind die Ausführungen von *Hofacker*[54] und *Henke*[55], die eine entsprechende Anwendung des § 145 BGB ablehnen, nicht stichhaltig. Bei *Hofackers* Argumentation überzeugt schon die Ausgangsthese nicht, daß der öffentlich-rechtliche Vertrag durch eine bloße Willensübereinstimmung gekennzeichnet sei, die sich etwa vom typischen „Geben "und „Nehmen" des zivilrechtlichen Vertrages unterscheide. Daß dies nicht zutrifft, belegt der Austauschvertrag nach § 56 VwVfG, der sich durch Leistung und Gegenleistung auszeichnet und daher wie der typische zivilrechtliche Vertrag auf „Geben" und „Nehmen" gerichtet ist. Wenn *Henke* die Rücknehmbarkeit eines Antrages auf Erlaß eines mitwirkungsbedürftigen Verwaltungsaktes darauf stützt, daß dieser im allgemeinen oder ganz überwiegenden Interesse des Antragstellers ergehe, während der Vertragsschluß des BGB beiderseits korrespondierende Interessen voraussetze, und betont, die Subventionsvergabe liege sowohl im privaten als auch im öffentlichen Interesse, dann müßte er auf den Subventionsvertrag konsequenterweise § 145 BGB anwenden. Seine These, das Verhältnis gleiche hier dem zwischen Antragsteller und Behörde etwa im Bau- und Gewerberecht, also doch wohl beim Antrag auf Erlaß eines mitwirkungsbedürftigen Verwaltungsaktes, ist angesichts seiner Vorüberlegungen schwer verständlich.

§ 145 BGB ist demnach über § 62 S. 2 VwVfG auf den Antrag auf Abschluß eines öffentlich-rechtlichen Vertrages anwendbar. Hat der Antragsteller aber seine Gebundenheit an den Antrag gemäß § 62 S. 2 VwVfG i. V. m. § 145 BGB ausgeschlossen, so ist die Rücknahmeerklärung gegenüber der Behörde abzugeben, bei der der Vertragsantrag gestellt wurde. Sie bedarf der Schriftform, weil die nach § 57 VwVfG für den Vertragsantrag vorgeschriebene Schriftform[56] nicht nur dem Schutz vor Übereilung, sondern auch der Rechtssicherheit dient[57].

---

[54] Siehe III. Teil, 1. Kap., A. II. Fußn. 48.

[55] Dazu III. Teil, 1. Kap., A. II. Fußn. 47.

[56] Siehe II. Teil, 4. Kap., D.

[57] *Bonk*, in: Stelkens / Bonk / Leonhardt, § 57 Rdnr. 4; dazu auch III. Teil, 1. Kap., A. I. 3.

B. Die Änderung des Antrages

I. Die Änderung eines Antrages auf Erlaß eines mitwirkungsbedürftigen Verwaltungsaktes

Die von den Prozeßordnungen[58] unter bestimmten Voraussetzungen für zulässig erklärte Klageänderung ist prozeßökonomisch gegenüber der Alternative einer Klagerücknahme mit erneuter Klageerhebung vorzugswürdig, da im Falle der Klageänderung für die geänderte Sache die bisherige Prozeßführung genutzt werden kann[59]. Nimmt der Kläger hingegen seine Klage zurück und erhebt dann die geänderte Klage, so bedarf es wegen § 101 I VwGO und § 128 I 3 ZPO[60] einer erneuten Verhandlung auch über die bereits im „alten" Verfahren behandelten und erledigten Streitpunkte. Da die Entscheidung im allgemeinen Verwaltungsverfahren jedoch nicht aufgrund einer zwingend vorgeschriebenen mündlichen Verhandlung ergeht[61], widerspricht es der Verfahrensökonomie grundsätzlich nicht, den Antragsteller auf die zulässige Rücknahme seines Antrages in Verbindung mit einer neuen Antragstellung zu verweisen. Dieses Vorgehen ist aber für den Antragsteller unter Umständen in zweifacher Weise nachteilig. Zunächst führt die Rücknahme des Antrages nach den Gebührengesetzen der Länder grundsätzlich zu einer Kostentragungspflicht des Antragstellers, die dann, wenn der Zweit-Antrag auch den Erst-Antrag umfaßt, unangemessen erscheint, weil in diesem Falle der Antragsteller die Gebühr für den Erst-Antrag zweimal bezahlen müßte[62]. Zudem ergeben sich Probleme hinsichtlich der Fristwahrung. Ist etwa für Anträge auf Gewährung von Subventionsleistungen eine Ausschlußfrist vorgesehen und begehrt der Antragsteller nunmehr z. B. statt einer Subvention in Höhe von DM 10 000,— nur noch einen geringeren Betrag, so ist der Zweit-Antrag nach Rücknahme des Erst-Antrages erfolglos, wenn er erst nach Fristablauf gestellt wird. Könnte der Antragsteller sein reduziertes Begehren jedoch im Wege der Antragsänderung geltend machen, so würde dem der Fristablauf nicht entgegenstehen, weil das reduzierte Begehren

---

58 Siehe lediglich §§ 263 ff. ZPO und § 91 VwGO.

59 *Arens*, Zivilprozeßrecht, § 15 II, S. 111, Rdnr. 170.

60 Aus diesen Normen ist zu folgern, daß grundsätzlich nur das Entscheidungsgrundlage werden darf, was Gegenstand der mündlichen Verhandlung war; siehe *Zeiss*, § 29 I, S. 70, und *Ule*, § 29 I 1, S. 135.

61 Anders im förmlichen Verwaltungsverfahren, § 67 VwVfG, und im Planfeststellungsverfahren, § 73 VI VwVfG.

62 Man denke etwa daran, daß die Genehmigung für das Anbringen von Werbeanlagen begehrt wird, § 82 I BauO NW, und der Antragsteller ursprünglich eine Werbefläche von 10 m^2, nun aber von 20 m^2 anbringen will. Vgl. AVwGebO NW, Tarifstelle 2.1.3.

nur eine Teil-Rücknahme des Antrages darstellt und nach Fristablauf sogar eine völlige Rücknahme des Antrages zulässig ist[63].

Da der Antrag auf Erlaß eines mitwirkungsbedürftigen Verwaltungsaktes grundsätzlich bis zum Wirksamwerden des erstrebten Verwaltungsaktes mit der Folge zurückgenommen werden kann, daß der Verwaltungsakt nunmehr nicht mehr erlassen werden darf, besteht bis zu diesem Zeitpunkt eine (Mit-)Dispositionsbefugnis des Antragstellers über den Erlaß des Verwaltungsaktes, die dafür spricht, ihm auch das Recht einzuräumen, seinen Antrag bis zum Wirksamwerden des Verwaltungsaktes mit der Folge zu ändern, daß die Behörde daraufhin nur noch über den geänderten Antrag entscheiden darf[64].

Diese Änderung ist nicht von einer Zustimmung der Behörde abhängig[65], da die Gründe, welche den Gesetzgeber in § 263 ZPO[66] dazu bewogen haben, die Zulässigkeit der Änderung einer zivilgerichtlichen Klage von der Einwilligung des Beklagten oder der Sachdienlichkeitserklärung des Gerichtes abhängig zu machen, auf Überlegungen basieren, die beim Antrag auf Erlaß eines Verwaltungsaktes nicht zutreffen. Soweit man nämlich den Zweck dieser Zulässigkeitsvoraussetzung wie bei § 269 II ZPO, also der Klagerücknahme, darin sieht, dem Beklagten ein Recht auf Urteil über den ursprünglich erhobenen Anspruch einzuräumen[67], vermag er eine entsprechende Anwendung des § 263 ZPO wegen der abweichenden Interessenlage[68] im Verwaltungsverfahren

---

63 Hingegen steht der Fristablauf einer Erweiterung des Antrages allemal entgegen. Vgl. in diesem Zusammenhang auch BVerwGE 40, S. 25, 31 ff. — Unzulässigkeit der Klageänderung nach Fristablauf —, und die großzügigere Rechtsprechung der Zivilgerichte, RGZ 12, S. 299, 300 f.; 119, S. 362, 365; BGHZ 25, S. 225, 227 f. Den letztgenannten Urteilen lagen aber stets Fallgestaltungen zugrunde, in denen gegen die Entscheidung einer Behörde nur innerhalb einer bestimmten Frist geklagt werden durfte. Die Gerichte meinten, die Entscheidung verliere mit Klageerhebung im ganzen Umfang ihre Bedeutung, so daß von da ab die Prozeßordnungen bestimmen sollten, in welchem Ausmaß Ansprüche verfolgt werden könnten; in diesem Sinne auch BGH, VersR 1973, S. 53, 54. Nach *Hartmann*, in Baumbach / Lauterbach, § 264 Anm. 2 C, soll die Klagefrist einer Klageerweiterung keine Grenzen setzen. Kritisch zur überwiegenden zivilprozessualen Auffassung *Grunsky*, Grundlagen, § 13 II 1, S. 124.

64 Auch *Kopp*, VwVfG, § 22 Rdnr. 33 ff. m. w. N., hält die Antragsänderung für zulässig. Von einer Definition der Antragsänderung wird hier abgesehen, da sie wie im Zivil- und Verwaltungsprozeßrecht sehr problematisch ist und angesichts der ohnehin beschränkten Bedeutung der Antragsänderung im Verwaltungsverfahren nicht erforderlich scheint. Im übrigen kann hierfür auf den Meinungsstand im Zivil- und Verwaltungsprozeßrecht verwiesen werden, vgl. statt vieler *Rosenberg / Schwab*, § 102 I, S. 584 ff. Zum Verwaltungsprozeßrecht siehe etwa *Redeker / von Oertzen*, § 91 Anm. 1 ff.

65 Ebenso *Kopp*, VwVfG, § 22 Rdnr. 35 m. w. N.

66 Entsprechendes gilt für § 91 VwGO.

67 So *Rosenberg / Schwab*, § 102 II 3, S. 591 m. w. N.

68 Siehe III. Teil, 1. Kap., A. I. 2.

nicht zu rechtfertigen. Eine entsprechende Anwendung scheidet aber auch aus, falls man meint, § 263 ZPO wolle eine Erschwerung der Verteidigung des Beklagten aufgrund eines Angriffes aus einer bisher nicht erwarteten Richtung verhindern[69]. Weil das Verwaltungsverfahren nur die primäre Phase der Rechtsverwirklichung betrifft[70], befindet sich die Behörde nämlich, anders als der Beklagte im Prozeß, nicht in der Rolle eines sich gegen die Anträge des Klägers Verteidigenden, sondern vielmehr in der Position desjenigen, der erstmals zur Verwirklichung des materiellen Rechtes berufen ist. Da mithin der Antrag keine der Behörde wirklich oder vermeintlich nachteilige Wirkung haben kann, stellt auch seine Änderung keinen — zusätzlichen — Angriff dar. Der Antragsteller kann daher in den beiden obengenannten Fällen die ihm bei einer Rücknahme des Erst-Antrages und Stellung eines Zweit-Antrages nachteiligen Folgen durch eine Antragsänderung vermeiden.

II. Die Änderung des Antrages auf Abschluß eines öffentlich-rechtlichen Vertrages

Während die Änderung des Antrages auf Abschluß eines öffentlich-rechtlichen Vertrages auf keine Bedenken stößt, solange der Vertragsantrag noch nicht wirksam geworden ist, vermag sie nach diesem Zeitpunkt die Bindung an den Erst-Antrag nur dann zu verhindern, wenn der Antragende gemäß § 62 S. 2 VwVfG i. V. m. § 145 BGB die Gebundenheit an den Antrag ausgeschlossen hat.

[69] So *Groß*, ZZP 1962, S. 93, 99 ff., besonders S. 101; *Rimmelspacher*, Materieller Anspruch, § 19 III, S. 352 f.

[70] Dazu III. Teil, 1. Kap., A. I. 2.

Zweites Kapitel

Die Bedeutung von Willensmängeln bei der Antragstellung

Die Erörterung der Bedeutung von Willensmängeln des Antragstellers beim Antrag auf Erlaß eines Verwaltungsaktes oder Abschluß eines öffentlich-rechtlichen Vertrages erfordert zuvor eine Definition des Erörterungsgegenstandes „Willensmangel“. Da diese einerseits umfassend alle möglichen Willensmängel berücksichtigen muß, um nicht von vornherein die Diskussion ungerechtfertigt zu verengen, andererseits aber hinreichende Präzision in der Abgrenzung zu den „Nicht-Willensmängeln“ erfordert, bietet sich ein Rückgriff auf das bürgerliche Recht an, welches Willensmängeln in §§ 116 ff. BGB umfassend Rechnung trägt und darüber hinaus dem Gesetzgeber in § 23 des 1. StAngRegG und § 9 I 1 des 2. StAngRegG i. V. m. § 23 des 1. StAngRegG, welche Willensmängel von Privatpersonen bei der Abgabe öffentlich-rechtlicher Erklärungen betreffen, teilweise als Vorbild gedient hat[1].

Das bürgerliche Recht unterscheidet zwischen dem Handlungs-, Erklärungs- und Geschäftswillen einerseits[2] und dem Inhalts- und Erklärungsirrtum andererseits[3]. Die erste Differenzierung bezieht sich darauf, inwieweit eine Erklärung überhaupt vom Willen getragen wird. Der Handlungswille fehlt, wenn die Erklärung auf gar keinen Willensentschluß zurückgeht, sondern etwa Äußerungen im Schlaf oder in Hypnose vorliegen[4]. Weiß der Betreffende zwar, daß er handelt und will er dies auch, fehlen ihm aber Wissen und Wollen bezüglich der rechtlichen Bedeutsamkeit seiner Handlung, so fehlt ihm das Erklärungsbewußtsein[5]. Der Geschäftswille schließlich meint die Ausrichtung

---

[1] § 12 I Nr. 1, 2, II Nr. 2 BBG; § 53 II Nr. 1 GewO und § 48 II 3 Nr. 1 VwVfG betreffen hingegen „Willensmängel“ der Behörde. Zur Strukturverschiedenheit dieser Normen im Vergleich mit §§ 116 ff. BGB siehe III. Teil, 2. Kap., A. II. 4. b) aa).

[2] Dazu etwa *Brox*, S. 49 ff.

[3] Siehe lediglich § 119 I BGB.

[4] *Medicus*, Bürgerliches Recht, S. 65, Rdnr. 129.

[5] *Medicus*, Bürgerliches Recht, S. 65 f., Rdnr. 130. Die Rechtsfolgen beim Fehlen des Erklärungsbewußtseins sind streitig, siehe *Medicus*, Bürgerliches Recht, S. 65, Rdnr. 130, mit Überblick über den Streitstand.

der Erklärung auf einen bestimmten rechtlichen Erfolg[6]. Je nachdem, ob Mängel des Geschäftswillens schon in der Phase der Willensbildung auftreten oder erst die Phase der Erklärung des Willens betreffen, spricht man entweder von einem sog. Motivirrtum, den das BGB nur in § 119 II BGB für beachtlich erklärt[7] oder von einem Inhalts- und Erklärungsirrtum[8], der nach § 119 I BGB stets zur Anfechtung berechtigt, wenn anzunehmen ist, daß die Erklärung bei verständiger Würdigung des Falles in Kenntnis der Sachlage nicht abgegeben worden wäre. § 123 BGB bezieht sich hingegen nicht auf die Art der Willensmängel, sondern auf bestimmte Modalitäten der Willensbeeinflussung, die aber auch im öffentlichen Recht auftreten können, so daß sich auch hier die Frage nach deren Folgen stellt[9].

A. Der Antrag auf Erlaß eines mitwirkungsbedürftigen Verwaltungsaktes

I. Das Verhältnis von Wille und Erklärung

Die Bedeutung von Willensmängeln beim Antrag auf Erlaß eines Verwaltungsaktes hängt davon ab, ob die Rechtsfolgen des Antrages sich zunächst nach dem Willen oder der Erklärung bestimmen. Sollte nämlich immer die gewollte Rechtsfolge eintreten, also auch dann, wenn sie von der erklärten abweicht, so scheidet die Anfechtbarkeit von Anträgen entsprechend §§ 119 ff. BGB von vornherein aus, da sie nämlich voraussetzt, daß die eingetretene Rechtsfolge und die gewollte Rechtsfolge divergieren. Tritt jedoch ex lege grundsätzlich zunächst die Rechtsfolge ein, welche dem objektiven Erklärungsgehalt entspricht, so stellt sich die Frage, ob dem wahren Willen des Antragstellers durch Beseitigung der Rechtsfolgen Rechnung getragen werden kann. Jedenfalls aber kann der Wille Rechtsfolgen nur dann haben, wenn überhaupt eine Erklärung vorliegt, da die Behörde als Erklärungsgegner den Willen des Antragstellers nur aus der Erklärung ermitteln kann[10],

---

[6] *Medicus*, Bürgerliches Recht, S. 66, Rdnr. 131.

[7] So *Lehmann / Hübner*, § 34 III 1 e, S. 263, und die bei *Enneccerus / Nipperdey*, § 168 I, S. 1042, mit Nachweisen pro et contra, Genannten. Wegen der identischen Rechtsfolgen kommt es auf eine Stellungnahme zum Meinungsstreit nicht an.

[8] Zur Abgrenzung der beiden Irrtumsarten siehe etwa *Hadding*, in: Beuthien / Hadding, § 119 Anm. II 1.

[9] Ein Willensmangel liegt aber nur vor, wenn Täuschung und Drohung für den Antrag ursächlich sind, nicht also, wenn der Antragsteller die Erklärung auch ohne die Täuschung oder Drohung abgegeben hätte, vgl. *Heinrichs*, in: Palandt, § 123 Anm. 4.

[10] *Brox*, S. 91, meint, es sei logisch nicht ausgeschlossen, die Rechtswirkungen allein an den inneren Willen zu knüpfen. Er relativiert seine Aus-

weil die Feststellung des rein internen Willens für sie unmöglich ist. Ist die Erklärung mithin für den Eintritt der Rechtsfolge notwendig, so bleibt zu klären, ob sie auch hinreichend ist, ob also im Falle einer Nichtübereinstimmung von Wille und Erklärung stets das Erklärte unabhängig vom Willen gilt, oder aber, ob dann die erklärte Rechtsfolge nicht eintritt, weil sie von der gewollten abweicht. Die Lösung dieses Problemes folgt nicht automatisch aus der Notwendigkeit einer Erklärung, da es ein erheblicher Unterschied ist, ob man ohne Erklärung das Gewollte gelten läßt oder ohne entsprechenden Willen das Erklärte nicht gelten läßt. Im ersten Falle ist nämlich die Rechtslage für den Erklärungsgegner völlig ungewiß, da eine Vielzahl gewollter Rechtsfolgen in Betracht kommt, während im zweiten Falle lediglich offen ist, ob das Erklärte gilt oder nicht, die Unsicherheit also auf zwei Varianten beschränkt bleibt und im Regelfalle ohnehin von einer Übereinstimmung von Wille und Erklärung auszugehen ist[11].

Im Gegensatz zum Zivilrecht, welches in den §§ 116 ff. BGB zu erkennen gibt, daß grundsätzlich die erklärte Rechtsfolge eintritt, wenn sie auch unter den in §§ 119 ff. BGB näher bezeichneten Umständen nach § 142 BGB ex-tunc wieder beseitigt werden kann, fehlt es im öffentlichen Recht an einer Entscheidung des Gesetzgebers. Die Anfechtungstatbestände des § 23 des 1. StAngRegG und des § 9 I 1 des 2. StAngRegG i. V. m. § 23 des 1. StAngRegG können nämlich sowohl eine nur für ihren Bereich geltende Einschränkung eines im übrigen bestehenden Prinzipes der automatischen Nichtigkeit einer vom Willen abweichenden Erklärung sein als auch eine lediglich bereichsspezifische Relativierung eines Grundsatzes der willensunabhängigen Geltung des Erklärten darstellen wie auch Ausdruck eines allgemein geltenden Prinzipes des öffentlichen Rechts sein.

Daß grundsätzlich die erklärte Rechtsfolge eintritt, ergibt sich jedoch bei sachgerechter Abwägung der Interessen, welche gegen die durch eine automatische Nichtigkeit der nichtgewollten Erklärung entstehende Unsicherheit sprechen[12]. Dem Interesse des Antragstellers an einem seinem wahren Willen entsprechenden Rechtszustand, also seinem Interesse an Selbstbestimmung, welches isoliert betrachtet einen Vorrang des Willens gegenüber der Erklärung gebietet, steht nämlich das der Rechtssicherheit zuzuordnende Interesse[13] der Behörde an Rechts-

---

sage aber dadurch, daß er ausführt, die rein seelischen Vorgänge eines Menschen seien für einen anderen nur erkennbar aus einem mit den Sinnen wahrnehmbaren Verhalten.

[11] Dies betont auch *Arens*, Willensmängel, S. 34 m. w. N. Auch die Anhänger der Willenstheorie im Zivilrecht gingen übereinstimmend davon aus, daß die gewollte Rechtsfolge ohne Erklärung nicht eintritt, vgl. *Brox*, S. 36 ff.

[12] Unbestritten. Siehe statt vieler *Krause*, VerwArch. 1970, S. 297, 327.

klarheit, also der Gewißheit über die eingetretenen Rechtsfolgen, entgegen, weil sie aufgrund der Rechtsfolge verfahrensrechtliche Dispositionen vornehmen muß — Prüfung des Begehrens und unter Umständen Erlaß des Verwaltungsaktes — und dazu einer sicheren Dispositionsgrundlage bedarf. Wäre nämlich die Erklärung des Antragstellers wegen eines Willensmangels ex lege nichtig, so hätte dies auf jeden Fall auch die Rechtswidrigkeit des mitwirkungsbedürftigen Verwaltungsaktes zur Folge, der entsprechend dem objektiv erklärten Begehren erlassen wird, ohne daß die Behörde von dieser Rechtswidrigkeit Kenntnis hätte. Die Gegenüberstellung von Selbstbestimmung und Rechtsklarheit darf aber nicht unverbunden erfolgen[14]; zu fragen ist vielmehr, wie das Interesse an Rechtsklarheit mit dem an Selbstbestimmung vereinbar ist, wobei sich die der Selbstbestimmung korrelierende Selbstverantwortung[15] als entscheidendes Moment erweist. Wer nämlich autonom darüber entscheiden kann, welche Rechtsfolgen er setzen will, wer also den Vorgang, der zu bestimmten Folgen führt, beherrscht, dem kann auch die Verantwortung für die entstandenen Folgen auferlegt werden, denn sie fallen in seine Risikosphäre[16]. Folglich ist es angemessen, daß grundsätzlich die dem objektiven Erklärungsgehalt entsprechende Rechtsfolge eintritt, weil andernfalls die Rechtsklarheit in nicht vertretbarem Maße beeinträchtigt wäre.

Beruht die Geltung des Erklärten folglich auf einem wegen der Selbstverantwortung zulässigen Vorrang der Rechtsklarheit gegenüber den Interessen des Antragstellers an einem seinem wahren Willen entsprechenden Rechtszustand, so kommen Ausnahmen von diesem Grundsatz dann in Betracht, wenn das Interesse an Rechtsklarheit und/oder das Maß an Selbstverantwortung gegenüber dem „Normalfall“ geringer ausgeprägt ist.

II. Offensichtliche Willensmängel

1. Auslegung und offensichtlicher Willensmangel

Die Rechtsklarheit verlangt zunächst nicht, daß man den Erklärenden am buchstäblichen Sinne seines Antrages festhält, vielmehr sind bei der Ermittlung des Antragsinhaltes alle offensichtlichen Umstände zugrundezulegen, um den wahren Willen des Antragstellers festzustel-

---

13 Siehe die Aufteilung bei *Dencker*, S. 47.

14 Ebenso *Flume*, § 4 *8*, S. 61.

15 Auf die Bedeutung des Prinzipes der Selbstverantwortung verweisen: *Krause*, VerwArch. 1970, S. 297, 327; *Middel*, S. 115; *Larenz*, § 19 I, S. 324.

16 Konsequent ist daher die Wirksamkeit einer Erklärung bei fehlendem Handlungswillen ausgeschlossen, dazu II. Teil, 3. Kap., C. III.

len[17]. Unrichtig abgegeben i. S. des § 25 S. 1 VwVfG ist ein Antrag nämlich nicht nur, wenn er den gesetzlichen Anforderungen, wie Formvorschriften usw., nicht entspricht, sondern auch dann, wenn die Erklärung vom Willen abweicht. In gleicher Weise meint auch § 42 VwVfG, der die Berichtigung von Unrichtigkeiten im Verwaltungsakt regelt, mit „Unrichtigkeit" die Nichtübereinstimmung von Gewolltem und Erklärtem[18]. Zudem ist im Falle eines Irrtums die gewollte Erklärung versehentlich oder aus Unkenntnis i. S. des § 25 S. 1 VwVfG unterblieben. Wenn § 25 S. 1 VwVfG in diesen Situationen die Behörde aber verpflichtet, bei offensichtlichen Fehlern die Stellung oder Berichtigung des Antrages anzuregen, so folgt daraus als Minus, daß sie den wahren Willen zugrundezulegen hat, sofern er sich aus den Umständen ergibt. Erklärt also etwa ein Bauwilliger der Baubehörde gegenüber, er besitze ein Grundstück in der A-Straße und wolle dies bebauen, stellt dann aber einen Bauantrag für ein Grundstück in der B-Straße, so muß die Behörde aus den Umständen folgern, daß in Wahrheit das Grundstück in der A-Straße gemeint ist. Eine derartige Korrektur der Erklärung im Wege der Auslegung verbietet sich aber, wenn zwar bei verständiger Würdigung der Sachlage ein anderer als der objektiv erklärte Antrag für den Antragsteller günstiger ist, die Behörde aber nicht eindeutig erkennen kann, ob der Antragsteller subjektiv nicht gerade doch den gestellten Antrag will, denn mit dem Antragsrecht ist dem Antragsteller eine Möglichkeit zur Selbstbestimmung, also ein Autonomiebereich, eingeräumt, der aufgehoben wird, wenn man versucht, die Erklärung stets im Sinne des objektiv Vernünftigen auszulegen. Soweit also erhebliche Zweifel hinsichtlich des wahren Willens verbleiben, darf die Auslegung des Antrages nicht dem Prinzip der Meistbegünstigung des Bürgers[19] folgen, sondern die Behörde hat vielmehr gemäß § 25 S. 1 VwVfG beim Antragsteller nachzufragen und dergestalt seinen wahren Willen zu ermitteln[20]. Besteht mithin kein Rechtssicherheitsinteresse an der Geltung des buchstäblichen Sinnes des Erklärten, wenn aufgrund der Umstände der wahre Wille deutlich zu Tage tritt, so könnte entsprechendes gelten, wenn die Behörde erkennen kann, daß die Erklärung auf einem Willensmangel beruht, dies also offensichtlich ist, der wahre Wille sich jedoch nicht ohne weiteres aus den Umständen ergibt. Fraglich ist da-

---

[17] Im Ergebnis unbestritten. Überwiegend wird auf §§ 133, 157 BGB verwiesen; so etwa *Badura*, in: Erichsen / Martens, § 39 II, S. 337; *Krause*, VerwArch. 1970, S. 297, 322 m. w. N. in Fußn. 217; BVerwGE 16, S. 198, 203 ff. Nach *Erichsen / Martens*, in: Erichsen / Martens, § 10 II, S. 135, folgt dies aus §§ 24, 25 VwVfG.

[18] *Stelkens*, in: Stelkens / Bonk / Leonhardt, § 42 Rdnr. 5.

[19] Dazu *Krause*, VerwArch. 1970, S. 297, 323 m. w. N.

[20] So auch schon *Krause*, VerwArch. 1970, S. 297, 322.

her, wann ein offensichtlicher Willensmangel vorliegt und welche Konsequenzen dieser für die Wirksamkeit des Antrages und die Rechtmäßigkeit oder Wirksamkeit eines dennoch auf der Grundlage des „objektiven Erklärungsgehaltes" des Antrages erlassenen Verwaltungsaktes hat.

2. *Offensichtlichkeit des Willensmangels*

Ein offensichtlicher Willensmangel ist zunächst immer dann gegeben, wenn die Behörde[21] beobachtet, daß dem Antragsteller bei Stellung des Antrages ein Versehen unterläuft, muß aber auch bejaht werden, falls der Antragsteller erkennbar Interessen verfolgt, die mit dem gestellten Antrag gerade nicht erreicht werden können, oder falls die Behörde Kenntnis davon hat, daß der Antragsteller durch Täuschung oder widerrechtliche Drohung zur Stellung des Antrages bestimmt worden ist. Man denke etwa an den Fall, daß ein Bauwilliger der Behörde gegenüber erklärt, er besitze drei Grundstücke, jeweils eines in der A-, B- und C-Straße, und er wolle eines davon bebauen, dann aber einen Bauantrag überreicht, in dem die Erteilung einer Baugenehmigung für ein Grundstück in der D-Straße begehrt wird. Hier liegt offensichtlich ein Erklärungsirrtum des Antragstellers vor, die Behörde weiß aber nicht, für welches Grundstück der Antragsteller tatsächlich die Erteilung einer Baugenehmigung wünscht.

3. *Bedeutung des offensichtlichen Willensmangels für die Wirksamkeit des Antrages*

Ein mit einem offensichtlichen Willensmangel behafteter Antrag ist, soweit nicht der wahre Wille ermittelt wurde[22], schon deshalb unwirksam, weil in diesen Fällen kein schutzwürdiges Interesse der Behörde besteht, den Antragsteller am objektiv Erklärten festzuhalten[23], denn für die Behörde ist klar, daß er das Erklärte gerade nicht will. Falls Bedenken gegen die automatische[24] Nichtigkeit von mit Willensmängeln behafteten verfahrensrechtlichen Erklärungen auf den Gedanken der

---

[21] Die Offensichtlichkeit beurteilt sich nicht aus der Perspektive des jeweils betroffenen, sondern der eines durchschnittlichen Behördenbediensteten, vgl. *Leonhardt*, in: Stelkens / Bonk / Leonhardt, § 25 Rdnr. 9.

[22] Siehe III. Teil, 2. Kap., A. II. 1.

[23] So auch *Dencker*, S. 46, der einen bei der Abgabe vom Empfänger als fehlerhaft erkannten Rechtsmittelverzicht für unwirksam hält. Auf den fehlenden Vertrauensschutz weist auch *Brox*, S. 115 f., hin. Ebenso wird im Zivilprozeßrecht vertreten, eine mit einem offensichtlichen Willensmangel behaftete Prozeßhandlung sei unbeachtlich, dazu *Arens*, Willensmängel, S. 53 ff. m. w. N.

[24] Im Gegensatz zur Beachtlichkeit des Willensmangels nach seiner Geltendmachung im Wege der Anfechtung.

Rechtssicherheit gestützt werden[25], so ist zu entgegnen, daß diese bei offensichtlichen Willensmängeln gar nicht beeinträchtigt wird[26]. Im übrigen beruht die Annahme der Wirksamkeit, aber Anfechtbarkeit, auch solcher Erklärungen auf einer entsprechenden Anwendung der §§ 119 ff. BGB, die hier mangels Gleichartigkeit der Interessenlage nicht in Betracht kommt, wie im folgenden gezeigt wird.

Aus §§ 119 ff. BGB, insbesondere § 122 II BGB, folgt, daß im bürgerlichen Recht auch eine mit einem offensichtlichen Willensmangel behaftete Erklärung wirksam ist und die objektiv erklärte Rechtsfolge eintritt, sofern der wahre Wille nicht gemäß §§ 133, 157 BGB festzustellen ist. Wenn nämlich § 122 II BGB die Schadensersatzpflicht des Anfechtenden entfallen läßt, falls der Erklärungsgegner den Grund der Anfechtbarkeit kannte oder kennen mußte, was nur bei einem offensichtlichen Willensmangel möglich ist[27], so muß man daraus schließen, daß auch eine solche Erklärung als anfechtbare zunächst wirksam ist[28]. Zur Erklärung kann man anführen, der Erklärende solle es in der Hand haben, ob er das unter Umständen für ihn dennoch vorteilhafte Geschäft billigen wolle oder nicht. Dem Anfechtungsgegner ist es dagegen ohne weiteres zumutbar, den Schaden zu tragen, den er im „Vertrauen" auf den Bestand der Erklärung erleidet, da er das Anfechtungsrisiko sehenden Auges in Kauf nimmt.

Jedoch sprechen die gleichen Gründe, die die Durchführung eines Verwaltungsverfahrens ohne Antrag ausschließen, auch für die Unwirksamkeit des mit einem offensichtlichen Willensmangel behafteten Antrages[29]. Die Behörde würde nämlich bei Anwendung zivilrechtlicher Grundsätze sonst einen Verfahrensaufwand treiben müssen, der sich nach einer Anfechtung des Antrages als nutzlos erweist. Zudem würde sie erkennbar Rechtsunsicherheit in Kauf nehmen, weil die Anfechtung des Antrages und damit die Rechtswidrigkeit[30] des Verwaltungsaktes möglich ist[31]. Diese unangemessenen Folgen können nur durch die An-

---

25 *Klemp*, S. 108. *Arens*, Willensmängel, S. 58, hält das Merkmal der Offensichtlichkeit für zu unsicher. Beschränkt man „Offensichtlichkeit" aber wie hier auf eindeutige Fälle, so greift dieser Einwand nicht durch. Im übrigen verwendet auch § 44 I VwVfG das Kriterium der „Offenkundigkeit" und knüpft daran die Unwirksamkeit staatlicher Akte.

26 Ebenso *Dencker*, S. 46.

27 *Medicus*, Bürgerliches Recht, S. 72, Rdnr. 145, weist zu Recht darauf hin, daß § 122 II BGB nur Evidenzfälle betrifft.

28 *Kramer*, in: Münchener Kommentar, § 119 Rdnr. 45, und § 122 Rdnr. 9.

29 I. Teil, 1. Kap., B.

30 III. Teil, 2. Kap., A. IV. 3. c).

31 Nicht gefolgt werden kann *Arens*, Willensmängel, S. 58 f., der meint, die Unwirksamkeit einer mit einem offensichtlichen Willensmangel behafteten Prozeßhandlung sei der Prozeßökonomie nicht dienlich, eine Abkürzung

nahme der Unwirksamkeit des Antrages vermieden werden, da die Behörde, die Wirksamkeit des Antrages unterstellt, das Verfahren weiterbetreiben müßte.

Ein zusätzliches Argument für die Unwirksamkeit des Antrages könnte sich ergeben, sofern der offensichtliche Willensmangel auf behördliches Fehlverhalten zurückzuführen ist, weil dann die Selbstverantwortung des Erklärenden durch Fremdverantwortlichkeit des Erklärungsgegners überlagert wird und die Übereinstimmung von Wille und Erklärung damit jedenfalls auch in dessen Risikosphäre fällt[32]. Ein derartiges Fehlverhalten liegt zunächst schon immer deshalb vor, weil § 25 S. 1 VwVfG die Behörde verpflichtet, bei offensichtlichen Willensmängeln das wirklich Gewollte zu ermitteln, gegebenenfalls also beim Antragsteller nachzufragen[33]. Die Belehrungspflicht gilt sowohl dann, wenn der Antragsteller erkennbar einem Erklärungs- oder Inhaltsirrtum unterliegt oder von Dritten getäuscht oder widerrechtlich bedroht wird, als auch bei den sogenannten Motivirrtümern. Ist der Antragsteller erkennbar von bestimmten nach seiner Ansicht in der Gegenwart oder Vergangenheit existierenden Umständen ausgegangen, so muß die Behörde ihn dann belehren, wenn für sie klar ist, daß eine Gewähr für das Vorliegen dieser Voraussetzungen nicht besteht. Beantragt also etwa jemand eine Erlaubnis für einen Verkaufsstand in einer Straße, weil er sich einen großen Zulauf aufgrund der Überzeugung verspricht, daß — wie bisher — andere Anträge, z. B. für das Aufstellen von Karussells, gestellt wurden und genehmigt werden, so hat ihn die Behörde dann zu belehren, wenn noch gar keine weiteren Anträge gestellt worden sind. Hält er jedoch an seinem Antrag fest, weil er darauf spekuliert, daß Schausteller noch entsprechende Anträge

---

des Prozesses werde eher erreicht, wenn man die Geltendmachung des Mangels den Parteien überlasse, da diese darauf unter Umständen auch verzichten würden. Selbst dann nämlich, wenn die Anfechtungslösung der Prozeßökonomie dienen sollte, scheidet sie hier aus den erwähnten Gründen jedenfalls aus.

[32] *Krause*, JuS 1972, S. 425, 430, wirft die Frage auf, ob sich die öffentliche Gewalt auf Willenserklärungen berufen dürfe, die sie durch Unterlassen einer Belehrung oder Fehlbelehrung pflichtwidrig veranlaßt habe. Jedenfalls sollte nach seiner Ansicht eine durch arglistige Täuschung bewirkte oder durch Drohung erzwungene rechtsgeschäftliche Handlung nicht zugerechnet werden. Siehe auch *Krause*, VerwArch. 1970, S. 297, 336, bei schweren behördlichen Eingriffen in den freien Willensbildungsprozeß möge es richtiger erscheinen, die Unwirksamkeit der Erklärung ipso iure eintreten zu lassen. Ähnlich auch *Schmidt*, JuS 1967, S. 158, 162, ein Rechtsmittelverzicht im Strafverfahren sei unbeachtlich, wo das Gericht die ihm obliegende Fürsorgepflicht verletzt habe; kritisch dazu *Dencker*, S. 34.

[33] § 25 S. 1 VwVfG beinhaltet zwar nur eine „Soll"-Verpflichtung der Behörde, jedoch befreit dies die Behörde nur in Ausnahmefällen von ihrer grundsätzlichen Belehrungspflicht, die sich damit als die Regel erweist. Ebenso *Gusy*, BayVBl. 1985, S. 484, 487.

stellen werden, so braucht ihn die Behörde nicht darüber zu belehren, daß dafür keine Gewähr besteht, weil dies hier dem Antragsteller offensichtlich bekannt ist[34]. Unterläßt die Behörde eine gebotene Belehrung, so täuscht sie den Antragsteller durch Unterlassen. Gleich zu bewerten sind die Fälle, in denen die Behörde einen Willensmangel des Bürgers durch positives Tun verursacht, sei es, daß sie ihn widerrechtlich bedroht, sei es, daß sie ihn durch eine fehlerhafte Auskunft täuscht, da auch dann der Willensmangel für den durchschnittlichen Behördenbediensteten deshalb offensichtlich ist, weil man von ihm die Kenntnis der einschlägigen Rechtsnormen erwarten darf. Die Unwirksamkeit eines solchen Antrages könnte sich daher aus einer entsprechenden Anwendung des § 136 a StPO ergeben[35].

§ 136 a StPO als einfachgesetzliche Ausprägung der Art. 1 I, 2 I GG[36] läßt selbst im Interesse der Wahrheitsfindung bestimmte Maßnahmen der Behörde nicht zu, ordnet also das Interesse an der Wahrheitsfindung dem Schutze der Persönlichkeit des Beschuldigten unter. Daneben will § 136 a StPO aber gewiß auch verhindern, daß durch die in § 136 a StPO verbotenen Praktiken falsche Aussagen gemacht werden, weil der Beschuldigte meint, selbst ein Eingeständnis einer gar nicht begangenen Straftat sei für ihn angesichts der ihm unter Umständen angedrohten Übel günstiger als eine der Wahrheit entsprechende Aussage. Fraglich ist mithin, ob der von § 136 a StPO geregelte Interessenkonflikt auch beim Antrag auf Erlaß eines Verwaltungsaktes anzutreffen ist. Dagegen spricht, daß § 136 a StPO sich auf Wissenserklärungen bezieht, der Antrag auf Erlaß eines mitwirkungsbedürftigen Verwaltungsaktes aber eine Willenserklärung ist[37]. § 136 a StPO erweist sich daher für den vorliegenden Fall einerseits als zu eng, andererseits als zu weitgehend. Zu eng ist er insoweit, als die durch ihn verbotenen Praktiken restriktiv interpretiert werden[38], weil sie mit der Ermittlung der Wahrheit in der Regel einem billigenswerten Zweck dienen, während der Erfolg rechtswidrigen Handelns der Behörde bezüglich des Antrages stets eine Verfehlung des vom Antragsteller wirklich Gewollten

---

[34] *Borgs*, in: Meyer / Borgs, § 25 Rdnr. 11, betont, daß die Belehrungspflicht des § 25 S. 1 VwVfG auch die Fälle umfaßt, in denen dem Antrag fehlerhafte Annahmen über zukünftige Entwicklungen zugrundeliegen.

[35] Zur Anwendbarkeit des § 136 a StPO bei Rechtsmittelverzicht und -zurücknahme im Strafprozeß siehe *Dencker*, S. 25 ff., mit umfassender Darstellung des Streitstandes.

[36] Die grundrechtliche Wurzel dieser Norm unterstreicht *Dürig*, in: Maunz / Dürig, Art. 2 I, Rdnr. 34 f.

[37] Da § 136 a StPO ausschließlich Fragen des Beweisrechtes regelt, lehnt BGHSt. 17, S. 14, 17 f., eine analoge Anwendung auf andere Prozeßhandlungen ab; siehe auch *Dencker*, S. 25 ff.

[38] Vgl. lediglich *Kleinknecht / Meyer*, § 136 a, Rdnr. 8.

bedeutet, dem der Gesetzgeber aber durch den Antrag zum Erfolg verhelfen will. Zu weit greift § 136 a StPO insoweit, als die Erklärung schon dann unbeachtlich ist, wenn nicht ausgeschlossen werden kann, daß sie durch die verbotenen Praktiken beeinflußt wurde. Auf den vorliegenden Fall gemünzt heißt das, daß der Antrag schon dann unwirksam wäre, wenn der Willensmangel nicht nur offensichtlich, sondern lediglich möglich ist. Da dann aber ebensogut nicht auszuschließen ist, daß der Antragsteller das Erklärte auch wirklich will, würde man mit der Annahme der Unbeachtlichkeit der Erklärung die freie Willensentscheidung mißachten, obwohl man sie zu schützen vorgibt. Berücksichtigt man aber diese Besonderheiten, so spricht der Gedanke des § 136 a StPO für die Unbeachtlichkeit des Antrages, bei dem der offensichtliche Willensmangel auf behördliches Fehlverhalten zurückgeht[39].

4. Folgen eines mit einem offensichtlichen Willensmangel behafteten Antrages für Rechtmäßigkeit und Wirksamkeit mitwirkungsbedürftiger Verwaltungsakte

Folgen für die Rechtmäßigkeit und Wirksamkeit des Verwaltungsaktes können sowohl aus der Unwirksamkeit des mit einem offensichtlichen Willensmangel behafteten Antrages resultieren als auch aus dem Befund, daß in der Verletzung der Belehrungspflicht ein rechtswidriges Verhalten der Behörde liegt.

a) Unwirksamkeit des Antrages

Da bei Unwirksamkeit des Antrages der für den rechtmäßigen Erlaß des Verwaltungsaktes erforderliche Antrag nicht vorliegt, ist der dennoch erlassene Verwaltungsakt jedenfalls rechtswidrig. Er ist gemäß § 44 I VwVfG nichtig, wenn er an einem besonders schwerwiegenden Fehler leidet und dies bei verständiger Würdigung aller in Betracht kommenden Umstände offenkundig ist.

Wegen der Unwirksamkeit des mit einem offensichtlichen Willensmangel behafteten Antrages fehlt es hier ebenso an einem Einverständnis des Antragstellers in den Erlaß des Verwaltungsaktes, wie wenn gar kein Antrag vorläge, ein besonders schwerwiegender Fehler ist daher dann gegeben, wenn der gänzlich ohne Antrag erlassene Verwaltungsakt gemäß § 44 I VwVfG nichtig ist, nicht jedoch, wenn der Antrag lediglich Rechtmäßigkeitsvoraussetzung des Verwaltungsaktes ist.

---

[39] Auch BGHSt. 17, S. 14, 18, betont, § 136 a StPO sei nicht ohne Bedeutung für Willenserklärungen. Eine Differenzierung nach der Art des behördlichen Fehlverhaltens erübrigt sich entgegen *Krause*, JuS 1972, S. 425, 430, da der Gedanke des § 136 a StPO für eine Gleichbehandlung spricht.

Fraglich ist aber, ob dieser besonders schwerwiegende Fehler bei verständiger Würdigung aller in Betracht kommenden Umstände ebenso offenkundig ist wie bei völligem Fehlen des Antrages, ob also in all den Fällen, in denen der Antrag Wirksamkeitsvoraussetzung des Verwaltungsaktes ist, der wegen eines offensichtlichen Willensmangels unwirksame Antrag auch stets zur Nichtigkeit des Verwaltungsaktes führt. Die Beantwortung dieser Frage erfordert eine Klärung dessen, was offenkundig sein muß und aus wessen Perspektive die Offenkundigkeit zu beurteilen ist. Aus der Formulierung „bei verständiger Würdigung aller in Betracht kommenden Umstände“ ist zu schließen, daß es dabei jedenfalls nicht auf das Erkenntnisvermögen des jeweils Betroffenen ankommt, der ja im Einzelfall durchaus unverständig sein kann, sondern vielmehr auf einen verständigen Betrachter[40]. Ob dieser an Stelle des Antragstellers, der Behörde oder eines unbeteiligten Dritten, der den Inhalt des Verwaltungsaktes würdigt, gedacht werden muß, ergibt sich aus Sinn und Zweck des Evidenzkriteriums. Dieses soll einmal im Interesse der Rechtssicherheit gleichsam als Ersatz für die Klärung der Rechtswidrigkeit in einem Rechtsbehelfsverfahren dienen[41], andererseits aber auch sicherstellen, daß derjenige, welcher durch den Verwaltungsakt begünstigt wird, nicht in seinem Vertrauen auf dessen Wirksamkeit enttäuscht wird[42]. Beide Zielrichtungen sprechen dafür, die Offenkundigkeit aus der Position eines verständigen Betrachters an Stelle des mit dem Antragsteller grundsätzlich identischen Adressaten des Verwaltungsaktes zu bestimmen[43], denn dieser kommt typischerweise sowohl als Beteiligter eines Rechtsstreits über die Wirksamkeit des Verwaltungsaktes in Betracht als auch als derjenige, dessen Vertrauen in Wirksamkeit und Bestand des Verwaltungsaktes es zu schützen gilt. Ebenso schließt ja auch § 48 II Nr. 3 VwVfG die Schutzwürdigkeit des Vertrauens eines durch einen rechtswidrigen Verwaltungsakt Begünstigten dann aus, wenn dieser die Rechtswidrigkeit des Verwaltungsaktes kannte oder infolge grober Fahrlässigkeit nicht kannte. Ob grobe Fahrlässigkeit vorliegt, beurteilt

[40] Auf den urteilsfähigen Bürger, den aufmerksamen und verständigen Durchschnittsbetrachter, stellen ab: BVerwG, NJW 1971, S. 578; *Wolff / Bachof*, Verwaltungsrecht I, § 51 I c 4, S. 427; *Stelkens*, in: Stelkens / Bonk / Leonhardt, § 44 Rdnr. 13; *Heike*, S. 41.

[41] *Kopp*, VwVfG, § 44 Rdnr. 8.

[42] Den Bezug auf den Vertrauensschutzgedanken betont *Meyer*, in: Meyer / Borgs, § 44 Rdnr. 7. *Heike*, S. 40 f., weist ebenfalls darauf hin, das Evidenzkriterium diene der Erhaltung der Rechtssicherheit und insbesondere dem Vertrauensschutz des Bürgers in das Handeln der Verwaltung.

[43] Wählt man diesen als Bezugssubjekt, dann kann der Meinung von *Gusy*, BayVBl. 1985, S. 484, 490, nicht gefolgt werden, ein mitwirkungsbedürftiger Verwaltungsakt sei sogar bei fehlendem Antrag nur ausnahmsweise nichtig, da der fehlende Antrag aus dem Verwaltungsakt nicht erkennbar sei, denn der Adressat des Verwaltungsaktes weiß, daß er keinen Antrag gestellt hat.

sich bei § 48 II Nr. 3 VwVfG zwar nach den Fähigkeiten des konkret Betroffenen[44], es spricht aber eine Vermutung dafür, daß der Betroffene die Einsichtsfähigkeit eines Durchschnittsbürgers hat[45], so daß in aller Regel bei der von § 44 I VwVfG geforderten Offenkundigkeit auch grobe Fahrlässigkeit vorliegt. Nach dem Wortlaut des § 44 I VwVfG muß dem verständigen Betrachter die besonders schwerwiegende Fehlerhaftigkeit des Verwaltungsaktes offenkundig sein, woraus zu schließen ist, daß er jedenfalls die Umstände kennen muß, aus denen nach der Rechtsordnung die besonders schwerwiegende Fehlerhaftigkeit des Verwaltungsaktes folgt. Erforderlich ist weiterhin, daß ihm aufgrund dieser Umstände die Fehlerhaftigkeit des Verwaltungsaktes offenkundig ist, daß er also im Wege einer „Parallelwertung in der Laiensphäre" zu der Annahme gelangt, der Verwaltungsakt sei rechtswidrig, nicht jedoch, daß er die Fehlerhaftigkeit als besonders schwerwiegend erkennt[46]. Die Nuancierung „Fehler", „schwerwiegender Fehler", „besonders schwerwiegender Fehler" ist nämlich schon unter Juristen sehr streitig[47], so daß sie von einem Laien gar nicht vorgenommen werden kann[48]. Daneben erweist sich die Bewertung des Fehlers als besonders schwerwiegend aber auch nach Sinn und Zweck des § 44 I VwVfG als nicht geboten. Die Klärung der Rechtswidrigkeit des Verwaltungsaktes in einem Rechtsbehelfsverfahren erübrigt sich nämlich, wenn die Rechtswidrigkeit offenkundig ist, und § 48 II Nr. 3 VwVfG versagt auch in eben diesen Fällen den Vertrauensschutz. Zudem ist es fragwürdig, wie nach § 44 V VwVfG noch ein berechtigtes Interesse an der Feststellung der Nichtigkeit eines Verwaltungsaktes bestehen kann, wenn die besonders schwerwiegende Fehlerhaftigkeit des Verwaltungsaktes schon für den Laien offenkundig sein müßte.

Ein mitwirkungsbedürftiger Verwaltungsakt, der ohne Antrag nicht wirksam erlassen werden kann, ist folglich wegen eines für die Behörde offensichtlichen Willensmangels im Antrag unter folgenden Voraussetzungen nach § 44 I VwVfG nichtig:

— Der Verwaltungsakt muß gemäß dem objektiven Antragsinhalt erlassen worden sein, darf also dem wahren Willen des Antragstellers nicht entsprechen.

---

44 *Stelkens*, in: Stelkens / Bonk / Leonhardt, § 48 Rdnr. 34.

45 *Ossenbühl*, DÖV 1964, S. 511, 518.

46 So wohl *Stelkens*, in: Stelkens / Bonk / Leonhardt, § 44 Rdnr. 12, und *Heike*, S. 40 f., die dieses Problem allerdings ausdrücklich nicht ansprechen.

47 Dies zeigt sich etwa beim Streit um die Folgen des fehlenden Antrages für den mitwirkungsbedürftigen Verwaltungsakt.

48 *Forsthoff*, ZMR 1951, S. 54, hält das Evidenzkriterium überhaupt für unbrauchbar, da der Durchschnittsbürger kaum etwas von der Verwaltung verstehe.

— Einem verständigen Durchschnittsbetrachter an Stelle des Antragstellers muß die Fehlerhaftigkeit des Verwaltungsaktes offenkundig sein, er muß also erkennen, daß der Antrag mit einem für die Behörde offensichtlichen Willensmangel behaftet war und daß der erlassene Verwaltungsakt mit dem wirklich begehrten jedenfalls nicht übereinstimmt.

Würde man etwa beim Erlaß einer Baugenehmigung ohne Antrag eine besonders schwerwiegende Fehlerhaftigkeit der Genehmigung annehmen, dann wäre im Beispielsfall[49] eine Baugenehmigung für das Grundstück an der D-Straße nach § 44 I VwVfG nichtig, weil der Antrag einen für die Behörde offensichtlichen Willensmangel enthält und dies dem Durchschnittsbetrachter offenkundig ist.

Es scheint zunächst problematisch zu sein, daß sich die Offenkundigkeit des Fehlers i. S. des § 44 I VwVfG und die Offensichtlichkeit des Willensmangels im vorerwähnten Sinne nach unterschiedlichen Perspektiven beurteilen — im ersten Falle aus der Sicht des Durchschnittsbürgers, im zweiten aus dem Blickwinkel des Durchschnitts-„beamten“. Diese Diskrepanz relativiert sich aber dadurch, daß der für den Durchschnittsbürger erkennbare Willensmangel für den Durchschnittsbeamten auch offensichtlich ist, weil letzterer grundsätzlich nicht über geringere Fähigkeiten verfügt als der Durchschnittsbürger, sondern im Gegenteil in „Behördengeschäften“ eher einen höheren Kenntnisstand aufweist. Es reicht daher für die Annahme der Nichtigkeit gemäß § 44 I VwVfG regelmäßig aus, daß der Durchschnittsbürger erkennt, daß der objektiv erklärte Antrag mit dem wirklich gewollten nicht übereinstimmt, der Verwaltungsakt aber dem objektiv erklärten Begehren entspricht. Daß dieser Willensmangel dem Durchschnittsbetrachter auffällt, nicht aber dem Antragsteller selbst, kann etwa dann vorkommen, wenn die Fähigkeiten und das Erkenntnisvermögen des Antragstellers — sei es stets, sei es auch nur im konkreten Fall (Bsp.: Erklärungsirrtum) — geringer sind als die des hypothetischen Durchschnittsbetrachters. Ist der Fehler des Verwaltungsaktes aber nicht schon beim Wirksamwerden des Verwaltungsaktes offenkundig, sondern unter Umständen erst später, so führt dies nicht mehr zur Nichtigkeit des Verwaltungsaktes nach § 44 I VwVfG. Ein Verwaltungsakt kann nämlich nur von Anfang an nichtig und damit unwirksam sein[50], nicht jedoch zunächst nur rechtswidrig und dann später nichtig, weil dies dem oben angeführten Vertrauensschutzgedanken widerspräche.

---

[49] III. Teil, 2. Kap., A. II. 2. *Dölker*, BayVBl. 1974, S. 400, sieht etwa den Antrag als Wirksamkeitsvoraussetzung der Baugenehmigung an.

[50] Vgl. *Stelkens*, in: Stelkens / Bonk / Leonhardt, § 43 Rdnr. 25, mit Hinweisen auf die Entstehungsgeschichte des § 43 III VwVfG.

b) Behördliches Fehlverhalten

Während oben untersucht wurde, inwieweit eine Nichtigkeit des Verwaltungsaktes daraus resultiert, daß der mit einem offensichtlichen Willensmangel behaftete Antrag unwirksam ist, soll hier geklärt werden, ob der Verwaltungsakt auch allein unter dem Gesichtspunkt nichtig sein kann, daß der offensichtliche Willensmangel immer auf ein behördliches Fehlverhalten, nämlich auf den Verstoß gegen die Belehrungspflicht gemäß § 25 S. 1 VwVfG, zurückgeht. Da die Behörde bei einem offensichtlichen Willensmangel stets nach § 25 S. 1 VwVfG zur Belehrung verpflichtet ist, leidet der Verwaltungsakt, falls diese Belehrung unterbleibt, an einem Verfahrensmangel, der jedenfalls zur Rechtswidrigkeit des Verwaltungsaktes führt[51].

aa) Besonders schwerwiegender Fehler

Die Annahme, dieser Verfahrensfehler könne unter bestimmten Umständen auch ein besonders schwerwiegender Fehler i. S. des § 44 I VwVfG sein, scheidet nicht schon deshalb aus, weil nach § 48 II Nr. 1 VwVfG der durch arglistige Täuschung[52], Drohung oder Bestechung erwirkte Verwaltungsakt jedenfalls nur rechtswidrig sein kann und nicht nichtig zu sein braucht[53]. Formal unterscheidet sich die Situation bei § 48 II Nr. 1 VwVfG von der hier anzutreffenden schon dadurch, daß bei § 48 II Nr. 1 VwVfG die Täuschung, Drohung oder Bestechung vom Adressaten des Verwaltungsaktes ausgeht, während sie hier von der Behörde vorgenommen wird. Der wesentliche Unterschied liegt aber darin, daß der Wille des Amtswalters für die Frage der Fehlerhaftigkeit des Verwaltungsaktes ohne Bedeutung ist[54]. Die Rechtmäßigkeit oder Wirksamkeit von Verwaltungsakten kann daher durch „Willensmängel" der Behörde gar nicht beeinflußt werden, sondern allein durch die für die Verwaltung geltenden Rechtsmaßstäbe. Mithin ist der Verwaltungsakt in § 48 II Nr. 1 VwVfG auch nicht wegen der dort aufgeführten Handlungen rechtswidrig, da Täuschung, Drohung oder Bestechung gegenüber der Behörde gar keine eigenständigen Fehlertat-

---

[51] Die Qualität einer Verletzung der Betreuungspflicht als Verfahrensmangel betont auch *Krause*, JuS 1972, S. 425, 428.

[52] Die unterlassene Belehrung ist eine Täuschung durch Unterlassen, weil die Behörde nach § 25 S. 1 VwVfG eine Aufklärungspflicht trifft.

[53] So aber *Stichelberger*, BayVBl. 1980, S. 393, 396. Wolle man einen Verwaltungsakt wegen widerrechtlicher Drohung gegenüber einer Privatperson als nichtig ansehen, so müsse auch eine widerrechtliche Drohung gegenüber dem entscheidenden Beamten die Nichtigkeit des Verwaltungsaktes nach sich ziehen.

[54] *Erichsen*, Verwaltungsrecht und Verwaltungsgerichtsbarkeit I, S. 79; *Erichsen / Martens*, in: Erichsen / Martens, § 10 II, S. 135.

bestände des Verwaltungsaktes darstellen[55]. § 48 II Nr. 1 VwVfG setzt dagegen die Rechtswidrigkeit des Verwaltungsaktes aus anderen Gründen voraus und versagt dem Adressaten lediglich den Vertrauensschutz, wenn er sich der in § 48 II Nr. 1 VwVfG aufgeführten unlauteren Mittel bedient hat. Folglich läßt sich aus § 48 II Nr. 1 VwVfG nicht der Schluß ziehen, Täuschung, Drohung oder Bestechung führten nur zur Rechtswidrigkeit, nicht aber zur Nichtigkeit des Verwaltungsaktes.

Die Annahme eines besonders schwerwiegenden Fehlers kommt wiederum[56] nur dann in Betracht, wenn der Antrag nicht lediglich Rechtmäßigkeitsvoraussetzung, sondern auch Wirksamkeitsvoraussetzung des Verwaltungsaktes ist. Erblickt nämlich die Rechtsordnung im gänzlichen Fehlen des Antrages keinen besonders schwerwiegenden Fehler, so gilt dies auch für den Fall, daß die Behörde bezüglich des Antrages ihrer Aufklärungspflicht nicht nachkommt. Zwar liegt formal betrachtet sowohl bei der unterbliebenen Belehrung im Hinblick auf den Antrag, der nur Rechtmäßigkeitsvoraussetzung ist, als auch bei dem, der Wirksamkeitsvoraussetzung ist, ein Verstoß gegen dieselbe Norm, nämlich § 25 S. 1 VwVfG, vor, jedoch bemißt sich die besonders schwerwiegende Fehlerhaftigkeit nicht nur nach der Qualität der verletzten Norm, sondern auch nach ihrem Schutzzweck und dem Ausmaß des Normverstoßes[57]. Demnach wiegt der Normverstoß um so schwerer, je größer die Bedeutung des Antrages ist, im Hinblick auf den die Belehrungspflicht besteht. Man könnte dem entgegenhalten, der mit einem Willensmangel behaftete Antrag stelle immerhin noch eine Willensentscheidung des Antragstellers dar, die auch im Falle des Auseinanderklaffens von Wille und Erklärung dem Antragsteller wegen des Prinzipes der Selbstverantwortung zuzurechnen sei, während bei fehlendem Antrag der Verwaltungsakt überhaupt nicht begehrt werde, so daß die Fehlerhaftigkeit des Verwaltungsaktes in beiden Fällen nicht gleich schwer wiege. Dabei gilt es aber zu bedenken, daß § 25 S. 1 VwVfG gerade die Selbstverantwortung des Antragstellers durch eine Mitverantwortung der Behörde überlagert, der Antragsteller daher die Verantwortung für seine Erklärung nicht mehr allein trägt. Zudem muß man sich vergegenwärtigen, daß bei den mitwirkungsbedürftigen Verwaltungsakten über den Antrag die Willensentscheidung des Antragstellers respektiert werden soll. Liegt das entscheidende Moment also in der Beachtung der Willensentscheidung des Antragstellers und hat § 25 S. 1 VwVfG den Sinn, der Behörde bei offensichtlichen Fehlern der Erklärung eine Ver-

---

[55] *Stelkens*, in: Stelkens / Bonk / Leonhardt, § 48 Rdnr. 32 m. w. N. pro et contra; siehe auch *Middel*, S. 113 f., 134.

[56] Siehe III. Teil, 2. Kap., A. II. 4. a).

[57] So im wesentlichen übereinstimmend *Kopp*, VwVfG, § 44 Rdnr. 5; *Meyer*, in: Meyer / Borgs, § 44 Rdnr. 8; *Klappstein*, in: Knack, § 44 Anm. 4.1.

antwortung dafür aufzubürden, daß der wahre Wille des Antragstellers zur Geltung kommt, dann ist ein Verstoß gegen § 25 S. 1 VwVfG ein ebenso schwerer Fehler wie der Erlaß des Verwaltungsaktes ohne Antrag.

bb) Offenkundigkeit des Fehlers

Entsprechend dem oben[58] Gesagten ist dieser besonders schwerwiegende Fehler dann i. S. des § 44 I VwVfG offenkundig, wenn ein verständiger Betrachter an Stelle des Adressaten des Verwaltungsaktes die Fehlerhaftigkeit, also den Verstoß der Behörde gegen ihre Belehrungspflicht, erkennt. Dies ist dann der Fall, wenn er die Umstände kennt, aus denen die Belehrungspflicht der Behörde resultiert und bei diesem Wissen auch zu der Annahme gelangt, daß eine Belehrungspflicht besteht. Weiß der betreffende Betrachter jedoch, daß der Antrag mit einem für die Behörde offensichtlichen Willensmangel behaftet war, weiß er also um die Gegebenheiten, welche die Belehrungspflicht auslösen, dann ist grundsätzlich auch davon auszugehen, daß er in dem Erlaß des Verwaltungsaktes entsprechend dem objektiv erklärten Antrag, also unter Nichtberücksichtigung des wahren Willens, einen Rechtsverstoß erblickt, da der durchschnittlich gebildete Laie in dieser Situation eine Belehrungspflicht der Behörde annimmt. Demnach ist eine Offenkundigkeit des Fehlers dann zu bejahen, wenn der Durchschnittsbetrachter den offensichtlichen Willensmangel des Antragstellers erkennt, weil dies dann nämlich vom durchschnittlich geschulten Behördenbediensteten, dessen Kenntnisstand insoweit dem des Durchschnittsbürgers jedenfalls nicht unterlegen ist, erst recht zu erwarten ist. Sieht man also etwa im Erlaß einer Baugenehmigung ohne Antrag einen besonders schwerwiegenden Fehler der Genehmigung, dann ist im Beispielsfall eine Baugenehmigung für das Grundstück an der D-Straße nach § 44 I VwVfG nichtig, weil der Verstoß der Behörde gegen ihre Belehrungspflicht dem Durchschnittsbetrachter offenkundig ist[59].

---

[58] III. Teil, 2. Kap., A. II. 4. a).

[59] Zum Beispielsfall siehe III. Teil, 2. Kap., A. II. 2. Siehe auch III. Teil, 2. Kap., A. II. 4. a). Überwiegend wird allerdings die Nichtigkeit des Verwaltungsaktes bei Verletzung der Belehrungspflicht durch die Behörde verneint. BayVGH, DVBl. 1951, S. 516, 517; VG Hannover, DVBl. 1953, S. 116, 117, welches aber überlegt, ob nicht wegen Verletzung der beamtenrechtlichen Fürsorgepflicht Nichtigkeit der Erklärung anzunehmen ist, weil die Behörde unter Umständen einen Entlassungsantrag nicht annehmen dürfe. RGZ 134, S. 162, 171 f.; BGH, NJW 1952, S. 1094, 1095; *Baade*, SchlHA 1958, S. 99, 102 ff., 133 f.; *Middel*, S. 123 ff., der diese Frage nicht untersucht, aber — wie überwiegend — die Anfechtbarkeit von Anträgen nach Maßgabe der §§ 119 ff. BGB bejaht und demnach diese Besonderheit nicht erörtert. Die angeführten Entscheidungen und *Baade* fragen nur, welche Konsequenzen sich daraus

III. Andere spezifisch öffentlich-rechtliche Lösungen

1. Wiederaufgreifen des Verwaltungsverfahrens

§ 51 VwVfG könnte demjenigen, der einen mit einem Willensmangel behafteten Antrag gestellt hat, nach Unanfechtbarkeit des Verwaltungsaktes einen Anspruch auf Wiederaufgreifen des Verwaltungsverfahrens einräumen. Dieser Anspruch wird dann erheblich, wenn der Verwaltungsakt nicht wegen eines offensichtlichen Willensmangels des Antragstellers nichtig ist oder wenn der Verwaltungsakt wegen des Willensmangels nur rechtswidrig ist und die Rechtsmittelfristen abgelaufen sind oder wenn gar kein offensichtlicher Willensmangel vorliegt.

a) § 51 I Nr. 1 VwVfG

Ein solcher Anspruch ergibt sich aus § 51 I Nr. 1 VwVfG, falls die Entdeckung des Willensmangels eine nachträgliche Änderung der Sach- oder Rechtslage zugunsten des Antragstellers darstellt. Unter den Begriff „Sachlage" fallen die tatsächlichen Verhältnisse, die das Gesetz zum Anknüpfungspunkt bestimmter Rechtsfolgen macht, also auch der Antrag. Liegt ein offensichtlicher Willensmangel vor, so ist dieser von Anfang an gegeben, so daß seine Entdeckung keine nachträgliche Änderung der Sachlage darstellt. Ein Wiederaufgreifen nach § 51 I Nr. 1 VwVfG kommt jedoch auch bei nicht offensichtlichen Willensmängeln nicht in Betracht, weil das materielle Recht die in der Regelung des Verwaltungsaktes liegende Rechtsfolge gerade an den zum Erlaßzeitpunkt objektiv erkennbaren Erklärungsgehalt des Antrages knüpft und nicht von der Beibehaltung des Antragsinhaltes für den Geltungszeitraum des Verwaltungsaktes abhängig macht[60].

b) § 51 I Nr. 2 VwVfG

Der nunmehr geänderte Antragsinhalt kann nicht als neues Beweismittel angesehen werden, da die Erklärung nicht Beweismittel der Willensentscheidung ist, sondern selbst als Geltungsgrund der Rechtsfolge „Tatsache" und nicht Beweismittel einer Tatsache.

---

ergeben, daß der Verwaltungsakt durch Drohung gegenüber dem Antragsteller erwirkt wurde und schließen dabei die Nichtigkeit des Verwaltungsaktes aus, so daß man daraus folgern kann, daß nach ihrer Ansicht erst recht der nur durch eine fehlerhafte Belehrung des Antragstellers erwirkte Verwaltungsakt nicht nichtig ist.

[60] Vgl. *Meyer*, in: Meyer / Borgs, § 51 Rdnr. 13, und *Obermayer*, VwVfG, § 51 Rdnr. 47, die darauf hinweisen, daß die Voraussetzungen des § 51 I Nr. 1 VwVfG nicht vorliegen, falls spätere Änderungen der Sachlage nach Sinn und Zweck des Verwaltungsaktes gerade unbeachtlich sein sollen.

c) § 51 I Nr. 3 VwVfG i. V. m. § 580 Nr. 4 und 5 ZPO

Willensmängel des Antragstellers führen nach § 51 I Nr. 3 VwVfG i. V. m. § 580 Nr. 4 und 5 ZPO teilweise zu einem Anspruch auf Wiederaufgreifen des Verfahrens.

aa) Erwirkung des Verwaltungsaktes durch strafbare Handlungen von Verfahrensbeteiligten

Gemäß § 51 I Nr. 3 VwVfG i. V. m. § 580 Nr. 4 ZPO hat der Antragsteller einen Anspruch auf Wiederaufgreifen des Verwaltungsverfahrens, falls der Verwaltungsakt von seinem Vertreter oder einem anderen Beteiligten des Verfahrens[61] oder dessen Vertreter durch eine in Beziehung auf das Verfahren verübte Handlung erwirkt wurde, die mit einer im Wege des gerichtlichen Strafverfahrens zu verhängenden öffentlichen Strafe bedroht ist. Soweit einer derartige Handlung — in Betracht kommen in erster Linie §§ 240, 253, 263 StGB — einen Willensmangel des Antragstellers bewirkt[62] und der Verwaltungsakt entsprechend dem durch den Willensmangel beeinflußten Begehren erlassen wird, ist er seinerseits durch die Handlung erwirkt. § 51 I Nr. 3 VwVfG i. V. m. § 580 Nr. 4 ZPO vermag dem Antragsteller aber deshalb nur selten zu helfen, weil er einmal auf Handlungen Verfahrensbeteiligter beschränkt ist und darüber hinaus den Nachweis auch aller subjektiven Tatbestandsmerkmale der Straftat erfordert. Schließlich verlangt er auch eine vorherige rechtskräftige Verurteilung wegen der Straftat, § 581 ZPO, es sei denn, die Einleitung oder Durchführung des Strafverfahrens könne aus anderen Gründen als wegen Mangels an Beweisen nicht erfolgen[63].

bb) Willensmangel und strafbare Handlungen von Behördenbediensteten

Strafbare Handlungen von Amtsträgern, die Willensmängel des Antragstellers bewirken, sind hier nur nach § 51 I Nr. 3 VwVfG i. V. m. § 580 Nr. 5 ZPO beachtlich, nicht aber auch nach § 51 I Nr. 3 VwVfG i. V. m. § 580 Nr. 4 ZPO, denn die Behörde ist nicht Beteiligte des Ver-

---

[61] Auch im Zivilprozeßrecht kommen Handlungen des Streitgehilfen und des — notwendigen oder nicht-notwendigen — Streitgenossen in Betracht, vgl. *Wieczorek*, § 580 Anm. C IV b 2, nicht aber Handlungen nicht verfahrensbeteiligter Dritter. *Grunsky*, in: Stein / Jonas, § 580 Rdnr. 11.

[62] Etwa, wenn ein anderer Verfahrenbeteiligter den Antragsteller zur Änderung seines Antrages nötigt.

[63] Die Einhaltung der Voraussetzungen des § 581 ZPO verlangen auch *Kopp*, VwVfG, § 51 Rdnr. 28; *Obermayer*, VwVfG, § 51 Rdnr. 74, und *Klappstein*, in: Knack, § 51 Anm. 5.5. A. A. *Stelkens*, in: Stelkens / Bonk / Leonhardt, § 51 Rdnr. 35.

fahrens[64]. Die strafbare Verletzung einer Amtspflicht kann sowohl in „allgemeinen" Delikten, wie z. B. §§ 240[65], 253, 263 StGB, bestehen als auch gerade in Amtsdelikten, von denen primär der auch auf Verwaltungsbeamte anwendbare[66] § 336 StGB in Frage kommt. Die Bedeutung dieser Möglichkeit der Berücksichtigung von Willensmängeln ist aber ebenfalls tatsächlich gering.

cc) Folgen des Vorliegens eines Wiederaufnahmegrundes

Nach dem Wortlaut des § 51 VwVfG, „Entscheidung über die Aufhebung oder Änderung des unanfechtbaren Verwaltungsaktes", könnte man auf eine Entscheidung nach §§ 48, 49 VwVfG schließen, also ein Ermessen der Behörde bei der Entscheidung über die Aufhebung und Änderung des Verwaltungsaktes bejahen[67]. Dahin weist anscheinend auch die Entstehungsgeschichte der Norm, da die Begründung des Regierungsentwurfes es ausdrücklich in das Ermessen der Behörde stellte, von ihrer Aufhebungsbefugnis Gebrauch zu machen oder nicht[68]. Der Beweiswert dieser Aussage wird aber dadurch entkräftet, daß sie sich ausdrücklich auf die Rechtsprechung des BVerwG[69] stützen will, obgleich diese gerade davon ausgeht, die Entscheidung richte sich nach dem jeweils anzuwendenden materiellen Recht, wonach im Falle einer gebundenen Entscheidung der „alte" Verwaltungsakt aufgehoben werden muß und ein neuer zu erlassen ist. Gegen ein Ermessen der Behörde spricht auch die Anlehnung des § 51 VwVfG an die Vorschriften über die gerichtliche Wiederaufnahme, welche einen Entscheidungsspielraum des Gerichts nicht vorsehen[70]. Letztlich bliebe auch unklar, welche Bedeutung § 51 VwVfG dann neben §§ 48, 49 VwVfG noch zukommen sollte, zumal auch diese Regelungen ein subjektives öffentliches Recht auf rechtmäßige Ermessenentscheidung gewähren[71]. Sind die Voraussetzungen des § 51 I Nr. 3, II und III VwVfG i. V. m. §§ 580

64 Ebenso *Borgs*, in: Meyer / Borgs, § 13 Rdnr. 5; *Wolff / Bachof*, Verwaltungsrecht III, § 156 III b, S. 327, Rdnr. 16; *Obermayer*, VwVfG, § 13 Rdnr. 12, 23.

65 BVerwG, NJW 1980, S. 135, 136.

66 Dazu *Seebode*, S. 58 ff., mit Überblick über die bei § 336 StGB auftauchenden Probleme.

67 So auch *Stelkens*, in: Stelkens / Bonk / Leonhardt, § 51 Rdnr. 17 m. w. N. pro et contra, und *Meyer*, in: Meyer / Borgs, § 51 Rdnr. 21.

68 BT-Drs. 7/910, § 47 I, S. 75.

69 BVerwG, MDR 1966, S. 953; auf das Fehlverständnis des Gesetzgebers weist auch *Kopp*, VwVfG, § 51 Rdnr. 10, hin.

70 Vgl. § 580 ZPO und dazu statt vieler *Zeiss*, § 75 IV, S. 219 ff.

71 Auch *Meyer*, in: Meyer / Borgs, § 51 Rdnr. 3, konzediert, bei seinem Verständnis des § 51 VwVfG bestehe kein wesentlicher Unterschied mehr zu §§ 48, 49 VwVfG.

Nr. 4 und 5, 581 ZPO erfüllt[72], so hat die Behörde entsprechend dem anzuwendenden materiellen Recht eine neue Sachentscheidung zu treffen[73], also gegebenenfalls den „alten“ Verwaltungsakt aufzuheben und unter Zugrundelegung des vom Willensmangel bereinigten Antrages einen neuen Verwaltungsakt zu erlassen[74].

dd) Beachtlichkeit von Wiederaufnahmegründen vor Unanfechtbarkeit des Verwaltungsaktes

Da § 51 VwVfG einen Anspruch auf Wiederaufgreifen des Verwaltungsverfahrens nach Unanfechtbarkeit des Verwaltungsaktes eröffnet, erweist es sich als sinnvoll, die Wiederaufnahmegründe erst recht vor Unanfechtbarkeit des Verwaltungsaktes zu berücksichtigen, weil dies die Rechtssicherheit weniger beeinträchtigt[75] und der Verfahrensökonomie dient. Vor Erlaß des Verwaltungsaktes stellt sich zwar die ohnehin mögliche Antragsrücknahme als der einfachere Weg dar, nach Erlaß des Verwaltungsaktes eröffnet § 51 VwVfG aber bei Vorliegen eines Wiederaufnahmegrundes einen Anspruch auf Aufhebung des Verwaltungsaktes und Neuentscheidung in der Sache. Abhängig ist dieser Weg aber wiederum von der Einhaltung der Anforderungen des § 581 ZPO[76], da der „Erst-Recht-Schluß“ logisch verlangt, daß alle Voraussetzungen eines Wiederaufnahmeverfahrens nach Unanfechtbarkeit des Verwaltungsaktes schon vorliegen[77].

2. Rücknahme des Verwaltungsaktes nach § 48 VwVfG

Soweit der durch einen mit einem Willensmangel behafteten Antrag erwirkte Verwaltungsakt rechtswidrig ist[78], gewährt § 48 VwVfG dem Adressaten des Verwaltungsaktes einen Anspruch auf rechtmäßige Er-

---

[72] Diese Anforderungen werden von der ganz überwiegenden Meinung in Zulässigkeits- und Begründetheitsvoraussetzungen unterteilt, vgl. *Sachs*, JuS 1982, S. 264, 265 ff., wobei streitig ist, ob § 51 I Nr. 1 - 3 VwVfG zur Zulässigkeit — so wohl BVerwG, DVBl. 1982, S. 998, 999 — oder zur Begründetheit des Antrages zu zählen ist — so *Sachs*, JuS 1982, S. 264, 266. Darauf kommt es jedoch gar nicht an, siehe II. Teil, 3. Kap., K.

[73] BVerwG, DVBl. 1982, S. 998, 1000; *Sachs*, JuS 1982, S. 264, 267.

[74] Sofern nicht etwa inzwischen die Antragsfrist abgelaufen ist und eine Wiedereinsetzung in den vorigen Stand nach § 32 VwVfG ausscheidet.

[75] Ebenso vertritt die zivilprozessuale Literatur und Rechtsprechung die Ansicht, Wiederaufnahmegründe könnten schon vor der Rechtskraft des Urteiles berücksichtigt werden, siehe nur *Arens*, Willensmängel, S. 60 ff.

[76] So auch für das Zivilprozeßrecht *Arens*, Willensmängel, S. 62 ff., insbesondere S. 68 ff.

[77] Ebenso *Arens*, Willensmängel, S. 71, und *Gaul*, AcP 1972, S. 342, 352 m. w. N. pro et contra.

[78] Sei es wegen eines Willensmangels, dazu III. Teil, 2. Kap., A. II. 4. a), sei es aus anderen Gründen.

messensentscheidung der Behörde über die Rücknahme des Verwaltungsaktes, der sich im Falle einer Rücknahmeverpflichtung der Behörde wegen einer Ermessensreduktion auf „Null" zu einem Anspruch auf Rücknahme verdichtet[79].

Da für den Adressaten Widerspruch und Anfechtungsklage gegen den Verwaltungsakt den erfolgversprechenderen und einfacheren Weg darstellen, um sein Interesse an einem seinem wahren Willen entsprechenden Rechtszustand durchzusetzen, wird ein Antrag auf Rücknahme des Verwaltungsaktes für ihn erst interessant, wenn die Rechtsmittelfristen verstrichen sind und eine Wiedereinsetzung in den vorigen Stand nach § 32 VwVfG oder § 60 VwGO ausscheidet.

Da nach der Legaldefinition des § 48 I 2 VwVfG auch der aufgrund eines mit einem Willensmangel behafteten Antrages erlassene Verwaltungsakt begünstigend ist, soweit er ein Recht oder einen rechtlich erheblichen Vorteil begründet, was auf die mitwirkungsbedürftigen Verwaltungsakte grundsätzlich zutrifft[80], richtet sich die Rücknahme etwa eines Subventionsbescheides nach § 48 II VwVfG[81], scheidet also aus, soweit der Begünstigte auf den Bestand des Verwaltungsaktes vertraut hat und sein Vertrauen unter Abwägung mit dem öffentlichen Interesse an der Rücknahme schutzwürdig ist. Bei der Mehrzahl der mitwirkungsbedürftigen Verwaltungsakte hingegen, wie statusbetreffenden Verwaltungsakten und Erlaubnissen oder Genehmigungen, ist § 48 III VwVfG einschlägig[82], die Rücknahme also ohne besondere Berücksichtigung des Vertrauensschutzes zulässig[83], löst jedoch ein Antragsrecht des Betroffenen auf Ersatz des Vertrauensschadens aus.

Fraglich ist, ob ein Antrag des Adressaten auf ex-tunc Rücknahme[84] des Verwaltungsaktes nach § 48 II VwVfG schon daran scheitern kann, daß er auf den Bestand des Verwaltungsaktes vertraut hat und sein Vertrauen schutzwürdig ist. Vertrauensschutz scheidet gemäß § 48 II Nr. 3 VwVfG zwar dann aus, wenn der Betreffende die Rechtswidrigkeit des Verwaltungsaktes kannte oder infolge grober Fahrlässigkeit

---

[79] *Meyer*, in: Meyer / Borgs, § 48 Rdnr. 74.

[80] Dazu I. Teil, 1. Kap., A. Soweit allerdings die Begünstigung und die Belastung trennbar sind, etwa Baugenehmigung und Gebührenbescheid, richtet sich die Aufhebung des belastenden Teiles nach § 48 I VwVfG. Dazu *Kopp*, VwVfG, § 48 Rdnr. 47; *Stelkens*, in: Stelkens / Bonk / Leonhardt, § 48 Rdnr. 23; *Obermayer*, VwVfG, § 48 Rdnr. 21.

[81] *Meyer*, in: Meyer / Borgs, § 48 Rdnr. 55.

[82] *Meyer*, in: Meyer / Borgs, § 48 Rdnr. 64.

[83] *Erichsen*, VerwArch. 1978, S. 303, 307 f. m. w. N. pro et contra.

[84] Durch die „Soweit-Regelung" in § 48 II 1 VwVfG ist sichergestellt, daß eine Rücknahme ex-nunc in aller Regel ebenfalls möglich ist, siehe *Stelkens*, in: Stelkens / Bonk / Leonhardt, § 48 Rdnr. 30.

nicht kannte, kommt aber bis zu diesem Zeitpunkt in Betracht. Denkbar ist es, die Einschränkung des § 48 II VwVfG dann entfallen zu lassen, wenn derjenige, dessen Vertrauen geschützt werden soll, einen Antrag auf Rücknahme des Verwaltungsaktes stellt. Dafür spricht § 48 II Nr. 3 VwVfG wegen der Formulierung, „auf Vertrauen kann sich der Begünstigte nicht berufen", da dies die Notwendigkeit einer Geltendmachung des Vertrauensschutzes indiziert, die mit dem Antrag auf Rücknahme des Verwaltungsaktes konkludent immer unterbliebe. Zudem soll der Vertrauensschutz als Rücknahmeschranke den Interessen des Betroffenen dienen, so daß es angebracht erscheint, die Schutzwürdigkeit des Vertrauens zu verneinen, wenn der Betreffende sein Vertrauen gar nicht geschützt wissen will. Für diese Lösung spricht letztlich auch § 48 III VwVfG, da dieser den Ersatz des Vertrauensschadens von einem Antrag abhängig macht und damit die Dispositionsbefugnis des Begünstigten über den Vertrauensschutz zu erkennen gibt. Kann ihm daher der Schadensersatzanspruch nicht gegen seinen Willen aufgedrängt werden, so ist es sinnvoll, ihn auch durch § 48 II VwVfG nicht gegen seinen Willen zu „schützen". Demgemäß hat der Antragsteller auch nach § 48 III VwVfG keinen Anspruch auf Ersatz des Vertrauensschadens, wenn er selbst die Rücknahme des Verwaltungsaktes begehrt, da dieses Begehren die Schutzwürdigkeit seines Vertrauens entfallen läßt[85].

Auch § 48 VwVfG vermag den Interessen des Irrenden aber nur eingeschränkt zu dienen, weil das Rücknahmeermessen der Behörde nach § 48 II und III VwVfG selbst dann nicht auf „Null" reduziert ist, wenn der Willensmangel rechtswidrig von der Behörde verursacht wurde, da mit Ablauf der Rechtsmittelfristen ein verstärktes Interesse an Rechtssicherheit entsteht. Diese Folge ergibt sich nicht zuletzt aus einer „Sperrwirkung" des § 51 VwVfG. Kommt nämlich danach ein Anspruch auf Wiederaufgreifen des Verwaltungsverfahrens durch die Behörde nur dann in Betracht, wenn die Voraussetzungen des § 51 I Nr. 3 VwVfG i. V. m. § 580 Nr. 4 und 5 ZPO vorliegen, so scheidet auch ein Rücknahmeanspruch in minder schweren Fällen aus.

3. Widerruf des Verwaltungsaktes nach § 49 VwVfG

Ein Antrag auf Widerruf des Verwaltungsaktes nach § 49 VwVfG kann nur Erfolg haben, wenn der Verwaltungsakt trotz des Willensmangels im Antrag rechtmäßig ist. Da auch der aufgrund eines mit

---

[85] Dagegen spricht nicht OVG NW, DVBl. 1985, S. 532, 533, denn dort hatte der Betroffene in seinem Antrag anerkannt, die Behörde dürfe den Verwaltungsakt aufheben, wenn er zu Unrecht ergangen sei; dieses „Einverständnis" schließt den Vertrauensschutz nicht aus.

einem Willensmangel behafteten Antrages ergehende Verwaltungsakt als begünstigend anzusehen ist[86], kann ein Widerruf des Verwaltungsaktes nur unter den Voraussetzungen des § 49 II VwVfG erfolgen, dessen Widerrufstatbestände abschließend sind, wie der Gesetzeswortlaut — „nur“ — eindeutig belegt[87]. Demnach vermag § 49 II VwVfG dem Irrenden nicht zu helfen, da sein Einverständnis mit dem Widerruf unerheblich ist.

4. Rücknahme des Antrages

Ein Antrag auf Rücknahme des Verwaltungsaktes nach § 48 VwVfG oder Wiederaufgreifen des Verwaltungsverfahrens nach § 51 VwVfG ist grundsätzlich erst sinnvoll, wenn der Irrende sein Interesse an einem seinem wahren Willen entsprechenden Rechtszustand nicht mehr durch die — voraussetzungslose — Rücknahme des Antrages verwirklichen kann, da letztere sowohl den einfacheren als auch den erfolgversprechenderen Weg darstellt, weil sie bei allen denkbaren Willensmängeln erfolgen kann.

5. Verzicht

Ein Verzicht auf die durch den Verwaltungsakt ausgesprochene Rechtsfolge vermag den Interessen des Antragstellers an einem seinem wahren Willen entsprechenden Rechtszustand nur mit ex-nunc Wirkung[88] zum Erfolg zu verhelfen und ist darüber hinaus nicht immer einseitig möglich, sondern bedarf, soweit er überhaupt in Frage kommt, oftmals der Zustimmung der Behörde[89].

IV. Entsprechende Anwendung der §§ 116 ff. BGB

Die oben genannten Möglichkeiten, die Interessen des Irrenden zu berücksichtigen, führen für ihn nicht in allen Fällen zu dem gewünschten Resultat, so daß sich im übrigen ein Rückgriff auf die §§ 116 ff. BGB anbietet, soweit die Interessenlagen im bürgerlichen Recht und öffentlichen Recht übereinstimmen, also die Art und Bedeutung der Selbstbestimmung, Rechtssicherheit und Selbstverantwortung erhebliche Ähnlichkeiten aufweisen. Zunächst ist dabei auf die §§ 116 - 118 BGB einzugehen, welche die sog. bewußten Willensmängel betreffen.

---

86 Siehe III. Teil, 2. Kap., A. III. 2.

87 So auch *Kopp*, VwVfG, § 49 Rdnr. 20. A. A. *Franz Mayer*, S. 91, und *Wolff / Bachof*, Verwaltungsrecht I, § 53 IV d, S. 458.

88 *Middel*, S. 127.

89 *Middel*, S. 127.

1. §§ 116 - 118 BGB

a) § 116 BGB

Die Regelung des § 116 BGB stimmt im Ergebnis mit den bisherigen Überlegungen überein, so daß für ihre entsprechende Anwendung im öffentlichen Recht mangels Lücke kein Bedürfnis besteht. Kennt die Behörde nämlich i. S. des § 116 S. 2 BGB den geheimen Vorbehalt, ist ihr also bekannt, daß der Antragsteller das Erklärte gar nicht will, so liegt ein offensichtlicher Willensmangel vor, der zur Nichtigkeit des Antrages führt[90], während die Nichtigkeit beim geheimen Vorbehalt wie bei § 116 S. 1 BGB ausscheidet[91].

b) § 117 BGB

Manche Autoren meinen, § 117 I BGB sei nicht anwendbar, weil die Willensstruktur der Behörde anders geartet sei als die eines Privaten[92]; nach ihrer Ansicht kann die Behörde also kein Einverständnis i. S. des § 117 I BGB erklären, der Scheinantrag sei vielmehr wirksam. Dem kann nicht zugestimmt werden, da sich die Nichtigkeit des Scheinantrages nämlich schon aus der Offensichtlichkeit des Willensmangels ergibt[93].

c) § 118 BGB

§ 118 BGB ist auf Anträge auf Erlaß eines Verwaltungsaktes nicht anwendbar[94]. Die durch diese Regel geschaffene Rechtsunsicherheit, die

---

[90] Siehe III. Teil, 2. Kap., A. II. 2. Ausdrücklich für eine entsprechende Anwendung der Lösungen des bürgerlichen Rechtes *Krause*, VerwArch. 1970, S. 297, 334, und *Klemp*, S. 105. A. A. *Krauß*, S. 110, der meint, § 116 S. 2 BGB sei nicht anwendbar.

[91] So auch *Krauß*, S. 110; *Klemp*, S. 105; *Krause*, VerwArch. 1970, S. 297, 334.

[92] So *Krauß*, S. 110 f.; *Klemp*, S. 105 f.

[93] Das Verhältnis von § 116 BGB zu § 117 BGB ist sehr umstritten, vgl. *Kallimopoulos*, S. 46 ff. Teilweise versucht man, eine Überschneidung der Anwendungsbereiche beider Normen dadurch zu vermeiden, daß man für § 116 BGB die Absicht des Erklärenden verlangt, den Erklärungsgegner zu täuschen, während § 117 BGB die übereinstimmende Täuschungsabsicht der Erklärungsbeteiligten gegenüber Dritten voraussetze, vgl. *Kallimopoulos*, S. 46 ff. m. w. N. pro et contra. Dies überzeugt nicht, weil dann eine mit Drittäuschungsabsicht abgegebene Erklärung wirksam wäre, wenn der Erklärungsgegner den Scheincharakter zwar kennt, aber nicht mit ihm einverstanden ist, obgleich die Wirksamkeit der Erklärung nicht angemessen ist. § 117 BGB ist vielmehr als eine Klarstellung dahingehend aufzufassen, daß die Grundregel des § 116 S. 2 BGB auch dann gilt, wenn die Täuschung eines Dritten einverständlich beabsichtigt ist, vgl. auch *Larenz*, § 20 I c, S. 355, der ebenfalls meint, die Nichtigkeit des Scheingeschäftes ergebe sich schon aus allgemeinen Auslegungsregeln.

[94] Wie hier wohl *Krause*, VerwArch. 1970, S. 297, 335, der bezweifelt, daß ein Rechtsbehelf oder ein Rechtsmittel darauf gestützt werden könne, daß die

darin besteht, daß der Erklärungsgegner über die Wirksamkeit der Erklärung im Unklaren ist[95], ist im Zivilrecht sowohl wegen der Pflicht zum Ersatze des Vertrauensschadens nach § 122 I BGB tragbar als auch unter dem Gesichtspunkt, daß der zivilrechtliche Erklärungsgegner in aller Regel nur eine beschränkte Anzahl von Rechtsbeziehungen unterhält, die Einbuße an Rechtssicherheit also quantitativ gering ist. Die Behörde steht hingegen in einer Vielzahl rechtlicher Verbindungen zu Privatpersonen, so daß die Rechtsunsicherheit bei Anwendung des § 118 BGB quantitativ größer wäre. Zudem besitzt der Gesichtspunkt der Rechtssicherheit im öffentlichen Recht einen besonderen Stellenwert, der nicht hauptsächlich auf Vertrauensschutz beschränkt ist und daher auch durch den Ersatz des Vertrauensschadens nur unvollkommen berücksichtigt wird[96]. Letztlich handelt es sich bei der Scherzerklärung um ein Phänomen, welches in der Regel ohnehin nur im Verhältnis von Privatrechtssubjekten zueinander auftaucht.

2. Das Fehlen des Erklärungsbewußtseins

In Analogie zu § 118 BGB hält eine beachtliche Meinung in der zivilrechtlichen Literatur[97] eine Willenserklärung für nichtig, wenn dem Erklärenden das Erklärungsbewußtsein fehlt. Da im öffentlichen Recht aber § 118 BGB unanwendbar ist[98] und die Rechtssicherheit ein besonderes Gewicht besitzt, ist eine Erklärung auch bei fehlendem Erklärungsbewußtsein jedenfalls zunächst wirksam.

Ein Unterfall des fehlenden Erklärungsbewußtseins ist die mangelnde Abgabe einer Erklärung, also etwa das Absenden eines schriftlichen Antrages durch einen Dritten ohne Wissen und Wollen des Autors[99]. Weil derjenige, der einen Brief verschlossen und adressiert liegen läßt, den Anschein, der Brief sei von ihm auf den Weg gebracht und die darin enthaltene Erklärung also von ihm abgegeben worden, in zurechenbarer Weise selbst herbeigeführt hat, ist schon im Zivilrecht trotz

---

Erwirkungshandlung nicht ernstlich abgegeben sei. Die zivilrechtliche Literatur bemüht sich ebenfalls um eine Einschränkung des § 118 BGB, sei es, daß sie die Berufung auf § 118 BGB unter Umständen für arglistig hält, so *Larenz,* § 20 I b, S. 354, sei es, daß sie die Wirksamkeit der Erklärung annimmt, so *Flume,* § 20 *3,* S. 414. A. A. *Krauß,* S. 111; *Klemp,* S. 106; Art. 35 EVRO W.

95 Bemerkt die Behörde den Scherzcharakter des Antrages, so ist dieser wegen eines offensichtlichen Willensmangels nichtig.

96 Siehe dazu auch *Trautmann,* S. 84.

97 Überblick bei *Medicus,* Bürgerliches Recht, S. 65 f., Rdnr. 130 m. w. N. pro et contra.

98 Siehe III. Teil, 2. Kap., A. IV. 1. c).

99 Siehe dazu BVerwGE 20, S. 35 ff.

der aus § 130 I 1 BGB resultierenden Unwirksamkeit der Erklärung der Ersatz des Vertrauensschadens analog § 122 I BGB die sachangemessene Lösung[100]. Ebenso wie sonst beim Fehlen des Erklärungsbewußtseins, kann aber auch hier der Ersatz des Vertrauensschadens die Einbuße an Rechtssicherheit nicht kompensieren, so daß, insbesondere unter Berücksichtigung der Vielzahl von Rechtsbeziehungen der Behörde, die automatische Nichtigkeit der Erklärung abzulehnen und statt dessen eine Anfechtung des Antrages zu erwägen ist[101].

3. Die grundsätzliche Anwendbarkeit der §§ 119 ff. BGB

Eine Anfechtbarkeit des Antrages entsprechend §§ 119 ff. BGB setzt eine Übereinstimmung der im Zivilrecht geregelten Interessenlage mit der beim Antrag auf Erlaß eines Verwaltungsaktes voraus. Weil diese in beiden Rechtsgebieten durch das Beziehungsgefüge von Selbstbestimmung, Selbstverantwortung und Rechtssicherheit gekennzeichnet ist[102], kommt es also darauf an, ob dieses im Zivilrecht mit dem beim Antrag auf Erlaß eines mitwirkungsbedürftigen Verwaltungsaktes vergleichbar ist. Parallelen bestehen dabei insoweit, als der Bürger, der seine Willenserklärung abgibt, in beiden Fällen nur an seinen irrtums- und störungsfrei gebildeten und erklärten Willen gebunden sein will[103].

Die Interessen der Behörde als Adressatin und Betroffene des Antrages divergieren jedoch von denen des Empfängers einer zivilrechtlichen Willenserklärung. Im Zivilrecht sieht der Erklärungsgegner in der Erklärung einen Vorteil, er will auf ihrer Grundlage disponieren können und verläßt sich daher auf den objektiven Erklärungsgehalt. Wird er in seinem Vertrauen enttäuscht, so droht ihm ein Vermögensschaden, der durch den Ausschluß der Beachtlichkeit von Willensmängeln zu vermeiden oder bei ihrer Anerkennung nach § 122 BGB zu ersetzen ist. Regelmäßig ist es für den Erklärungsgegner auch ohne Interesse, ob der Erklärende die dem objektiven Erklärungsgehalt entsprechende Rechtsfolge wirklich will, da er sich nur am objektiv Erklärten orientiert[104]. Für die Behörde hingegen bildet der Antrag

---

100 *Larenz*, § 21 II a, S. 408.

101 A. A. BVerwGE 20, S. 35, 37 f., der Antrag sei entsprechend § 130 I 1 BGB unwirksam, er werde aber dadurch wirksam, daß der Betreffende sich nicht unverzüglich nach Kenntnis der Lage auf seine Unwirksamkeit berufe. *Krause*, VerwArch. 1970, S. 297, 324.

102 Siehe III. Teil, 2. Kap., A. I.

103 So auch *Krause*, VerwArch. 1970, S. 297, 327; *Middel*, S. 116.

104 Anderes gilt lediglich dann, wenn es bei höchstpersönlichen Leistungen gerade darauf ankommt, daß der Betreffende die Leistung auch erbringen will, weil nur dieser Wille seine Leistungsbereitschaft hinreichend garantiert, vgl. auch I. Teil, 1. Kap., A.

regelmäßig keine Grundlage zu wirtschaftlichen Dispositionen, sondern zu verfahrensrechtlichen Maßnahmen, die sich überdies in der Regel nur dann als sinnvoll erweisen, wenn der Betreffende die durch den Verwaltungsakt ausgesprochene Rechtsfolge auch wirklich will[105]. Dies deutet dahin, daß eine Anfechtung des Antrages erst recht möglich sein muß, weil die Einräumung des Vorteiles, der für den Irrenden in der Anfechtbarkeit liegt, aufgrund des fehlenden Interessengegensatzes zwischen Behörde und Bürger für die Behörde keinen Nachteil mit sich bringt. Jedoch steht die Funktionsfähigkeit der Verwaltung ganz allgemein auf dem Spiel, da der Verwaltungsakt als Handlungsform eines auf die effektive Bewältigung einer Massenverwaltung ausgerichteten Verwaltungsrechtes[106] durch eine sowohl für die Behörde oder andere staatliche Stellen als auch den Bürger verbindliche[107] Entscheidung Rechtssicherheit[108] schaffen soll. Weil aber der Antrag nach seiner Anfechtung entsprechend § 142 I BGB von Anfang an nichtig, also unwirksam wäre, mit der Folge, daß der ergangene Verwaltungsakt rechtswidrig ist und innerhalb der Rechtsmittelfristen auf Antrag des Betroffenen aufgehoben werden müßte[109], wird bei einer entsprechenden Anwendung der §§ 119 ff. BGB die Rechtssicherheit, nämlich die Sicherheit des Rechtes gegen Abänderung, beeinträchtigt. Es geht hier folglich nicht um das Interesse der Behörde an Rechtsklarheit, denn durch die Notwendigkeit einer entsprechend § 143 I BGB an die Behörde zu richtenden Anfechtungserklärung würde diese über die Rechtsfolgen informiert. Folglich liegt auch ein anderer Interessenkonflikt vor, so daß die grundsätzliche Geltung des Erklärten nicht die Frage beantwortet, ob der Erklärende auch an seine Erklärung gebunden bleibt. Die Rechtssicherheit unterscheidet sich aber in ihrer Bedeutung von der vornehmlich im Interesse des Dispositionsschutzes bestehenden Rechtssicherheit im Zivilrecht. Bezweckt sie dort nämlich, daß im Vertrauen auf den Bestand einer Erklärung getätigte wirtschaftliche Dispositionen nicht nachträglich entwertet werden, so ist die Einbuße des

---

105 Zum Vorstehenden insbesondere *Krause*, VerwArch. 1970, S. 297, 328, der daher vom Fehlen eines präsumptiven Interessengegensatzes zwischen Erklärungsempfänger und Erklärendem spricht, *Krause*, VerwArch. 1970, S. 297, 306. Siehe auch I. Teil, 1. Kap., A. u. B.

106 *Erichsen / Martens*, in: Erichsen / Martens, § 11 I, S. 160 f.

107 Die Bindungswirkung gegenüber der Erlaßbehörde folgt aus §§ 48, 49 VwVfG, während die Verbindlichkeit für den Adressaten durch § 43 I, II VwVfG angeordnet wird. Zur Bindungswirkung gegenüber anderen Behörden — Tatbestands- und Feststellungswirkung — siehe *Erichsen / Martens*, in: Erichsen / Martens, § 13, S. 203.

108 *Löwer*, JuS 1980, S. 805, 806; *Stelkens*, in: Stelkens / Bonk / Leonhardt, § 43 Rdnr. 4.

109 Ob der Verwaltungsakt durch die Anfechtung des Antrages auch nichtig werden kann, wird im III. Teil, 2. Kap., A. IV. 3. d) erörtert.

Erklärungsgegners kommerzialisierbar und kann demgemäß über die Schadensersatznorm des § 122 BGB abgemildert werden; denn der Erklärungsgegner steht ja nach Anfechtung der Erklärung nicht schlechter da, als wenn er auf den Bestand der Erklärung nicht vertraut hätte. Hingegen besteht die Rechtssicherheit im öffentlichen Recht nicht nur im Interesse des Vertrauensschutzes; denn der Antrag und der Verwaltungsakt bilden ja regelmäßig gerade keine Grundlage für wirtschaftliche Dispositionen der Behörde[110]. Der vom Gedanken des — wirtschaftlichen — Vertrauensschutzes abgelöste und folglich nicht kommerzialisierbare Eigenwert der Rechtssicherheit[111] wird deutlich bei der Norm des § 48 I 1 VwVfG, die die Rücknahme rechtswidriger belastender Verwaltungsakte durch die Behörde nicht bindend vorschreibt, sondern ihrem Ermessen überläßt, um dem Prinzip der Rechtssicherheit genüge zu tun[112]. Neben diesen Abweichungen im Intessengefüge können sich jedoch auch noch weitere aufgrund der Tatsache ergeben, daß die Erklärung im öffentlichen Recht anders als im Zivilrecht auch Element eines rechtlich geordneten Verfahrens ist.

Gegen eine Anfechtbarkeit des Antrages könnte der verfahrensrechtliche Charakter der Erklärung sprechen, weil durch die nachträgliche Beseitigung von Verfahrenshandlungen die Klarheit und Eindeutigkeit des Verfahrensablaufes, insbesondere des erreichten Verfahrensstadiums und der dadurch bestehenden Verfahrenslage, beeinträchtigt werden[113]. Das Verfahren als planvolle und zweckmäßige Ordnung einer Anzahl von Handlungen im Dienste eines bestimmten Zieles[114] kann nämlich seinen Zweck nur dann erfüllen, wenn das Verfahrensziel Schritt für Schritt erreicht werden kann und die mit einem Schritt erreichte Position, welche Ausgangspunkt für weitere Verfahrensschritte ist, nicht wieder rückgängig gemacht wird[115]. Jedoch erfährt diese zwar grundsätzlich für alle Verfahren geltende Überlegung eine nachhaltige Relativierung dadurch, daß sie nur das Interesse am zügigen Fortgang des Verfahrens berücksichtigt, nicht aber das Interesse des Irrenden an der Rückgängigmachung seiner Verfahrenshandlung. Die grundsätzliche Möglicheit der Antragsrücknahme bis zum Abschluß des Verfahrens beweist nämlich, daß bis zu diesem Zeitpunt die Interes-

110 Siehe III. Teil, 1. Kap., A. I. 2.

111 In ähnliche Richtung weisen die Bedenken der zivilprozessualen Literatur zum Problem der Anfechtbarkeit von Prozeßhandlungen, vgl. *Gaul*, AcP 1972, S. 342, 349; *Arens*, Willensmängel, S. 21 m. w. N. in Fußn. 9.

112 *Stelkens*, in: Stelkens / Bonk / Leonhardt, § 48 Rdnr. 12.

113 Daß dieser Gedanke gegen die Anfechtbarkeit sprechen kann, betont OVG Koblenz, NVwZ 1984, S. 316, 317.

114 *Badura*, in: Erichsen / Martens, § 37 I, S. 327.

115 Ähnlich *Franz Walter*, S. 69, für das zivilgerichtliche Verfahren.

sen des Betroffenen höherrangig sind. Zudem findet die Anfechtung, falls zulässig, wegen der zuvor eröffneten Rücknahmemöglichkeit ihren natürlichen Anwendungsbereich in aller Regel erst nach Abschluß des Verfahrens. Bedarf es also einer Abwägung zwischen dem Interesse des Betroffenen und dem öffentlichen Interesse am Bestand der Erklärung und des Verwaltungsaktes, so kann hierfür der bloße verfahrensrechtliche Charakter des Antrages keine Bedeutung haben.

Als Argument für eine weitgehende Unbeachtlichkeit der Willensmängel untauglich ist auch die Folgerung, aus dem Erfordernis der Handlungsfähigkeit ergebe sich die Selbstverantwortlichkeit des Betroffenen und damit der Ausschluß der Anfechtbarkeit[116]. Dagegen spricht augenfällig schon, daß ja auch das BGB in §§ 104 ff. BGB grundsätzlich nur die Willenserklärung eines Geschäftsfähigen als wirksam anerkennt, dennoch aber die Anfechtbarkeit seiner Erklärung nach §§ 119 ff. BGB zuläßt. Zwar ist zuzugestehen, daß das Erfordernis der Handlungsfähigkeit den Beteiligten zu sorgfältiger Willensbildung und -erklärung befähigen will, so daß man demnach ein Bedürfnis nach Anfechtung wegen der vom Gesetzgeber vorausgesetzten Beherrschbarkeit der Erklärung verneinen könnte. Jedoch läßt sich ebensogut der Schluß ziehen, durch das Erfordernis der Geschäfts-, also Willensfähigkeit, betone das Gesetz gerade die Bedeutung des Willensmomentes und lasse daher eher vermuten, der wahre Wille solle stets, gegebenenfalls auch über das Medium der Anfechtung, verwirklicht werden. Die Ambivalenz dieser Argumentation ist auch schon ebenso erkannt worden wie die des Einwandes, die Belehrungspflicht der Behörde nach § 25 S. 1 VwVfG erschwere die Entstehung von Willensmängeln und trage zu ihrer Vermeidung bei, so daß eine darüber hinausgehende Anfechtung nicht in Betracht komme. Mit gleicher Berechtigung läßt sich nämlich auch umgekehrt argumentieren, diese Vorbeugungsmaßnahme gegen Willensmängel akzentuiere die Bedeutung des Willens so sehr, daß es wesentlich sei, ihm stets zur Geltung zu verhelfen[117].

Überzeugend ist schließlich auch nicht die Behauptung, die Anfechtung müsse jedenfalls dann ausgeschlossen sein, wenn die Erklärung, die angefochten werden soll, einem Schriftformgebot unterliegt, was im allgemeinen Verwaltungsverfahren ohnehin nicht die Regel ist[118]. Zunächst läßt auch das Zivilrecht die Anfechtung auch schriftlicher Erklärungen zu. Außerdem besteht der Sinn der Formvorschrift zwar darin, die Vorstellungs- und Willensinhalte, die als psychische Vorgänge unsichtbar sind, in einer Weise zu äußern, daß Zweifel hinsicht-

---

[116] So auch *Trautmann*, S. 49 f., 54.

[117] *Trautmann*, S. 60.

[118] Siehe II. Teil, 3. Kap., E.

lich der Identität des Erklärten mit dem Gewollten ausgeschlossen sind; dies bedeutet aber nicht, daß bei Nichtübereinstimmung von Wille und Erklärung allein die Form maßgebend ist, sondern ihr kommt nur insoweit der Vorzug zu, als sie eine tatsächliche Vermutung dafür bedeutet, daß der durch die Form vermittelte Erklärungsgehalt auch dem Willen entspricht; der Gegenbeweis bleibt aber zulässig[119].

Von entscheidender Bedeutung ist aber die Formalisierung des Verfahrens, wenn auch in einem anderen Sinne als dem zuvor gemeinten. In jeder rechtlichen Regelung steckt nämlich ein Element der Formalisierung, die Verrechtlichung formalisiert das Verfahren also zwangsläufig[120]. Während der Entstehungsprozeß zivilrechtlicher Willenserklärungen keiner rechtlichen Regelung unterworfen ist, sondern vielmehr allein die Wirksamkeit der Erklärung, also die Momentaufnahme des Verfahrensergebnisses, im Vordergrund steht, sind Verwaltungsverfahren in unterschiedlicher Dichte rechtlich normiert. Basierend auf der Erkenntnis, daß das Verwaltungsrecht vollzugsbedürftig, also verfahrensabhängig[121] ist, und in Anerkennung der Bedeutung des Verfahrens für die zu treffende Entscheidung[122], wird verständlich, daß proportional zur Bedeutung der verfahrensbeendenden Entscheidung auch die Bedeutung des Verfahrensrechtes und damit die Intensität der verfahrensrechtlichen Vorgaben zunimmt. Beredtes Beispiel dieser Überlegung ist die Unterteilung der Verfahrensarten des VwVfG in allgemeine Verwaltungsverfahren, förmliche Verwaltungsverfahren und Planfeststellungsverfahren. Entsprechend dem oben Gesagten ist das förmliche Verwaltungsverfahren für besonders wichtige Angelegenheiten geschaffen[123] und demgemäß durch eine gegenüber dem allgemeinen Verwaltungsverfahren stärkere Rechtsstellung des Beteiligten[124] und die Bindung der Verwaltung an ein nahezu justizförmig ausgestaltetes Verfahren[125] gekennzeichnet. Das Planfeststellungsverfahren als Unterfall der besonderen Verfahrensarten verdankt seine Normierung der Existenz objekt- und raumbezogener Vorhaben[126] und ist wegen der entsprechenden besonderen Bedeutung ebenfalls justizförmig gestaltet[127]. Diese verfahrensrechtlichen Vorgaben bedingen, daß das Verfahrensergebnis faktisch eine erhöhte Garantie für die Rechtmäßigkeit

---

119 *Trautmann*, S. 59. A. A. *Lange*, ZZP 1928, S. 246, 250.

120 *Pietzcker*, VVDStRL 41, S. 193, 210.

121 *Rainer Wahl*, VVDStRL 41, S. 151, 154.

122 Dazu *Pietzcker*, VVDStRL 41, S. 193, 201 ff.

123 *Bonk*, in: Stelkens / Bonk / Leonhardt, § 63 Rdnr. 8.

124 Etwa § 66 I VwVfG statt § 28 VwVfG; § 66 II VwVfG.

125 Z. B. §§ 67, 68, 69 VwVfG.

126 *Bonk*, in: Stelkens / Bonk / Leonhardt, § 72 Rdnr. 6.

127 Z. B. § 73 VI 6 VwVfG.

und damit den Bestand der Entscheidung bietet. Daher verzichtet der Gesetzgeber auch in § 70 VwVfG für das förmliche Verwaltungsverfahren und in § 74 I 2 VwVfG i. V. m. § 70 VwVfG für das Planfeststellungsverfahren darauf, daß vor Erhebung einer verwaltungsgerichtlichen Klage, die einen in diesen Verfahren erlassenen Verwaltungsakt zum Gegenstand hat, ein Vorverfahren durchzuführen ist. Steigt also in diesen Verfahrensarten die Erwartung in den Bestand der Entscheidung im Vergleich zum allgemeinen Verwaltungsverfahren an, so läßt sich hierin eine verstärkte Bedeutung der Rechtssicherheit erkennen. Dies verdeutlicht auch der Ausschluß der Anwendbarkeit des § 51 VwVfG im Planfeststellungsverfahren, weil dadurch der Konflikt zwischen Rechtssicherheit und Einzelfallgerechtigkeit zugunsten der Rechtssicherheit entschieden wird. Mit der Formalisierung des Verfahrens wachsen aber auch die Einflußmöglichkeiten des Antragstellers als Beteiligten des Verfahrens, wie die besonderen Beteiligungsrechte des förmlichen Verwaltungsverfahrens und die sowohl im förmlichen Verwaltungsverfahren, §§ 67 ff. VwVfG, als auch im Planfeststellungsverfahren, § 73 VI 6 VwVfG, vorgeschriebene mündliche Verhandlung belegt. Die Zuerkennung von Beteiligtenrechten und die Durchführung der mündlichen Verhandlung bindet den Beteiligten in den Erklärungsprozeß ein[128], so daß mit den gestiegenen Einflußchancen auch ein Mehr an Pflichten und Selbstverantwortung verbunden sein kann und muß[129]. Die gesteigerte Selbstverantwortung des Antragstellers resultiert dabei aus der Überlegung, daß die vermehrte Einflußchance auf das Verfahren und gerade auch die mündliche Verhandlung die Wahrscheinlichkeit erhöhen, daß der Betroffene seinen Irrtum noch im Verfahren bemerkt und daher zur — zulässigen — Antragsrücknahme greifen kann, um seine Interessen an einem seinem wahren Willen entsprechenden Rechtszustand durchzusetzen. Folglich ist festzustellen, daß die schon im allgemeinen Verwaltungsverfahren vom Zivilrecht abweichende Interessenlage beim Antrag auf Erlaß eines Verwaltungsaktes der des Zivilrechtes unähnlicher wird, je mehr das Verfahren formalisiert ist[130].

Die Anfechtungstatbestände des § 23 I des 1. StAngRegG und des § 9 I 1 des 2. StAngRegG i. V. m. § 23 des 1. StAngRegG sprechen jedoch dafür, diesen abweichenden Interessenkonflikt für das allgemeine Ver-

---

128 Vgl. *Pietzcker*, VVDStRL 41, S. 193, 204.

129 Ähnlich *Redeker*, NJW 1980, S. 1593, 1597, der auf den Zusammenhang von Beteiligungsrecht und -last hinweist. Siehe auch BVerwG, DÖV 1981, S. 262, 264 f., mit ähnlichen Gedanken.

130 Auf die Formalisierung des Verfahrens stellt auch OVG Koblenz, NVwZ 1984, S. 316, 317, ab. BVerwG, NJW 1980, S. 135, 136, hält eine Widerspruchsrücknahme unter anderem deshalb nicht für anfechtbar, weil der Widerspruch bestimmten Förmlichkeiten — § 70 VwGO — unterliege.

waltungsverfahren[131] dennoch nach den Maßstäben des Zivilrechtes zu lösen[132], weil der Gesetzgeber hiermit ihre Anwendbarkeit im öffentlichen Recht zu erkennen gibt. Er sah sich nämlich zu einer Regelung der Folgen von Willensmängeln im Staatsangehörigkeitsrecht veranlaßt, weil er meinte, daß Irrtum, Zwang oder Drohung für den Personenkreis, für den ein Ausschlagungsrecht nach §§ 1 ff. des 1. StAngRegG in Betracht komme, näherlägen, als es sonst bei Willenserklärungen der Fall sei[133]. Tauchen Irrtum, Zwang oder Drohung jedoch auch in anderen, vergleichbaren Bereichen des öffentlichen Rechtes auf, so sind an sie dieselben Lösungsmaßstäbe anzulegen. Dagegen spricht auch nicht, daß die nach § 23 I des 1. StAngRegG und nach § 9 I 1 des 2. StAngRegG i. V. m. § 23 des 1.StAngRegG anfechtbaren Erklärungen keine Anträge auf Erlaß eines Verwaltungsaktes darstellen, sondern den beabsichtigten Rechtserfolg unmittelbar selbst bewirken[134]. Ebenso wie beim Verwaltungsakt dient nämlich das öffentliche Interesse am Bestand der Erklärung nicht dem Schutz vor wirtschaftlichen Nachteilen, sondern schlechthin der Absicherung vor Veränderungen der Rechtslage. Der beim Verwaltungsakt bestehende Unterschied, Wirksamkeit auch des rechtswidrigen Verwaltungsaktes gemäß § 43 VwVfG, wird nämlich automatisch dadurch berücksichtigt, daß der Verwaltungsakt durch die Anfechtung des Antrages nur rechtswidrig wird[135] und seine Wirksamkeit nur in den Fällen des § 43 II VwVfG einbüßt. Die Unwirksamkeit des Antrages führt daher zu „systemkonformen" Folgen innerhalb der Fehlerlehre des Verwaltungsaktes. Die Folge der Rechtswidrigkeit des Verwaltungsaktes nach Anfechtung des Antrages ist auch deshalb angemessen, weil der aufgrund eines mit einem Willensmangel behafteten Antrages ergehende Verwaltungsakt keine „richtige" Entscheidung darstellt[136]. Dagegen läßt sich nicht vorbringen, die Rechtswidrigkeit des Verwaltungsaktes sei unannehmbar, weil die Behörde die ihr oblie-

---

131 Die anderen Verfahrenstypen sind nicht Gegenstand der Untersuchung, nach dem oben Gesagten spricht dort aber einiges gegen eine entsprechende Anwendung der §§ 119 ff. BGB.

132 So im Ergebnis auch die überwiegende Meinung. Vgl. OVG Rheinland-Pfalz, DVBl. 1984, S. 281, 282; OVG Nordrhein-Westfalen, DVBl. 1972, S. 49, 50; BVerwGE 37, S. 19, 20, sowie die im III. Teil, 2. Kap., A. II. 4. b) bb) Fußn. 59 Genannten. Ebenso *Middel*, S. 123 ff.; *Stichelberger*, BayVBl. 1980, S. 393 f. m. w. N.; kritisch *Kurz*, BayVBl. 1980, S. 587 ff., und *Krause*, VerwArch. 1970, S. 297, 326 ff.

133 BT-Drs. 2/44, Begr. zu § 19, S. 13.

134 Die für den Nachweis des Nichterwerbes der deutschen Staatsangehörigkeit gemäß § 22 des 1. StAngRegG erforderliche Urkunde hat lediglich die Bedeutung, daß die Wirksamkeit der Ausschlagung nur von der zuständigen Einbürgerungsbehörde geprüft und festgestellt wird, vgl. *Makarov / von Mangoldt*, Anm. II 2 zu § 22 des 1. StAngRegG.

135 Dazu III. Teil, 2. Kap., A. IV. 3. d).

136 *Krause*, VerwArch. 1970, S. 297, 328 f.

genden Pflichten zutreffend wahrgenommen habe. Kommt nämlich ein Beteiligter seiner Mitwirkungspflicht an der Ermittlung des Sachverhaltes nach § 26 II 1 VwVfG nicht nach, so endet die Verpflichtung der Behörde zur Ermittlung des Sachverhaltes[137]. Auch in diesen Fällen kann der Verwaltungsakt rechtswidrig sein, weil die Behörde zulässigerweise von einem anderen Sachverhalt als dem tatsächlich gegebenen ausgegangen ist.

Als sinnvoll erweist sich die Anfechtung aber nur in den Fällen, wo der Verwaltungsakt fortdauernde Pflichten des Antragstellers begründet oder ihm Rechte aberkennt. So vermag die Anfechtung eines Antrages auf Erteilung einer Baugenehmigung nach deren Erlaß dem Interesse des Antragstellers nicht mehr zu dienen, da ihn die Baugenehmigung allein durch die Gebührenpflicht belastet[138], nicht aber durch die Einräumung des Rechtes zu bauen, weil dessen Wahrnehmung in seinem Belieben steht. Den durch die Gebühr abgedeckten Verwaltungsaufwand muß der Anfechtende nämlich auch im Falle einer Anfechtung des Antrages tragen, denn die mit Eingang des Antrages bei der zuständigen Behörde entstehende Gebührenschuld[139] beruht nicht darauf, daß sie vom Antragsteller gewollt ist, sondern sie ist vielmehr nur die tatsächliche Folge der realen Handlung „Antragstellung"[140]. Zudem entsteht ja auch bei einer nachträglichen Anfechtung des Antrages der Verwaltungsaufwand, welcher gerade über die Gebührenvorschriften vom Kostenschuldner zu tragen ist. Daher kommt die Anfechtung in erster Linie bei auf Dauer angelegten Positionen in Betracht wie der Ernennung zum Beamten, Rechtsanwalt, Notar, Arzt usw., weil die Innehabung dieser Funktionsstellung mit Pflichten verbunden ist[141] und der Betreffende sich von diesen Pflichten sonst nur durch ex-nunc wirkende Handlungen wie Entlassungsantrag, Verzicht usw.[142] lösen kann, die ihm zudem teilweise nur die Entlassung aus der Pflicht für einen Zeitpunkt in der Zukunft[143] ermöglichen[144]. Vorteilhaft ist für den Antragsteller aber auch die Anfechtung des Entlas-

---

137 *Stelkens*, in: Stelkens / Bonk / Leonhardt, § 26 Rdnr. 12 m. w. N.

138 Siehe dazu I. Teil, 1. Kap., A.

139 Etwa § 11 I GebG NW.

140 Zum gleichen Ergebnis führt § 122 I BGB, es sei denn, die Anfechtung erfolgt aufgrund des § 123 I BGB wegen einer Drohung, die von einem Dritten ausgeht. Bei Drohung durch die Behörde oder Täuschung bedarf es einer Anfechtung nach § 123 BGB nicht, weil dann der Antrag schon wegen eines offensichtlichen Willensmangels nichtig ist — § 123 II BGB läßt die Täuschungsanfechtung nur zu, wenn die Täuschung der Behörde bekannt war oder bekannt sein mußte.

141 Vgl. §§ 24, 32 der Zulassungsordnung für Kassenärzte (ZO-Ärzte); §§ 52 ff. BBG; §§ 43 ff. BRAO; §§ 14 ff. BNotO.

142 § 30 BBG und § 48 BNotO — Entlassungsantrag; § 28 ZO-Ärzte und § 14 I Nr. 5 BRAO — Verzicht.

sungsantrages oder Verzichtes, weil andernfalls ein erneuter Antrag auf Wiedereinräumung der Position unter Umständen nicht erfolgreich ist[145].

Gerade die Anfechtung eines Einstellungsantrages in eine öffentlich-rechtliche Funktionsstellung soll aber nach verbreiteter Auffassung entweder teilweise ausgeschlossen sein oder jedenfalls teilweise nur ex-nunc wirken, so daß sie an Bedeutung gegenüber der ohnehin eingeräumten Möglichkeit zur Stellung eines Entlassungsantrages oder Ausübung eines Verzichtes erheblich verlöre. *Küchenhoff*[146] unterscheidet in diesem Zusammenhang Richtungs-, Betätigungs- und Wirkungserklärungen, deren Anfechtbarkeit jeweils anderen Regeln unterliegen soll. Eine Richtungserklärung, etwa der beamtenrechtliche Entlassungsantrag[147], zeichne sich dadurch aus, daß ihre Rechtsfolgen nur die Erklärungsbeteiligten, Antragsteller und Behörde, betreffe. Erst durch die Folgen dieser Rechtswirkung, Dienstentlassung, nicht aber durch die Rechtswirkung selbst, seien andere Rechtspersonen betroffen, etwa, wenn nunmehr ein anderer Sachbearbeiter ihre Angelegenheiten bearbeite. Von den Richtungserklärungen unterscheidet *Küchenhoff* die Betätigungserklärungen dadurch, daß sie Tatsachenwirkungen äußerten, weshalb sie auch als tatbestandskräftige Richtungserklärungen bezeichnet werden könnten. Aus der Stellung, dem Bestand oder der Betätigung der durch die Willenserklärung geschaffenen Rechtssituation, etwa der Kassenarztstellung, ergäben sich Rechtswirkungen für andere als die an dem Antrag unmittelbar Beteiligten.

Die Wirkungserklärungen schließlich seien dadurch gekennzeichnet, daß der gewollte Rechtserfolg von vornherein allgemein sei, etwa bei der Widmungszustimmungserklärung[148]. Die §§ 119 ff. BGB seien uneingeschränkt nur auf die Richtungs-, nicht aber auf die Betätigungs-

---

143 Vgl. § 28 I 1 ZO-Ärzte — „der Verzicht auf die Zulassung wird mit dem Ende des auf den Zugang der Verzichtserklärung ... folgenden Kalendervierteljahres wirksam." Vgl. auch § 30 II BBG.

144 Daher überzeugt die Auffassung nicht, wegen § 30 I BBG sei eine Anfechtung des Ernennungsantrages nicht erforderlich. Siehe *Middel*, S. 128 ff. m. w. N. pro et contra. Middel stellt dort noch weitere Meinungen und Argumente dar, die aber spezifisch auf das Bamtenverhältnis bezogen sind und demnach hier nicht erörtert werden sollen.

145 Man denke lediglich an das Beamtenverhältnis.

146 *Küchenhoff*, BayVBl. 1958, S. 325 f.; Ansätze dieser Unterscheidung schon bei *Küchenhoff*, Die öffentlich-rechtliche Willenserklärung der Privatperson, S. 317, 320 ff.

147 *Küchenhoff*, BayVBl. 1958, S. 325, 326.

148 *Küchenhoff*, BayVBl. 1958, S. 325, 326. Auf diese wird nicht näher eingegangen, weil sie kein „Antrag" auf Erlaß eines Verwaltungsaktes ist, da die Initiative hier typischer- und zulässigerweise bei der Behörde liegt.

und Wirkungserklärungen anzuwenden[149], bei denen aus Gründen der Verkehrssicherheit nur eine Anfechtung wegen Drohung oder Täuschung, nicht hingegen wegen Irrtums in Betracht komme. Die Einschränkungen der Anfechtbarkeit seien durch die bürgerlichrechtlichen Lösungen im Bereiche des Handels-, Gesellschafts- und Arbeitsrechts bestätigt, wo ebenfalls die Anfechtung oder ihre Wirkungen aus Gründen der Verkehrssicherheit teilweise eingeschränkt seien. In kritischer Auseinandersetzung mit *Küchenhoff* gelangt *Middel*[150] zwar teilweise zu abweichenden Lösungen, stimmt jedoch grundsätzlich einer Restriktion der Irrtumsanfechtung zu.

Obwohl die Vertrauensinteressen Dritter zu berücksichtigen sind, spricht dies nicht für eine Einschränkung der Anfechtung, denn ein Vertrauen Dritter besteht gleichermaßen dann, wenn der Verwaltungsakt nicht aufgrund einer Anfechtung des Antrages, sondern aus anderen Gründen rechtswidrig ist, etwa weil gar kein Antrag vorlag. So sind nach § 14 BBG Amtshandlungen eines Beamten, dessen Ernennung nichtig oder zurückgenommen worden ist, in gleicher Weise gültig, wie wenn sie ein Beamter vorgenommen hätte. Rechtshandlungen, die ein Rechtsanwalt vor der Löschung aus der Liste der zugelassenen Rechtsanwälte vorgenommen hat, sind nach § 36 II BRAO nicht deshalb unwirksam, weil er zur Zeit der Vornahme der Handlung die Anwaltstätigkeit nicht mehr ausüben durfte. Soweit der Gesetzgeber daher Vertrauen des Dritten in den Bestand der Funktionsstellung schützen will, hat er dies für alle Fälle der Nichtigkeit oder Rechtswidrigkeit des Verwaltungsaktes getan, so daß es einer Einschränkung der Anfechtung nicht bedarf, weil die Drittinteressen bei Rechtswidrigkeit oder Nichtigkeit des Verwaltungsaktes ohnehin jeweils angemessen berücksichtigt werden. Man kann dem nicht entgegenhalten, eine Einschränkung der Anfechtung müsse jedenfalls dann angenommen werden, wenn Regelungen wie § 14 BBG oder § 36 II BRAO nicht existieren. Da nämlich die Gleichstellung des aufgrund eines angefochtenen Antrages ergangenen Verwaltungsaktes mit einem rechtswidrigen Verwaltungsakt angemessen ist, muß auch die Abwägung zwischen dem Vertrauensinteresse Dritter und dem Lossagungsinteresse des Antragstellers grundsätzlich in allen Fällen der Rechtswidrigkeit des Verwaltungsaktes gleich ausfallen. Für diese Lösung sprechen letztlich auch die Sachverhalte, in denen im Bürgerlichen Recht die Anfechtung eingeschränkt ist, weil der Ausschluß der Rückwirkung der Anfechtung auch hier immer mit dem Ausschluß der Rückwirkung sonstiger Un-

[149] Nach OVG Lüneburg, OVGE 16, S. 355, 359 f., ist die Anfechtung einer Widmungszustimmungserklärung jedenfalls dann ausgeschlossen, wenn der Irrtum allein in der Vorstellungswelt des Erklärenden zustandegekommen ist.

[150] *Middel*, S. 133 f.

wirksamkeitsgründe zusammentrifft[151]. Es ist daher kein Grund ersichtlich, die Anfechtbarkeit für bestimmte Anträge auszuschließen oder einzuschränken, da schutzwürdige Interessen Dritter immer nur dann vorliegen, wenn sie auch sonst bei Rechtswidrigkeit des Verwaltungsaktes anerkannt sind.

a) § 119 BGB

Gegen die entsprechende Anwendung des § 119 I BGB bestehen keine Bedenken[152]. Zwar erwähnt § 23 I des 1. StAngRegG nur den Inhalts-, nicht aber den Erklärungsirrtum, dies dürfte aber keine Absage an dessen Beachtlichkeit bedeuten, sondern vielmehr darauf zurückzuführen sein, daß der Gesetzgeber einen Erklärungsirrtum bei der Ausschlagungserklärung bzw. dem Verzicht auf sie für unwahrscheinlich hielt. Die Nichterwähnung des Irrtums über verkehrswesentliche Eigenschaften der Person oder Sache i. S. des § 119 II BGB resultiert ebenfalls nicht daraus, daß das öffentliche Recht seine Unbeachtlichkeit verlangt, sondern folgt aus der Erwägung, daß die Erfüllung seiner Voraussetzungen bei der Ausschlagungs- und Verzichtserklärung kaum vorstellbar ist[153]. Berechtigt daher auch § 119 II BGB zur Anfechtung eines Antrages, so erweist sich hingegen, wie im Zivilrecht, die Unbeachtlichkeit des Motivirrtumes als sachgerecht[154], weil andernfalls die Rechtssicherheit in weit größerem Umfang beeinträchtigt wäre als bei einer Anfechtung nach § 119 I und II BGB, da Motiv des Antrages alles Mögliche sein kann und damit neben der Schaffung einer neuen beachtlichen Irrtumskategorie auch eine quantitativ von den in § 119 I und II BGB erfaßten Irrtümern abweichende Regelung geschaffen würde. Für dieses Ergebnis spricht auch, daß der Antragsteller ein Motiv in die Erklärung aufnehmen und es damit zu ihrer Voraussetzung oder Bedingung machen kann, soweit eine entsprechende Voraussetzung oder Bedingung zulässig ist[155]. Unterläßt er dies, so muß er die Konse-

---

[151] Vgl. etwa *Schaub*, § 35 III, S. 143 ff.; *Söllner*, in: Münchener Kommentar, § 611 Rdnr. 292 ff. Ausnahmen von den Grundsätzen des faktischen Vertragsverhältnisses werden gemacht, wenn eine Partei die Nichtigkeit des Arbeitsvertrages kannte, *Schaub*, § 35 III, S. 145, was in die gleiche Richtung weist wie die obigen Überlegungen zur Nichtigkeit eines mit einem offensichtlichen Willensmangel behafteten Antrages. Zum Gesellschaftsrecht siehe *Wiedemann*, § 3 I 2, S. 147 ff. m. w. N.

[152] Im Ergebnis ebenso etwa *Krauß*, S. 111 ff.; *Klemp*, S. 109 ff.; OVG Rheinland-Pfalz, DVBl. 1984, S. 281, 282.

[153] Hält man § 119 II BGB für einen Unterfall des Inhaltsirrtumes, so ist er ohnehin schon in § 23 I des 1. StAngRegG berücksichtigt.

[154] Ein solcher lag der Entscheidung des OVG Lüneburg, ZBR 1964, S. 366, zugrunde. *Krause*, VerwArch. 1970, S. 297, 335, hält dagegen auch Motivirrtümer nicht grundsätzlich für unbeachtlich.

[155] Dazu II. Teil, 3. Kap., D. I.

quenzen tragen. Ist aber eine Voraussetzung oder Bedingung unzulässig, weil die Rechtssicherheit oder Rechtsklarheit dagegen spricht, dann gilt dies erst recht für die Anfechtung wegen eines Motivirrtumes, weil der Behörde dann die Unsicherheit, mit der die Erklärung behaftet ist, nicht einmal bekannt ist, sie sich also auch nicht darauf einzustellen vermag. Beim Erklärungsirrtum hat der Betreffende hingegen zu der Beifügung einer Bedingung schon deshalb gar keinen Anlaß, weil er sich gerade vertut, und beim Inhaltsirrtum erweist sich eine Bedingung als überflüssig, weil sie aus der Perspektive des Antragstellers als bloße conditio iuris verzichtbar ist.

b) § 123 BGB

Zur Anfechtung berechtigt auch ein durch Drohung eines Dritten erwirkter Antrag. Hingegen bedarf es einer Anfechtung nach § 123 BGB nicht, wenn die Drohung von der Behörde ausgeht oder wenn der Antragsteller arglistig getäuscht wird. Bei Drohung oder Täuschung durch die Behörde ist der Antrag nämlich schon deshalb nichtig, weil dann ein für die Behörde offensichtlicher Willensmangel gegeben ist[156]. Im Falle einer Täuschung durch Dritte ist die Anfechtung nach § 123 II BGB ohnehin nur möglich, wenn die Behörde die Täuschung kannte oder kennen mußte, so daß auch dann der Antrag schon wegen eines offensichtlichen Willensmangels nichtig ist.

c) Anfechtungsfrist

Die von § 121 I 1 BGB verlangte unverzügliche Geltendmachung des Anfechtungsgrundes bei einer Anfechtung nach § 119 BGB gilt auch im öffentlichen Recht. Daß § 23 III des 1. StAngRegG eine einmonatige Überlegungsfrist gewährt, steht dem nicht entgegen, weil unverzüglich i. S. des § 121 I 1 BGB nicht „sofort" meint, sondern dem Anfechtungsberechtigten ebenfalls eine angemessene Frist einräumt, innerhalb derer er über das Für und Wider einer Anfechtung entscheiden kann. Weil die Länge dieser angemessenen Überlegungsfrist jeweils auch von der Bedeutung des konkreten Rechtsgeschäftes abhängt, hat der Gesetzgeber in § 23 III des 1. StAngRegG für die zwei dort in Frage kommenden Erklärungen „unverzüglich" i. S. von „innerhalb eines Monates" definieren können. Hingegen würde sich bei der Vielzahl der nach § 119 BGB auch im öffentlichen Recht anfechtbaren Anträge eine starre Grenze wegen der jeweils unterschiedlichen Bedeutung der durch den Antrag ausgelösten Rechtsfolgen in der Regel entweder als zu kurz oder

---

[156] Siehe III. Teil, 2. Kap., A. II. 3.

zu lang erweisen, so daß eine elastischere Regelung, wie § 121 I 1 BGB, angebracht ist[157].

§ 121 I 1 BGB gilt darüber hinaus aber auch für die Anfechtung wegen widerrechtlicher Drohung. Die im Zivilrecht in diesen Fällen von § 124 BGB vorgesehene Jahresfrist findet dort ihre Rechtfertigung darin, daß der Schutz des Bedrohten gegenüber dem des Erklärungsgegners bis zu einem Jahr nach Entdeckung der fehlgeleiteten Vorstellung vorrangig ist. Eine derartige Wartezeit ist im öffentlichen Recht nicht tragbar, da der Erklärungsempfänger eine Vielzahl von Rechtsbeziehungen unterhält, so daß Rechtsunsicherheit aufkommen würde, die mit dem öffentlichen Interesse an Rechtssicherheit nicht vereinbar ist[158].

Die dreißig-jährige Ausschlußfrist der §§ 121 II, 124 III BGB ist für das öffentliche Recht ebenfalls zu lang bemessen. § 23 III des 1. StAngRegG sieht eine — vom Gesetzgeber betont kurz gewählte[159] — sechsmonatige Frist vor. Weil diese Frist mit der Frist des § 19 I des 1. StAngRegG für die Wiedereinsetzung in den vorigen Stand übereinstimmt und dort ebenfalls der Konflikt zwischen Einzelfallgerechtigkeit und Rechtssicherheit geregelt ist, ist auch im allgemeinen Verwaltungsverfahren entsprechend der Wiedereinsetzungsfrist des § 32 III VwVfG für die Anfechtung eine Ausschlußfrist von einem Jahr angemessen[160].

d) Das Anfechtungsverfahren

Die Anfechtung des Antrages führt entsprechend § 142 I BGB zu seiner Unwirksamkeit ex-tunc. Dies hat aber die Unwirksamkeit des Verwaltungsaktes nur dann zur Folge, wenn er im Zuge eines Widerspruchsverfahrens, einer Anfechtungsklage nach § 42 I VwGO oder

---

157 Ganz h. M., siehe *Krauß*, S. 122; *Klemp*, S. 120; *Krause*, VerwArch. 1970, S. 297, 336 f.; *Middel*, S. 121; OVG Nordrhein-Westfalen, DVBl. 1952, S. 606 f.; HessVGH, NJW 1952, S. 159; BVerwG, ZBR 1971, S. 88 m. w. N.

158 Ebenso *Middel*, S. 121 f.; für eine kürzere Frist als § 124 BGB auch *Krause*, VerwArch. 1970, S. 297, 337, der sich aber nicht genau festlegt. Siehe auch Art. 40 I EVRO W — 3 Monate.

159 BT-Drs. 2/44, Begründung zu § 19, S. 13.

160 A. A. *Stichelberger*, BayVBl. 1980, S. 393, 395, weil §§ 48, 49, 51 VwVfG auch kein zeitliches Limit vorsehen, die dreißigjährige Anfechtungsfrist des § 121 II BGB daher der im öffentlichen Recht herrschenden Grundtendenz nicht zuwiderlaufe. Dies überzeugt nicht, weil der Zeitfaktor bei §§ 48, 49 VwVfG im Rahmen der Ausübung des Aufhebungsermessens beachtlich ist und § 51 VwVfG die zur Durchbrechung der Bestandskraft des Verwaltungsaktes führende Wiederaufnahme nur in schwerwiegenden Fällen zuläßt, in denen die Rechtssicherheit der Einzelfallgerechtigkeit folglich auch zeitlich unbegrenzt untergeordnet ist. *Krause*, VerwArch. 1970, S. 297, 337, erwägt in Anlehnung an die Ausschlußfrist für eine gerichtliche Wiederaufnahme — § 586 II 2 ZPO — eine Fünf-Jahres-Frist. So auch Art. 39 III, 40 V EVRO W.

durch Rücknahme nach § 48 VwVfG aufgehoben wird. Hingegen führt die Anfechtung des Antrages auch dann nicht zur automatischen Nichtigkeit des Verwaltungsaktes, wenn der Antrag dessen Wirksamkeitsvoraussetzung ist. Zwar leidet der Verwaltungsakt dann von Anfang an an einem besonders schwerwiegenden Fehler i. S. des § 44 I VwVfG, jedoch ist dieser Fehler zum maßgeblichen Zeitpunkt, nämlich dem des Wirksamwerdens des Verwaltungsaktes, nicht offenkundig[161], sondern vielmehr erst zum Zeitpunkt des Zuganges der Anfechtungserklärung bei der Behörde. Eine sichere Aussicht des Antragstellers auf Aufhebung des Verwaltungsaktes besteht damit nur dann, wenn er zusätzlich zur Anfechtung des Antrages auch Widerspruch gegen den Verwaltungsakt einlegt bzw. Anfechtungsklage erhebt. Dabei ist allerdings zu berücksichtigen, daß die Erklärung der Anfechtung des Antrages entsprechend § 143 I, II, III BGB gegenüber der Behörde erfolgen muß, bei der der Antrag gestellt wurde[162], während der Widerspruch gemäß § 70 I VwGO auch bei der Widerspruchsbehörde eingelegt werden kann und die Anfechtungsklage bei Gericht zu erheben ist, § 81 I 1 VwGO.

Obwohl es im Interesse des Betroffenen liegt, die Anfechtung des Antrages mit dem Gebrauch eines Rechtsmittels zu verbinden, ist es zulässig, daß er — durch formlose Erklärung[163] — lediglich den Antrag anficht, nicht aber den Verwaltungsakt[164]. Ist die Widerspruchs- bzw. Klagefrist verstrichen und kommt eine Wiedereinsetzung in den vorigen Stand nicht in Betracht, so bleibt die Anfechtung des Antrages insoweit sinnvoll, als sie in Verbindung mit einem Antrag auf Rücknahme des Verwaltungsaktes nach § 48 VwVfG zu dessen Aufhebung führen kann[165].

---

[161] Zum maßgeblichen Zeitpunkt für das Vorliegen der Offenkundigkeit siehe III. Teil, 2. Kap., A. II. 4. a). Im Ergebnis ebenso *Krause*, VerwArch. 1970, S. 297, 333. A. A. *Middel*, S. 142, der den Verwaltungsakt für nichtig hält.

[162] *Middel*, S. 141, betont daher zu Recht, es sei kein Grund ersichtlich, die Anfechtungserklärung an die Rechtsmittelbehörde und nicht an den Erklärungsgegner zu richten.

[163] Ein Formzwang für die Anfechtung besteht wie im Zivilrecht nicht. Anders § 23 II des 1. StAngRegG, da es sich dort um die Anfechtung einer formbedürftigen Bewirkungshandlung handelt.

[164] Ebenso *Stichelberger*, BayVBl. 1980, S. 393, 397.

[165] So wohl auch *Krause*, VerwArch. 1970, S. 297, 332. A. A. *Middel*, S. 141 ff., wohl, weil er meint, ein Verwaltungsakt könne durch die Anfechtung des Antrages automatisch nichtig werden und daher diese Folge nach Eintritt der Bestandskraft des Verwaltungsaktes ausschließen will.

B. Der Antrag auf Abschluß eines öffentlich-rechtlichen Vertrages

Gemäß § 62 S. 2 VwVfG gelten die §§ 116 ff. BGB für Willensmängel beim Antrag auf Abschluß eines öffentlich-rechtlichen Vertrages — da sich aus den §§ 54 ff. VwVfG nichts Abweichendes ergibt —, soweit die übrigen Vorschriften des VwVfG lückenhaft sind und die Interessenlage in beiden Rechtsgebieten übereinstimmt.

Wie beim Antrag auf Erlaß eines Verwaltungsaktes fragt sich, ob von der grundsätzlichen Wirksamkeit eines mit einem Willensmangel behafteten Antrages eine Ausnahme zu machen ist, wenn der Willensmangel für die Behörde offensichtlich ist. Zwar kann die Behörde das auf den Abschluß eines öffentlich-rechtlichen Vertrages gerichtete Verfahren auch ohne Antrag eröffnen, so daß die für die Unwirksamkeit des Antrages auf Erlaß eines Verwaltungsaktes sprechenden Gründe[166] insoweit nicht zum Zuge kommen. Für die Unwirksamkeit spricht aber, daß die Behörde auch beim Vertragsantrag eine Belehrungspflicht trifft, wenn ein offensichtlicher Willensmangel vorliegt, § 25 S. 1 VwVfG[167]. Zudem ist zu bedenken, daß die Behörde bei Annahme der Wirksamkeit des Antrages wegen § 122 II BGB keinen Anspruch auf Ersatz des Vertrauensschadens gemäß § 122 I BGB hat, wenn der Erklärende seine Erklärung angefochten hat. Ist diese Folge im Zivilrecht für den Erklärungsgegner angemessen, weil er ja um die Anfechtbarkeit weiß und die Vornahme sich nachträglich als schädigend erweisender Handlungen in seinem Belieben steht, so muß man ein derartiges Verhalten der Behörde für unzulässig halten, da sie keinen vermeidbaren Schaden für die Allgemeinheit verursachen darf. Für die Unwirksamkeit des Antrages spricht auch, daß die Behörde ansonsten erkennbar Rechtsunsicherheit in Kauf nähme, obwohl die gegenüber dem zivilrechtlichen Vertrag stärkere Bestandskraft des öffentlich-rechtlichen Vertrages, § 59 I, II VwVfG, die besondere Bedeutung der Rechtssicherheit auch für diesen betont. Ein mit einem offensichtlichen Willensmangel behafteter Vertragsantrag ist folglich unwirksam[168].

Da sonstige spezifisch öffentlich-rechtliche Möglichkeiten der Berücksichtigung von Willensmängeln fehlen, die übrigen Regelungen des

---

[166] III. Teil, 2. Kap., A. II. 3.

[167] III. Teil, 2. Kap., A. II. 3.

[168] A. A. die absolut h. M., die die §§ 116 ff. BGB heranzieht und daher nur im Falle der §§ 116 und 117 BGB bei Offensichtlichkeit des Willensmangels die Unwirksamkeit des Antrages annimmt, etwa: *Bonk*, in: Stelkens / Bonk / Leonhardt, § 62 Rdnr. 43; *Kopp*, VwVfG, § 62 Rdnr. 4; *Obermayer*, VwVfG, § 62 Rdnr. 43; *Meyer*, in: Meyer / Borgs, § 62 Rdnr. 12.

VwVfG also lückenhaft sind, richtet sich die Beachtlichkeit von Willensmängeln im übrigen nach §§ 116 ff. BGB, wenn die Interessenlage übereinstimmt.

Für eine entsprechende Anwendung der §§ 116, 117 BGB besteht kein Bedürfnis, da sie die Folge der Nichtigkeit einer Erklärung nur für den Fall eines offensichtlichen Willensmangels vorsehen und dieser schon aufgrund der vorstehenden Überlegungen zur Unwirksamkeit des Antrages führt.

Während § 118 BGB ebenfalls nicht herangezogen werden kann[169], gelten die §§ 119, 123 BGB auch für den Antrag auf Abschluß eines öffentlich-rechtlichen Vertrages[170], weil die Anfechtungstatbestände des § 23 I des 1. StAngRegG dies für öffentlich-rechtliche Willenserklärungen indizieren[171]. Eine Anfechtung wegen widerrechtlicher Drohung gemäß § 123 I BGB ist jedoch nur dann erforderlich, wenn die Drohung weder von der Behörde ausging, noch ihr bekannt war, denn die Erklärung ist sonst schon wegen eines für die Behörde offensichtlichen Willensmangels nichtig. Eine Anfechtung wegen arglistiger Täuschung scheidet entsprechend § 123 II BGB jedenfalls dann aus, wenn die Behörde die Täuschung nicht kannte oder kennen mußte[172]. Wenn aber die Behörde die Täuschung kannte oder kennen mußte, so bedarf es einer Anfechtung deshalb nicht mehr, weil dann ein für die Behörde offensichtlicher Willensmangel vorliegt, der auch ohne Anfechtung zur Unwirksamkeit der Vertragserklärung führt.

Die entsprechend § 143 I, II, III BGB dem „Antragsgegner" gegenüber zu erklärende Anfechtung führt nach § 142 I BGB zur Unwirksamkeit des Antrages ex-tunc und damit auch nach § 59 I VwVfG i. V. m. § 142 I BGB zur Nichtigkeit des Vertrages[173].

---

169 Siehe III. Teil, 2. Kap., A. IV. 1. c).

170 Siehe neben den in Fußn. 168 Genannten noch *Knack*, in: Knack, § 62 Anm. 3; *Maurer*, § 14 I 3, S. 300, Rdnr. 40; *Erichsen / Martens*, in: Erichsen / Martens, § 27 IV, S. 288; *Schimpf*, S. 130 m. w. N.; BT-Drs. 7/910, S. 83.

171 III. Teil, 2. Kap., A. IV. 3.

172 Für die Anwendung des § 123 II BGB: *Meyer*, in: Meyer / Borgs, § 62 Rdnr. 12; *Bonk*, in: Stelkens / Bonk / Leonhardt, § 62 Rdnr. 12. Dagegen: *Kopp*, VwVfG, § 62 Rdnr. 4; *Wolff / Bachof*, Verwaltungsrecht I, § 44 III a, S. 350. *Knack*, in: Knack, § 62 Anm. 3. *Obermayer*, VwVfG, § 62 Rdnr. 61, folgert die Unanwendbarkeit des § 123 II BGB aus der Betreuungspflicht des § 25 VwVfG, die jedoch lediglich bei offensichtlichen Fehlern des Antrages eingreift und daher eher dafür spricht, daß eine Täuschungsanfechtung jedenfalls dann nicht in Betracht kommt, wenn die Behörde vom Täuschungsvorgang gar keine Kenntnis hat.

173 *Meyer*, in: Meyer / Borgs, § 59 Rdnr. 15; *Obermayer*, VwVfG, § 62 Rdnr. 56; *Schimpf*, S. 293 ff. Die von *Obermayer*, VwVfG, § 62 Rdnr. 56, vorgenommene Einschränkung — Anfechtung bei Dauerschuldverhältnissen lediglich mit ex-nunc Wirkung — ist nur für die Fälle zutreffend, wo auch an-

In Anlehnung an § 60 II VwVfG bedarf die Anfechtungserklärung der Schriftform[174], da dann, wenn der Gesetzgeber schon für die ex-nunc Aufhebung des Vertrages diese Form fordert, die weitergehende ex-tunc Vernichtung erst recht diesem Formgebot genügen muß.

Die Anfechtung muß aus Gründen der Rechtssicherheit in allen Fällen unverzüglich erfolgen, § 121 I BGB[175], und unterliegt einer Ausschlußfrist von einem Jahr[176].

dere Nichtigkeitsgründe grundsätzlich keine Rückwirkung haben, siehe III. Teil, 2. Kap., A. IV. 3.

174 Wie hier *Obermayer*, VwVfG, § 62 Rdnr. 54; im Ergebnis auch *Bonk*, in: Stelkens / Bonk / Leonhardt, § 57 Rdnr. 6.

175 Wie hier *Kottke*, S. 122 f.; nach überwiegender Ansicht soll bei Täuschung oder Drohung § 124 I BGB zum Zuge kommen, so *Meyer*, in: Meyer / Borgs, § 62 Rdnr. 12; *Obermayer*, VwVfG, § 62 Rdnr. 61; *Henke*, Wirtschaftssubventionen, S. 290.

176 Siehe III. Teil, 2. Kap., A. IV. 3. c). A. A. *Meyer*, in Meyer / Borgs, § 62 Rdnr. 12, und *Obermayer*, VwVfG, § 62 Rdnr. 61, die gemäß §§ 121 II, 124 III BGB von einer dreißigjährigen Ausschlußfrist ausgehen.

Vierter Teil

Öffentliche und gemischt-öffentliche Privatrechtsvereinigungen als Antragsteller

Bund, Länder und Gemeinden sind in vielen Fällen Träger oder Beteiligte privatrechtlicher Vereinigungen (sog. öffentliche und gemischt-öffentliche Privatrechtsvereinigungen). Beispielhaft seien lediglich die Volkswagenwerk-AG (gemischt-öffentliche Privatrechtsvereinigung mit Bundesbeteiligung) und die häufig anzutreffenden Stadtwerke-AG'en (öffentliche Privatrechtsvereinigungen der Gemeinden) erwähnt[1]. Weil hinter diesen Vereinigungen zumindest auch die öffentliche Hand steht, ist zu fragen, ob die oben entwickelten Lösungen für Privatrechtssubjekte aufgrund dieser Besonderheit auch für öffentliche oder gemischt-öffentliche Privatrechtsvereinigungen gelten. Abweichungen können sich jedoch nur dort ergeben, wo im vorstehenden Lösungen aus den Grundrechten abgeleitet werden, da die Grundrechtsfähigkeit der öffentlichen und gemischt-öffentlichen Privatrechtsvereinigungen gemäß Art. 19 III GG kontrovers beurteilt wird. Unterschiede sind dagegen in anderen Bereichen nicht festzustellen, weil die Resultate auf Erwägungen basieren, die keine Differenzierung nach der Art des Antragstellers zulassen. Das gilt etwa auch hinsichtlich der Anfechtbarkeit eines Antrages auf Erlaß eines Verwaltungsaktes wegen eines Willensmangels. Zwar ist es bedenklich, einem Träger öffentlicher Gewalt die Möglichkeit zuzugestehen, einen von ihm erlassenen Verwaltungsakt wegen eines Willensmangels anzufechten. Dies beruht aber darauf, daß die dadurch bewirkte Folge, Nichtigkeit des Verwaltungsaktes entsprechend § 142 I BGB, mit der Regelung des § 44 I VwVfG nicht vereinbar ist, die Nichtigkeit eines Verwaltungsaktes nur bei Rechtsfehlern, zu denen der Willensmangel nicht zählt[2], eintreten läßt. Ebenso kann eine öffentliche Privatrechtsvereinigung einen Vertragsantrag wegen eines Willensmangels anfechten, weil dieses Recht ja auch dem am Vertragsschluß beteiligten Hoheitsträger zusteht[3].

---

[1] Umfassender Überblick bei *Ehlers*, S. 15 ff.

[2] Siehe III. Teil, 2. Kap., A. II. 4. b) aa).

[3] Siehe statt vieler *Bonk*, in: Stelkens / Bonk / Leonhardt, § 62 Rdnr. 12.

Die Grundrechtsfähigkeit öffentlicher und gemischt-öffentlicher Privatrechtsvereinigungen gemäß Art. 19 III GG hängt davon ab, ob und inwieweit die Grundrechte ihrem Wesen nach auch auf solche Vereinigungen, die entgegen dem Wortlaut des Art. 19 III GG keine juristischen Personen zu sein brauchen, sondern auch nicht-rechtsfähige Personenvereinigungen sein können[4], anwendbar sind. Rückt man die privatrechtliche Organisationsform in den Vordergrund, so ist die Grundrechtsfähigkeit öffentlicher und gemischt-öffentlicher Privatrechtsvereinigungen nicht anders zu beurteilen als die nicht-öffentlicher Privatrechtsvereinigungen[5]. Stellt man hingegen auf die Trägerschaft der öffentlichen Hand ab, dann kommt eine Grundrechtssubjektivität dieser rechtlich verselbständigten Subjekte nur insoweit in Betracht, wie eine juristische Person des öffentlichen Rechtes grundrechtsfähig ist. Entsprechend hat das BVerfG[6] entschieden, daß eine öffentliche Privatrechtsvereinigung, deren Gegenstand Aufgaben der Daseinsvorsorge umfaßt, hinsichtlich der Grundrechtsfähigkeit wie eine juristische Person des öffentlichen Rechtes zu behandeln sei. Diese Position hat in der Literatur Zustimmung[7] gefunden, wenn auch zum Teil die Ansicht vertreten wird, auf die Art der Aufgabenstellung komme es hierbei nicht an[8]. Hinsichtlich gemischt-öffentlicher Privatrechtsvereinigungen wird teilweise vertreten, sie seien hinsichtlich der Grundrechtsfähigkeit wie eine private Organisation zu behandeln, weil die private Mitträgerschaft es verbiete, sie einfach als besondere Erscheinungsformen der Verwaltung anzusehen[9]. Andere wiederum wollen die Intensität des Grundrechtsschutzes nach dem Ausmaß der Staatsbeteiligung abstufen, hohe Staatsbeteiligung hat dann geringeren, niedrige Staatsbeteiligung stärkeren Grundrechtsschutz zur Folge[10]. Stellt man die öffentlichen oder gemischt-öffentlichen Privatrechtsvereinigungen hinsichtlich des Grundrechtsschutzes den juristischen Personen des öffentlichen Rechtes gleich, dann fragt sich, inwieweit diese Grundrechtssubjektivität gemäß Art. 19 III GG besitzen. Neben die Extremposition, daß juristische Personen des öffentlichen Rechtes grundsätzlich nicht grundrechtsfähig seien, schieben sich hier differenzierende Lösungsansätze, nach denen auf die Rechtsform, in der die juristische Person tätig wird — bei privatrechtlichem Handeln grundrechtsfähig, bei hoheitlichem nicht —, auf die Aufgabe, die die juristische Person wahrnimmt — bei

4 So etwa schon BVerfGE 3, S. 383, 391.

5 So *Püttner*, S. 154.

6 BVerfGE 45, S. 63, 80; BVerfG, NJW 1980, S. 1093.

7 *Ehlers*, S. 84 m. w. N. in Fußn. 50.

8 So *Ehlers*, S. 84 Fußn. 51.

9 *Ehlers*, S. 75.

10 Etwa *Bethge*, S. 66 Fußn. 142.

Erfüllung öffentlicher Aufgaben kein Grundrechtsschutz —, auf das Vorliegen einer grundrechtstypischen Gefährdungslage oder auf die organisationsrechtliche Unabhängigkeit vom Staat abgestellt wird[11].

Soweit man davon ausgeht, die Privatrechtsvereinigung mit öffentlicher Beteiligung sei nicht grundrechtsfähig, ist dies für die oben gewonnenen Lösungen aber nur da relevant, wo sie mit der Bejahung der Grundrechtsfähigkeit stehen und fallen, nicht aber dort, wo sie zwar auch, aber nicht nur, auf Argumenten aus den Grundrechten beruhen. Somit spielt die Grundrechtsfähigkeit letztlich in folgenden Bereichen keine entscheidende Rolle:

— Die Mitwirkungsbedürftigkeit eines belastenden Verwaltungsaktes ist zwar nicht mehr aus der ohne Antrag übermäßigen Grundrechtsbeeinträchtigung ableitbar, weil sich der „Belastete“ auf das jeweilige Grundrecht gar nicht berufen kann, sie folgt jedoch daraus, daß der Erlaß des Verwaltungsaktes ohne Antrag zweckwidrig bleibt[12].

— Ein Anspruch auf rechtmäßige Ermessensausübung bezüglich des Erlasses oder auf Erlaß des Verwaltungsaktes folgt nicht aus dem subjektiven Grundrecht, läßt sich aber noch auf die in den Grundrechten zum Ausdruck kommende objektive Wertordnung stützen, was letztlich hier zu identischen Resultaten führt[13].

— Das subjektive öffentliche Recht des Antragstellers auf Verfahrenseinleitung durch die Behörde kann nicht auf das subjektive Grundrecht aus Art. 17 GG gestützt werden, ergibt sich aber nach wie vor aus § 24 III VwVfG als einfachgesetzlicher Ausprägung dieses Grundrechtes[14].

— Die Grundrechtsmündigkeit führt, wie auch sonst, nicht zur Handlungsfähigkeit im Verwaltungsverfahren nach § 12 I Nr. 2, 2. Alt., VwVfG, hier aber schon deshalb, weil dies jedenfalls die Grundrechtsfähigkeit des Antragstellers voraussetzt[15].

— Ist eine erlaubnis- oder genehmigungspflichtige Sachlage ohne Antrag geschaffen worden, so ist ihre Legalisierung ohne Antrag zulässig. Anderes ist aus der Möglichkeit einer ohne Antrag unverhältnismäßigen Grundrechtsbeeinträchtigung hier schon mangels Grundrechtsfähigkeit des Antragstellers nicht zu folgern[16].

---

11 Siehe dazu lediglich *Kröger*, JuS 1981, S. 26, 27.

12 I. Teil, 1. Kap., A.

13 I. Teil, 1. Kap., A.

14 II. Teil, 1. Kap., B. I. 1.

15 II. Teil, 3. Kap., C. I. 2.

16 II. Teil, 3. Kap., E.

— Für die Unbeachtlichkeit eines Antrages, bei dem der offensichtliche Willensmangel des Antragstellers auf behördliches Fehlverhalten zurückgeht, spricht § 136 a StPO als einfachgesetzliche Ausprägung der Art. 1 I, 2 I GG, auch wenn der Antragsteller sich nicht unmittelbar auf diese Grundrechte berufen kann[17].

Abweichungen ergeben sich allein bezüglich der Pflicht der Behörde zur Weiterleitung eines fehladressierten Antrages; kann sich nämlich der Antragsteller auf Art. 17 GG nicht berufen[18], dann folgt aus dieser Norm auch keine Verpflichtung zur Weiterleitung eines schriftlichen Antrages. Damit sprechen § 16 II SGB-AT und die genetische Interpretation des VwVfG dann dafür, daß bei dieser Personengruppe eine Weiterleitungspflicht nicht besteht[19]. Statt dessen muß die Behörde den Antragsteller aber allemal nach § 25 S. 1 VwVfG belehren.

---

[17] III. Teil, 2. Kap., A. II. 3.

[18] Dies wird bei juristischen Personen des öffentlichen Rechtes oder denen je nach Auffassung gleichzustellenden öffentlichen oder gemischt-öffentlichen Privatrechtsvereinigungen der Fall sein, weil Hoheitsträger des Grundrechtes aus Art. 17 GG gar nicht bedürfen, um Anträge bei anderen Hoheitsträgern zu stellen, siehe *Dürig*, in: Maunz / Dürig, Art. 17 Rdnr. 28.

[19] II. Teil, 2. Kap., B.

Zusammenfassung

Im Verwaltungsverfahren findet man Anträge vielfacher Art. Gegenstand dieser Arbeit ist aber nur der in einem allgemeinen Verwaltungsverfahren nach den allgemeinen Verwaltungsverfahrensgesetzen des Bundes und der Länder von einem Privatrechtssubjekt gestellte Antrag auf Erlaß eines Verwaltungsaktes oder Abschluß eines öffentlich-rechtlichen Vertrages.

I. Die Bedeutung des Antrages für die Einleitung des Verfahrens

Nur der Antrag, durch den ein antragsbedürftiger Verwaltungsakt begehrt wird, ist Voraussetzung für die Einleitung eines Verwaltungsverfahrens durch die Behörde. Eine derartige „Sperrfunktion" des nicht gestellten Antrages folgt entweder aus ausdrücklichen Verfahrenseinleitungsvorschriften oder — häufiger — mittelbar aus den Rechtsvorschriften, die anordnen, daß ein Verwaltungsakt ohne Antrag nicht erlassen werden darf. Im letztgenannten Fall ist es nämlich zweckwidrig, ohne Antrag überhaupt ein Verwaltungsverfahren durchzuführen, weil sonst bei der Verfahrenseröffnung ungewiß wäre, ob ein Antrag noch gestellt würde, die Behörde also unter Umständen überflüssigen Verfahrensaufwand betreiben und der Betroffene mit den Lasten einer Beteiligung am Verfahren konfrontiert würde, obgleich er sein Einverständnis mit dem Erlaß des Verwaltungsaktes noch gar nicht erklärt hätte.

Wird ein Antrag auf Erlaß eines Verwaltungsaktes — sei er antragsbedürftig oder nicht — oder Abschluß eines öffentlich-rechtlichen Vertrages gestellt, so ist die Behörde gemäß § 24 III VwVfG i. V. m. Art. 17 GG nicht nur objektiv-rechtlich, sondern gerade auch dem Antragsteller gegenüber verpflichtet, ein Verwaltungsverfahren einzuleiten.

II. Der Antragsteller als Beteiligter des Verfahrens

Die mit Rechten und Pflichten verbundene Beteiligung am Verfahren basiert sowohl auf der verfassungsrechtlichen Stellung des Individuums und seines Verhältnisses zur öffentlichen Gewalt als auch — weil der Beteiligte unter anderem häufig der primäre Wissensträger ist — auf den Verwaltungszwecken.

Beteiligter als Antragsteller i. S. des § 13 I Nr. 1 VwVfG ist aber nur derjenige, der den Erlaß eines antragsbedürftigen Verwaltungsaktes begehrt, denn § 13 I Nr. 1 VwVfG lehnt sich an § 63 VwGO an und ist wie dieser nur auf Verfahren zugeschnitten, für die die Dispositionsmaxime, nicht aber die Offizialmaxime gilt. Zudem ist die automatische Beteiligung gemäß § 13 I Nr. 1 VwVfG nur angemessen, wenn der Antrag in eigener Sache gestellt, der Antragsteller also auch Adressat des Verwaltungsaktes ist; „Dritte" können nämlich nur unter den Voraussetzungen des § 13 II VwVfG zu dem Verfahren hinzugezogen werden — die bloße Antragstellung darf diese Anforderungen nicht obsolet machen.

Wird ein Antrag auf Abschluß eines öffentlich-rechtlichen Vertrages an die Behörde gerichtet, dann bemißt sich die Beteiligung des Antragstellers nach § 13 I Nr. 3 VwVfG, wenn er der Vertragspartner der Behörde ist, sonst nach § 13 II VwVfG.

III. Zulässigkeitsvoraussetzungen eines Antrags auf Erlaß eines mitwirkungsbedürftigen Verwaltungsaktes

Die Behörde darf einen mitwirkungsbedürftigen Verwaltungsakt nur auf einen zulässigen Antrag hin erlassen; hingegen kommt es darauf beim nicht-mitwirkungsbedürftigen Verwaltungsakt nicht an, weil dessen Erlaß gerade antragsunabhängig ist.

1. Der Antrag muß an die zuständige Behörde gerichtet sein. Eine unzuständige Behörde ist aber durch § 24 III VwVfG i. V. m. Art. 17 GG verpflichtet, einen bei ihr schriftlich gestellten Antrag an die zuständige Behörde weiterzuleiten; ist der Antrag mündlich vorgebracht, so hat die Behörde den Antragsteller gemäß § 25 S. 1 VwVfG über die zuständige Behörde zu belehren.

2. Der Antragsteller vermag nur dann einen zulässigen Antrag zu stellen, wenn er nach § 11 VwVfG beteiligungs- und nach § 12 VwVfG handlungsfähig ist. Handlungsfähig ist gemäß § 12 I Nr. 1 VwVfG zunächst derjenige, der nach bürgerlichem Recht geschäftsfähig ist, also das achtzehnte Lebensjahr vollendet hat, §§ 2, 104, 106 BGB.

Weil die Regelung der Handlungsfähigkeit nicht nur dem Schutze des Minderjährigen dient, sondern auch dem öffentlichen Interesse an einer ordnungsgemäßen Durchführung des Verfahrens, führen §§ 107, 108, 110, 112, 113 BGB gemäß § 12 I Nr. 2, 1. Alt., VwVfG nur dann zur verfahrensrechtlichen Handlungsfähigkeit, wenn sichergestellt ist, daß der Minderjährige bei ihrer Anwendung nicht nur für eine einzelne Verfahrenshandlung, sondern für das gesamte Verwaltungsverfahren handlungsfähig ist. Daher ziehen §§ 112, 113 BGB die öffentlich-rechtliche Handlungsfähigkeit für alle Verfahren nach sich, die das Erwerbsgeschäft oder das Dienst- und Arbeitsverhältnis betreffen. Handlungsfähigkeit gemäß § 12 I Nr. 2, 1. Alt., VwVfG begründet weiterhin eine Generaleinwilligung oder -genehmigung des gesetzlichen Vertreters des Minderjährigen bezüglich aller Verfahrenshandlungen, die er im Rahmen eines konkreten Verwaltungsverfahrens vornehmen wird oder vorgenommen hat. Eine Einwilligung in die Vornahme einer einzelnen Verfahrenshandlung ist aber wie deren Genehmigung unzulässig; sie würde die Einheit des Verfahrens ebenso zerstören wie eine Anwendung des § 110 BGB.

Öffentlich-rechtliche Vorschriften, die den Minderjährigen für den Gegenstand des Verfahrens als handlungsfähig anerkennen, sind nur solche, die ihm gerade auch für das Verwaltungsverfahren die selbständige Wahrnehmung seiner Rechte ermöglichen wollen, weil er dafür die nötige Einsichtsfähigkeit besitzt; dazu zählen etwa § 36 I SGB-AT und § 5 RelKErzG.

Rechtsvorschriften des öffentlichen Rechts, die Altersgrenzen für die Erteilung einer Genehmigung oder Erlaubnis vorsehen — etwa: § 7 I Nr. 4 StVZO —, betreffen regelmäßig nur die Erlaubtheit der natürlichen Handlung, deren Zumessungskriterien nicht mit denen verfahrensrechtlicher Handlungsfähigkeit identisch sind, weil die Gefahren natürlicher Handlungen anderer Art als die rechtlichen Handlungen sind.

Ob die sog. Grundrechtsmündigkeit Handlungsfähigkeit für Verwaltungsverfahren begründet, ist nur dann erheblich, wenn man die Grundrechtsmündigkeit an der individuellen Verstandesreife orientiert, weil dann auch ein Minderjähriger grundrechtsmündig und damit handlungsfähig sein könnte. Weil aber die jeweilige Prüfung der Einsichtsfähigkeit des Antragstellers die Funktionsfähigkeit der Verwaltung erheblich belasten würde, folgt aus der Grundrechtsmündigkeit keine verfahrensrechtliche Handlungsfähigkeit.

3. Weil der Antrag die Basis ist, auf der die Behörde das Begehren des Antragstellers prüft, muß der Antrag die für diese Prüfung wesentlichen Elemente enthalten, also die Person des Antragstellers, die gewünschte Regelung und deren Adressaten bezeichnen.

Da dem Antragsteller durch das Antragsrecht ein Entscheidungsspielraum eröffnet wird, taucht die Frage auf, ob er seinen Autonomiebereich auch insoweit ausüben darf, als er seinem Antrag Nebenbestimmungen beifügt. Diese beeinträchtigen jedoch die Funktionsfähigkeit der Verwaltung und sind daher unzulässig, falls es sich nicht um

Eventualanträge oder einen Widerrufsvorbehalt handelt. Letzterer darf dem Antrag aber nur insoweit beigefügt werden, wie auch eine Antragsrücknahme in Betracht kommt.

4. Anträge im nicht-förmlichen Verwaltungsverfahren sind, wie ein Umkehrschluß aus § 64 VwVfG ergibt, grundsätzlich formfrei. Ein behördliches Formgebot läßt sich auch weder auf § 10 S. 2 VwVfG stützen, denn dieser richtet sich nur an die Behörde, nimmt aber den Antragsteller nicht in Pflicht, noch läßt es sich aus § 26 II 1 VwVfG herleiten, denn dieser begründet keine Mitwirkungspflicht des Beteiligten, sondern nur eine verfahrensrechtliche Last; darüber hinaus betrifft diese Norm nur das „Ob“, nicht aber das „Wie“ der Mitwirkung. Ein Formzwang kann demnach nur aus einer speziellen Rechtsvorschrift resultieren, die gerade auch die Form des Antrages regelt.

5. Da Antragsfristen jedenfalls auch der Beschleunigung des Verfahrens dienen, ist der Antrag nur dann fristwahrend, wenn er sogleich und ohne weitere Verzögerung bearbeitet werden kann. Demnach muß der Antrag innerhalb der Frist an die zuständige Behörde gelangen und inhaltlich hinreichend bestimmt sein. Soweit Formvorschriften eine Beschleunigungsfunktion haben, wahrt nur ein formgemäßer Antrag die Frist; das Fehlen der Unterschrift des Antragstellers ist aber für die Einhaltung der Frist unerheblich, wenn sich der Autor der Erklärung aus den weiteren Umständen zweifelsfrei ergibt.

Anträge können auch durch Bevollmächtigte, § 14 I 1 VwVfG, oder durch Vertreter ohne Vertretungsmacht gestellt werden. Dann fragt sich, ob der Antrag, der der Behörde innerhalb der Frist zugeht, auch für den Fall fristgemäß ist, daß der gegebenenfalls gemäß § 14 I 3 VwVfG verlangte schriftliche Nachweis der Vertretungsmacht oder die Genehmigung des vollmachtlosen Vertreterhandelns erst nach Fristablauf erfolgen. Weil ein Antrag auch ohne schriftlichen Vollmachtnachweis sogleich bearbeitet werden kann, reicht es aus, wenn dieser nach Ablauf der Antragsfrist beigebracht wird.

Bei einem Antrag, der durch einen Vertreter ohne Vertretungsmacht gestellt wird, ist zu differenzieren: Wenn der Vollmachtmangel für die Behörde evident ist, so kann sie den vollmachtlosen Vertreter entsprechend § 89 I 1 ZPO einstweilen zu dem Verwaltungsverfahren zulassen. Dann kann der „Vertretene“ das Handeln des Vertreters bis zum Erlaß des Verwaltungsaktes mit der Folge rückwirkend genehmigen, daß der Antrag, der innerhalb der Frist gestellt wurde, die Frist wahrt; dies gilt auch für den Fall, daß die Behörde für die Beibringung der Genehmigung eine Frist entsprechend § 89 I 2 ZPO bestimmt hat, wenn die Genehmigung innerhalb der Beibringungsfrist oder jedenfalls vor Erlaß der verfahrensbeendenden Entscheidung erteilt wird. Ist der Vollmachtmangel für die Behörde nicht evident, so kommt eine einstweilige Zulassung entsprechend § 89 I 1 ZPO nicht in Betracht, sondern die Teilnahme des „Vertreters“ am weiteren Verfahren vollzieht sich gleichsam automatisch. Gegen eine rückwirkende fristwahrende Genehmigung der Antragstellung durch den „Vertretenen“ bestehen dann ebenfalls keine Bedenken, wenn sie vor dem Erlaß des Verwaltungsaktes erteilt wird.

6. Da der Antrag auf Erlaß eines mitwirkungsbedürftigen Verwaltungsaktes Parallelen zur verwaltungsgerichtlichen Verpflichtungsklage aufweist, wird mitunter vertreten, der Antrag sei nur bei einer Antragsberechtigung des Antragstellers entsprechend § 42 II VwGO zulässig. Es ist aber gar nicht erforderlich, dieses Kriterium an Anträge anzulegen, denn eine entsprechende Anwendung des § 42 II VwGO ist im Verwaltungsverfahren ebensowenig geeignet, den mit dieser Norm verfolgten Zweck zu erreichen, wie dessen unmittelbare Anwendung im gerichtlichen Verfahren. § 42 II VwGO kann weder eine Popularantragstellung noch -klage verhindern, da auf jeden Antrag und jede Klage hin ein Verfahren zustandekommt. Die Anwendung der Vorschrift ist auch nicht geboten, um den Erfolg eines Popularantrages oder einer Popularklage zu verhindern, denn der Verwaltungsakt darf ohnehin nur erlassen werden, wenn er von einem Antragsberechtigten gestellt ist, die Klage nur dann als begründet angesehen, wenn der Kläger einen Anspruch auf Erlaß des Verwaltungsaktes hat, § 113 IV 1 VwGO. Daß der Mißerfolg einer Antragstellung bzw. Klageerhebung dann auf der Begründetheits- statt der Zulässigkeitsebene eintritt, ist unerheblich, da sich bei beiden Lösungsmodellen Bestands- oder Rechtskraft nicht erheblich unterscheiden.

7. Im Verwaltungsverfahren besteht ebenso wie im gerichtlichen Verfahren ein Interesse daran, die gleichzeitige Durchführung von Verfahren mit identischem Verfahrensgegenstand zu verhindern, da sonst ein doppelter Aufwand an Zeit, Mühen und Kosten und die Gefahr sich widersprechender Entscheidungen entstünde. Die Funktion des § 261 III Nr. 1 ZPO bzw. des § 90 II VwGO, die diese unerwünschten Folgen im gerichtlichen Verfahren vermeiden, hat im Verwaltungsverfahren § 3 II VwVfG. Ist über einen Antrag bereits wirksam entschieden, so darf die Behörde auf einen neuen, identischen Antrag hin nur unter den Voraussetzungen der §§ 48, 49, 51 VwVfG eine abweichende Regelung treffen; sonst ist nur eine wiederholende Verfügung zulässig.

8. Der Antragsteller hat nur dann einen Anspruch auf die Erteilung einer Genehmigung oder Erlaubnis, wenn er ein dem prozessualen

Rechtsschutzbedürfnis vergleichbares Sachbescheidungsinteresse besitzt. Dies basiert auf dem Gedanken der Verwaltungswirtschaftlichkeit und den jeweiligen Verwaltungszwecken und fehlt, wenn der Betreffende auch ohne die Genehmigung oder Erlaubnis von der zu genehmigenden oder zu erlaubenden Freiheit Gebrauch machen kann oder der Gebrauch der Freiheit auch trotz Genehmigung oder Erlaubnis nicht möglich ist oder der Antragsteller von der Freiheit — noch — nicht Gebrauch machen will. Die Behörde kann dann einen Antrag wegen fehlenden Sachbescheidungsinteresses ablehnen, muß dies aber nicht.

9. Weil es im Hinblick auf Bestandskraft bzw. Wirksamkeit eines Verwaltungsaktes keine erheblichen Auswirkungen hat, besteht auch keine generelle Pflicht der Behörde, die Zulässigkeit eines Antrages vor dessen Begründetheit zu prüfen. Sie hat aber ihre Zuständigkeit vorab zu prüfen, da eine unzuständige Behörde keine Entscheidung in der Sache treffen darf. Auch die Beteiligungs- und Handlungsfähigkeit des Antragstellers ist vor der Begründetheit des Antrages festzustellen, da nur ein Beteiligungs- und Handlungsfähiger Inhaber der Verfahrensrechte ist und er daher entgegen der Intention des VwVfG zum Objekt des Verfahrens würde, wenn eine ablehnende Entscheidung in der Sache erginge, obwohl er beteiligungs- und handlungsunfähig ist. Vor einer Sachentscheidung muß aber auch untersucht werden, ob das Verfahren nicht bereits bei einer anderen Behörde anhängig ist, weil nur so der Gefahr einander sich widersprechender Entscheidungen vorgebeugt werden kann. Schließlich hat die Behörde vorrangig auch zu ermitteln, ob über den Antrag schon entschieden worden ist, weil sie dann jedenfalls keine abweichende Entscheidung mehr treffen darf, falls nicht die Voraussetzungen der §§ 48, 49, 51 VwVfG erfüllt sind.

IV. Wirksamkeitsvoraussetzungen eines Antrages auf Abschluß eines öffentlich-rechtlichen Vertrages

Ein öffentlich-rechtlicher Vertrag kann nur dann wirksam geschlossen werden, wenn der Vertragsantrag wirksam ist. Dazu muß er — schriftlich, § 57 VwVfG — von einem gemäß §§ 11, 12 VwVfG Beteiligungs- und Handlungsfähigen gestellt werden und den Inhalt des Vertrages so hinreichend bestimmen, daß er durch die einfache Zustimmungserklärung des Erklärungsgegners zustandekommen kann. Der Antrag darf gemäß § 62 S. 2 VwVfG i. V. m. §§ 158 ff. BGB mit einer Bedingung oder Zeitbestimmung und gemäß § 62 S. 2 VwVfG i. V. m. § 305 BGB mit einer Voraussetzung oder Auflage versehen sein, denn die Behörde kann im Rahmen ihres Vertragsschließungsermessens darüber entscheiden, ob sie die durch die Beifügung der Nebenbestimmung hervorgerufene Beeinträchtigung der Verwaltungsfunktionen akzeptiert oder nicht.

Hat die Behörde für ihr Vertragsangebot eine Annahmefrist gemäß § 62 S. 2 VwVfG i. V. m. § 163 BGB bestimmt, so ist die Annahmeerklärung nur fristwahrend, wenn sie der Behörde innerhalb des Fristzeitraumes zugeht. Gibt ein Vertreter ohne Vertretungsmacht die Annahmeerklärung ab, so kann dieser von der Behörde entsprechend § 89 I 1 ZPO einstweilen zu dem Verfahren zugelassen werden, und der „Vertretene“ kann die Annahme rückwirkend und fristwahrend genehmigen; die Genehmigung ist aber nicht mehr möglich, wenn für ihre Beibringung eine Frist gesetzt und diese verstrichen ist, denn nur so wird das Interesse der Behörde an Rechtsklarheit gewahrt.

V. Die Rücknahme und Änderung von Anträgen, Bedeutung von Willensmängeln

Inwieweit ein Antrag zurückgenommen oder geändert werden kann und welche Folgen Willensmängel bei der Antragstellung haben, ist von der Abwägung des Bindungsinteresses der Behörde gegen das Interesse des Antragstellers an der Rücknahme und Änderung des Antrags bzw. an einem seinem wahren Willen entsprechenden Rechtszustand abhängig. Eine umfassende, gesetzlich ausdrücklich formulierte Lösung dieses Interessenkonfliktes existiert bisher nicht, sondern es gibt nur einige bereichsspezifische öffentlich-rechtliche Lösungen.

Ein Bindungsinteresse der Behörde kann aber erst dann bestehen, wenn der Antrag wirksam geworden ist. Ein Antrag, der gegenüber einem Anwesenden gestellt wird, wird wie im Zivilrecht im Falle einer schriftlich verkörperten Erklärung mit deren Aushändigung an den Erklärungsgegner, im Falle einer mündlichen Erklärung mit dem in Richtung an den Empfänger ausgesprochenen Wort wirksam, da hier wie im Zivilrecht der Erklärungsempfänger die Möglichkeit haben muß, von den ihm gegenüber durch die Erklärung ausgelösten Rechtsfolgen Kenntnis zu nehmen. Für den gegenüber einem Abwesenden zu stellenden Antrag gilt aber weder § 130 I 1 BGB, denn Anträge sind öffentlich-rechtlich zu beurteilen, noch § 130 III BGB, denn dieser betrifft nur die sog. amtsempfangsbedürftigen Willenserklärungen. Statt dessen ergibt sich aus §§ 23 IV, 31 I VwVfG i. V. m. § 188 I BGB, daß solche Anträge dann wirksam werden, wenn sie tatsächlich der Behörde zugehen, sei es auch zu einem Zeitpunkt, wo gerade nicht mit der Kenntnisnahme vom Antragsinhalt zu rechnen ist, also etwa in den Nachtstunden oder an Sonn- und Feiertagen.

1. Rücknahme eines Antrages auf Erlaß eines mitwirkungsbedürftigen Verwaltungsaktes

Aus §§ 30 I 3 BBG; 46 III 5 SoldG; 362 AO; 92, 126, 140 VwGO und §§ 145, 183 BGB ergibt sich der allgemeine Grundsatz, daß Anträge auf Erlaß eines mitwirkungsbedürftigen Verwaltungsaktes — ohne Einwilligung der Behörde — grundsätzlich bis zum Wirksamwerden des Verwaltungsaktes zurückgenommen werden können.

Die Gründe, die den Gesetzgeber bei zivilrechtlichen Verträgen zu einer Bindung an den wirksamen Antrag bewogen haben, treffen für den Antrag auf Erlaß eines Verwaltungsaktes nicht zu, denn die Behörde bedarf weder eines sicheren Ausgangspunktes für die von ihr zu treffende Entscheidung noch einer gesicherten Frist, damit sie in Ruhe darüber nachdenken kann, ob sie dem Antrag entspricht oder nicht. Weil das Antragsverfahren nämlich gesetzlich vorgegeben und vorgezeichnet ist, verfügt die Behörde über die personellen und sachlichen Mittel zu seiner Abwicklung, muß sich diese Mittel also nicht erst — wie unter Umständen ein Kaufmann — anderweitig beschaffen, und der Entscheidungsprozeß wird durch die Pflicht zur Anwendung der einschlägigen Normen rationalisiert.

Daß die Rücknahme einer Klage nach Stellung der Anträge in der mündlichen Verhandlung der Einwilligung des Beklagten bzw. des Vertreters des öffentlichen Interesses bedarf, beruht auf der Erwägung, daß der Kläger — vorbehaltlich von Klage- und Rechtsmittelfristen — nicht daran gehindert ist, die Klage erneut zu erheben und den Beklagten dadurch in einer ständigen Situation der Rechtsunsicherheit zu halten. Entsprechende Rechtsunsicherheit ist aber im „erstinstanzlichen" Verwaltungsverfahren gar nicht gegeben, da dieses die streitbefangene Phase überhaupt nicht betrifft.

Obwohl eine Klage bis zur Rechtskraft der gerichtlichen Entscheidung zurückgenommen werden kann, ist dies für den Antrag nicht bis zur Unanfechtbarkeit des Verwaltungsaktes möglich, denn die gerichtliche Entscheidung ist den Parteien gegenüber auch erst mit ihrer Rechtskraft wirksam, während die Wirksamkeit des Verwaltungsaktes mit seiner Bekanntgabe, § 43 I VwVfG, und nicht erst mit seiner Unanfechtbarkeit eintritt. Nach dem Wirksamwerden des Verwaltungsaktes dominiert aber das Bindungsinteresse der Behörde.

Die Rücknahme ist gegenüber der Behörde zu erklären, bei der der Antrag gestellt wurde und bedarf je nachdem, ob der Antrag selbst formgebunden ist und welchem Zweck das Formgebot dient, der Schriftform.

2. *Die Rücknahme des Vertragsantrages*

Für den Vertragsantrag gilt § 145 BGB i. V. m. § 62 S. 2 VwVfG entsprechend, denn die Interessenlage des öffentlichen Rechts weist hier erhebliche Gemeinsamkeiten mit der des Zivilrechtes auf, weil der öffentlich-rechtliche Vertrag sein natürliches Anwendungsgebiet dort hat, wo die Rechtsbeziehungen zwischen Verwaltung und Bürger Räume der freien Disposition eröffnen. Daher verfügt die Behörde auch nicht stets über die Mittel, die sie zur Vertragserfüllung benötigt und bedarf daher eines sicheren Ausgangspunktes für ihre Dispositionen, da sie sich die Mittel mitunter (Bsp.: Industrieansiedlungsvertrag mit Grundstückskaufabrede) vor Vertragsschluß beschaffen muß und im Falle einer Rücknahme des Vertragsantrages nicht mehr angemessen verwenden könnte.

3. *Die Änderung des Antrages*

Soweit eine Änderung eines Antrages auf Erlaß eines Verwaltungsaktes eine Teil-Rücknahme des Antrages darstellt, gelten dafür die bei der Rücknahme erörterten Maßstäbe. Im übrigen besteht bis zum Wirksamwerden des Verwaltungsaktes eine (Mit-)Dispositionsbefugnis des Antragstellers über den Erlaß des Verwaltungsaktes, kraft derer er den Antrag mit der Folge ändern kann, daß die Behörde danach nur noch über den geänderten Antrag entscheiden darf. Wenn der Antrag fristgebunden ist, darf das Begehren nach Fristablauf aber nicht mehr i. S. eines „aliud" oder „plus" gegenüber dem ursprünglichen Antrag geändert werden.

Die Änderung eines Vertragsantrages ist nach dessen Wirksamwerden unerheblich, wenn nicht gemäß § 62 S. 2 VwVfG i. V. m. § 145 BGB der Antragsteller die Gebundenheit ausgeschlossen hat; denn nach dem Wirksamwerden des Antrages steht dem Antragsteller keine Dispositionsbefugnis mehr zu.

4. *Willensmängel beim Antrag auf Erlaß eines mitwirkungsbedürftigen Verwaltungsaktes*

Der Antrag gilt grundsätzlich mit dem erklärten Inhalt, auch wenn dieser vom gewollten abweicht. Dies beruht auf einem wegen der Selbstverantwortung des Antragstellers zulässigen Vorrang der Rechtsklarheit gegenüber den Interessen des Antragstellers an einem seinem wahren Willen entsprechenden Rechtszustand. Ausnahmen von diesem Grundsatz kommen dann in Betracht, wenn das Interesse an Rechtsklarheit und/oder das Maß an Selbstverantwortung gegenüber dem Normalfall geringer ausgeprägt ist.

Weil bei einem mit einem für die Behörde offensichtlichen Willensmangel behafteten Antrag für diese klar ist, daß der erklärte Inhalt nicht mit dem gewollten übereinstimmt, verlangt die Rechtsklarheit in diesem Fall nicht die Geltung des Erklärten, der Antrag ist dann vielmehr unwirksam. Zudem ist die Behörde in diesen Fällen verpflichtet, den Antragsteller nach § 25 S. 1 VwVfG zu belehren, trägt also für seine Erklärung eine Mitverantwortung, die die Selbstverantwortung des Antragstellers abschwächt und überlagert. Wenn auch §§ 119 ff. BGB dem Irrenden in diesen Situationen nur ein Anfechtungsrecht zubilligen, weil er es in der Hand haben soll, das Geschäft zu billigen oder nicht und den „Vertrauensschaden" des Anfechtungsgegners nach § 122 II BGB nicht zu tragen braucht, so kann dieser Gedanke für das Verwaltungsverfahren deshalb nicht gelten, weil die Behörde sonst u. U. — nämlich nach Anfechtung des Antrages — überflüssigen Verfahrensaufwand geleistet hätte, der nicht durch Gebühren vom Antragsteller abzudecken wäre; ein Recht, solche Risiken einzugehen, steht ihr — anders als dem Privatmann — nicht zu.

Wird der Verwaltungsakt dennoch auf der Basis des Erklärten erlassen, so ist er jedenfalls rechtswidrig, weil die Behörde ihre Belehrungspflicht aus § 25 S. 1 VwVfG verletzt hat und weil der Antrag unwirksam ist. Der Verwaltungsakt kann deshalb aber nur dann nichtig sein, wenn dies auch der gänzlich ohne Antrag erlassene Verwaltungsakt wäre, nicht aber dann, wenn der Verwaltungsakt ohne Antrag nur rechtswidrig wäre. Im letztgenannten Fall vermag der Antragsteller sein Interesse an der Beseitigung der nichtgewollten Folgen durch einen Widerspruch oder eine Anfechtungsklage gegen den Verwaltungsakt durchzusetzen. Dies gilt auch dann, wenn der Verwaltungsakt einen nicht-offensichtlichen Willensmangel enthielt, der Verwaltungsakt aber aus anderen Gründen rechtswidrig ist. Ist der Verwaltungsakt ohne Antrag nichtig, so leidet auch der ohne wirksamen Antrag bzw. unter Verletzung der Belehrungspflicht erlassene Verwaltungsakt an einem besonders schwerwiegenden Fehler i. S. des § 44 I VwVfG, der zur Nichtigkeit des Verwaltungsaktes führt, wenn der Fehler offenkundig ist, ein verständiger Durchschnittsbetrachter an Stelle des Antragstellers also erkennt, daß der Antrag einen für die Behörde offensichtlichen Willensmangel enthielt.

Da die oben genannten Möglichkeiten, die Interessen des Irrenden zu berücksichtigen, aber nur offensichtliche Willensmängel betreffen und andere spezifisch öffentlich-rechtliche Regelungen wie §§ 48, 49, 51 VwVfG, Antragsrücknahme oder Verzicht, den Interessen des Irrenden nur begrenzt dienen können, ist im übrigen ein Rückgriff auf §§ 116 ff. BGB zu erwägen.

§§ 116, 117 BGB decken sich mit den gefundenen Ergebnissen, weil diese für einen Teilbereich der offensichtlichen Willensmängel die Nichtigkeit der irrtumsbehafteten Willenserklärung anordnen; für ihre Anwendung besteht daher mangels Lücke kein Bedürfnis. § 118 BGB ist auf Anträge auf Erlaß eines Verwaltungsaktes nicht anwendbar, weil die Behörde in einer Vielzahl rechtlicher Verbindungen zu Privatpersonen steht, die Einbuße an Rechtssicherheit also größer wäre, und die Rechtssicherheit im öffentlichen Recht einen besonderen Stellenwert besitzt, der nicht lediglich auf Vertrauensschutz beruht und daher auch durch den Ersatz des Vertrauensschadens nach § 118 BGB nur unvollkommen berücksichtigt werden kann.

Weil im Falle der Anfechtung des Antrages nach §§ 119 ff. BGB die Behörde durch die Anfechtungserklärung über die Rechtsfolgen der Anfechtung informiert wird, wird dabei nicht das Interesse an Rechtsklarheit, sondern das an Rechtssicherheit berührt. Diese unterscheidet sich aber von der des Zivilrechtes dadurch, daß sie nicht vornehmlich den Schutz wirtschaftlicher Dispositionen bezweckt und daher auch über die Schadensersatznorm des § 122 BGB nur unvollkommen geschützt werden kann. Andererseits erweisen sich die von der Behörde auf den Antrag hin getroffenen verfahrensrechtlichen Maßnahmen in der Regel nur dann als sinnvoll, wenn der Betroffene die durch den Verwaltungsakt ausgesprochenen Rechtsfolgen auch will.

Die Anfechtungstatbestände des § 23 I des 1. StAngRegG und des § 9 I 1 des 2. StAngRegG i. V. m. § 23 des 1. StAngRegG sprechen dafür, diesen abweichenden Interessenkonflikt dennoch — soweit es um nichtoffensichtliche Willensmängel geht — für das allgemeine Verwaltungsverfahren nach den Maßstäben des Zivilrechtes zu lösen. Der angefochtene Antrag ist dann entsprechend § 142 I BGB nichtig, der mitwirkungsbedürftige Verwaltungsakt mithin rechtswidrig, nicht aber nichtig, weil der Zeitpunkt für die Beurteilung eines Fehlers als offenkundig i. S. des § 44 I VwVfG der des Wirksamwerdens des Verwaltungsaktes, nicht aber ein späterer ist. Es ist kein Grund ersichtlich, die Anfechtbarkeit für bestimmte Anträge auszuschließen oder einzuschränken, da schutzwürdige Interessen Dritter immer nur dann bestehen, wenn sie auch sonst im Falle der Rechtswidrigkeit des Verwaltungsakts anerkannt sind.

Die — formlose — Anfechtungserklärung muß stets unverzüglich erfolgen, § 121 I BGB; dies gilt abweichend vom Zivilrecht auch für die Anfechtung nach § 123 BGB, da die Jahresfrist des § 124 I BGB mit dem öffentlichen Interesse an Rechtssicherheit nicht vereinbar ist. Entsprechend der Wiedereinsetzungsfrist des § 32 III VwVfG unterliegt die Anfechtung einer Ausschlußfrist von einem Jahr.

5. Willensmängel beim Antrag auf Abschluß eines öffentlich-rechtlichen Vertrages

Der mit einem für die Behörde offensichtlichen Willensmangel behaftete Antrag ist wie ein entsprechender Antrag auf Erlaß eines Verwaltungsaktes nichtig. Für die Anwendung der §§ 116, 117 BGB besteht wie beim Antrag auf Erlaß eines Verwaltungsaktes kein Bedürfnis. § 118 BGB ist — wie dort — nicht anwendbar. Die §§ 119 ff. BGB gelten gemäß § 62 S. 3 VwVfG auch für den Vertragsantrag, soweit es sich um nicht-offensichtliche Willensmängel handelt. In Anlehnung an § 60 II VwVfG bedarf die Anfechtungserklärung der Schriftform, da dann, wenn der Gesetzgeber schon für die ex-nunc Aufhebung diese Form fordert, die weitergehende ex-tunc Vernichtung erst recht diesem Formgebot genügen muß. Die Anfechtung muß aus Gründen der Rechtssicherheit in allen Fällen unverzüglich erfolgen, § 121 I BGB, und unterliegt einer Ausschlußfrist von einem Jahr.

VI. Öffentliche und gemischt-öffentliche Privatrechtsvereinigungen als Antragsteller

Die oben gefundenen Lösungen gelten auch, wenn Antragsteller eine juristische Person oder eine nicht-rechtsfähige Personenvereinigung des Privatrechts ist, deren Organisation ausschließlich oder zumindest auch von der öffentlichen Hand getragen wird (sog. öffentliche und gemischt-öffentliche Privatrechtsvereinigungen). Abweichungen ergeben sich allein hinsichtlich der Pflicht der Behörde zur Weiterleitung eines fehladressierten Antrags; kann sich nämlich der Antragsteller auf Art. 17 GG nicht berufen, dann besteht ihm gegenüber auch keine Verpflichtung zur Weiterleitung; die Belehrungspflicht der Behörde nach § 25 S. 1 VwVfG bleibt davon unberührt.

Literaturverzeichnis

Von mehreren im Literaturverzeichnis aufgeführten Auflagen eines Werkes ist im Text jeweils die neueste zitiert, soweit nicht ausdrücklich auf ältere Bezug genommen wird.

Achterberg, Norbert: Allgemeines Verwaltungsrecht, Heidelberg 1982

— Die Klagebefugnis — eine entbehrliche Sachentscheidungsvoraussetzung?, in: DVBl. 1981, S. 278

Anton, Udo: Die Genehmigung von Rechtsgeschäften und Prozeßhandlungen, Diss. iur. Bonn 1969

Arens, Peter: Willensmängel bei Parteihandlungen im Zivilprozeß, Bad Homburg v. d. H. 1968

— Zivilprozeßrecht, Erkenntnisverfahren — Zwangsvollstreckung, 3. Auflage, München 1984

Baade, Hans W.: Ist ein unter Drohung zustandegekommener Verwaltungsakt anfechtbar oder nichtig?, in: SchlHA 1958, S. 99, 133

Bachof, Otto: Verfassungsrecht, Verwaltungsrecht, Verfahrensrecht in der Rechtsprechung des Bundesverwaltungsgerichtes, 2. Auflage, Tübingen 1964

Badura, Peter: Der mitwirkungsbedürftige Verwaltungsakt mit belastender Auflage — BVerwGE 11, 18, in: JuS 1964, S. 103

Battis, Ulrich: Kommentar zum Bundesbeamtengesetz, München 1980

Baumbach, Adolf / *Lauterbach*, Wolfgang / *Albers*, Jan / *Hartmann*, Peter: Zivilprozeßordnung mit Gerichtsverfassungsgesetz und anderen Nebengesetzen, 43. Auflage, München 1985

Baumgärtel, Gottfried: Wesen und Begriff der Prozeßhandlung einer Partei im Zivilprozeß, 2. Auflage, Köln - Berlin - Bonn - München 1972

Bergmann, Hans: Wann ist das „verwaltungsgerichtliche" Vorverfahren abgeschlossen?, in: BayVBl. 1967, S. 195

Bethge, Herbert: Zur Problematik von Grundrechtskollisionen, München 1977

Beuthien, Volker / *Hadding*, Walter / *Lüderitz*, Alexander / *Medicus*, Dieter / *Wolf*, Manfred: Studienkommentar zum BGB, Erstes bis Drittes Buch, 2. Auflage, Frankfurt 1979

Bleckmann, Albert: Allgemeine Grundrechtslehren, Köln - Berlin - Bonn - München 1979

Bonner Kommentar: Kommentar zum Bonner Grundgesetz, Hamburg, Stand: 50. Lieferung, Juli 1985

Brox, Hans: Die Einschränkung der Irrtumsanfechtung, Karlsruhe 1960

Bruck, Eberhard Friedrich: Bedingungsfeindliche Rechtsgeschäfte, Breslau 1904

Buddenberg, Theodor: Rechtssoziologie des öffentlich-rechtlichen Vertrages, in: AöR 1925 (8. Band), S. 85

Bull, Hans Peter: Allgemeines Verwaltungsrecht, Königstein/Ts. 1982

Bullinger, Martin: Vertrag und Verwaltungsakt. Zu den Handlungsformen und Handlungsprinzipien der öffentlichen Verwaltung nach deutschem und englischem Recht, Stuttgart 1962

Bundesminister der Justiz: Entwurf einer Verwaltungsprozeßordnung, Köln 1978

Bundesminister des Innern: Musterentwurf eines Verwaltungsverfahrensgesetzes (EVwVfG), Köln - Berlin 1964

Burdenski, Wolfhart / *von Maydell*, Bernd / *Schellhorn*, Walter: Gemeinschaftskommentar zum Sozialgesetzbuch Allgemeiner Teil, 2. Auflage, Neuwied - Darmstadt 1981

Canaris, Claus-Wilhelm: Die Feststellung von Lücken im Gesetz, Berlin 1964

Christmann, Günter: Der vollmachtlose Stellvertreter im Zivilprozeß, Diss. iur. Marburg 1971

Dencker, Friedrich: Willensfehler bei Rechtsmittelverzicht und Rechtsmittelrücknahme im Strafprozeß, Bonn 1972

Dölker, Wolfgang: Baugenehmigung ohne Antrag und stillschweigende Baugenehmigung, in: BayVBl. 1974, S. 400

Ehlers, Dirk: Verwaltung in Privatrechtsform, Berlin 1984

Eitel, Walter: Das Grundrecht der Petition gemäß Art. 17 des Grundgesetzes, Diss. iur. Tübingen 1960

Elster, Theodor: Begünstigende Verwaltungsakte mit Bedingungen, Einschränkungen und Auflagen, Göttingen 1979

Enneccerus, Ludwig / *Nipperdey*, Hans Carl: Allgemeiner Teil des Bürgerlichen Rechts, 1. Band - 2. Halbband, 15. Auflage, Tübingen 1960

Erichsen, Hans-Uwe: Rechtsfragen der Aufhebung von begünstigenden Verwaltungsakten durch die Verwaltung nach Inkrafttreten der Verwaltungsverfahrensgesetze des Bundes und der Länder, in: VerwArch. 1978 (69. Band), S. 303

— Verwaltungsrecht und Verwaltungsgerichtsbarkeit I, München 1977

Erichsen, Hans-Uwe / *Knoke*, Ulrich: Bestandskraft von Verwaltungsakten, in: NVwZ 1983, S. 185

Erichsen, Hans-Uwe / *Martens*, Wolfgang: Allgemeines Verwaltungsrecht, 6. Auflage, Berlin - New York 1983

Finkelnburg, Klaus / *Lässig*, Curt Lutz: Kommentar zum Verwaltungsverfahrensgesetz, Band 1, Düsseldorf 1979

Fischer, Ulf: Nachreichen einer Prozeßvollmacht im verwaltungsgerichtlichen Verfahren, in: NJW 1977, S. 2200

Flume, Werner: Allgemeiner Teil des Bürgerlichen Rechts, Zweiter Band: Das Rechtsgeschäft, 3. Auflage, Berlin - Heidelberg - New York 1979

Forsthoff, Ernst: Lehrbuch des Verwaltungsrechts, Erster Band: Allgemeiner Teil, 10. Auflage, München 1973; 1. Auflage, München und Berlin 1950

— Zur Gültigkeit und Rücknehmbarkeit von Zuweisungsverfügungen — Bemerkungen zu dem Beschluß des OVG Münster vom 21. 8. 1951, in: ZMR 1952, S. 53

Franßen, Everhardt: Über bedingungsfeindliche Verwaltungsakte, Diss. iur. Münster 1969

Gaul, Hans Friedhelm: Willensmängel bei Prozeßhandlungen, in: AcP 1972 (Band 172), S. 342

Geck, Wilhelm Karl / *Moselle*, Karl: Öffentliches Recht: Das geplatzte Rockkonzert, in: JuS 1980, S. 744

Gern, Alfons: Der Vertrag zwischen Privaten über öffentlich-rechtliche Berechtigungen und Verpflichtungen, Berlin 1977

Gierth, Karl: Der Bescheidungsanspruch im verwaltungsbehördlichen Verfahren, in: DÖV 1977, S. 761

— Klagebefugnis und Popularklage, in: DÖV 1980, S. 893

— Vom Sachbescheidungsinteresse, in: DVBl. 1967, S. 848

Goerlich, Helmut: Schutzpflicht — Grundrechte — Verfahrensschutz, in: NJW 1981, S. 2616

Groß, Rolf: Das Verhältnis der Klageänderung zur Klagerücknahme, in: ZZP 1962 (75. Band), S. 93

Grunsky, Wolfgang: Grundlagen des Verfahrensrechts, 2. Auflage, Bielefeld 1974

— Prozeß- und Sachurteil, zu Bruno Rimmelspacher: Zur Prüfung von Amts wegen im Zivilprozeß, in: ZZP 1967 (80. Band), S. 55

— Die Veräußerung der streitbefangenen Sache, Tübingen 1968

Güntzel, Gerald: Die Fehlerhaftigkeit von Prozeßhandlungen der Partei im Zivilprozeß und die Möglichkeit ihrer Heilung, Diss. iur. Marburg 1966

Gusy, Christoph: Verbot mit Erlaubnisvorbehalt — Verbot mit Dispensvorbehalt, in: JA 1981, S. 80

— Der Antrag im Verwaltungsverfahren, in: BayVBl. 1985, S. 484

Hablitzel, Hans: Zur Dogmatik des Antrages beim mitwirkungsbedürftigen Verwaltungsakt, in: BayVBl. 1974, S. 392

Häberle, Peter: Das Verwaltungsrechtsverhältnis — eine Problemskizze, in: ders., Die Verfassung des Pluralismus, Königstein/Ts., 1980, S. 248

Häsemeyer, Ludwig: Die Bedeutung der Form im Privatrecht, in: JuS 1980, S. 1

Hauck, Karl / *Haines*, Hartmut: Sozialgesetzbuch — SGB I, Allgemeiner Teil, Kommentar, Berlin, Stand: 4. Lieferung, Mai 1981

Heike, Herwart: Der gegenwärtige Stand der Lehre vom nichtigen Verwaltungsakt, Diss. iur. Göttingen 1959

Heiß, Franz-Ludwig: Entwicklung und heutige Ausgestaltung der Beteiligung des Nachbarn am Baugenehmigungsverfahren nach Bayrischem Recht unter besonderer Berücksichtigung der nachbarlichen Unterschrift, Diss. iur. München 1973

Henckel, Wolfram: Prozeßrecht und materielles Recht, Göttingen 1970

Henke, Wilhelm: Das subjektive öffentliche Recht auf Eingreifen der Polizei, in: DVBl. 1964, S. 649

— Das Recht der Wirtschaftssubventionen als öffentliches Vertragsrecht, Tübingen 1979

Hochschule für Verwaltungswissenschaften Speyer: Zum Musterentwurf eines Verwaltungsverfahrensgesetzes, Speyer 1966

Hofacker, W.: Verwaltungsrechtsordnung für Württemberg — Entwurf eines Gesetzes mit Begründung, Stuttgart 1931

Hoffmann-Becking, Michael: Die Beteiligungsfähigkeit und passive Prozeßführungsbefugnis nichtrechtsfähiger Gliedkörperschaften der Universitäten im Verwaltungsprozeß, in: DVBl. 1972, S. 299

Jauernig, Othmar: Warum keine Verbindung von Prozeß- und Sachabweisung?, in: JZ 1955, S. 235

Kallimopoulos, Georgios D.: Die Simulation im Bürgerlichen Recht, Karlsruhe 1966

Kirchhof, Ferdinand: Der Verwaltungsakt auf Zustimmung, in: DVBl. 1985, S. 651

Kleinknecht, Theodor / *Meyer,* Karlheinz: Strafprozeßordnung, Gerichtsverfassungsgesetz, Nebengesetze und ergänzende Bestimmungen, 36. Auflage, München 1983

Klemp, Wolfram: Öffentlich-rechtliche Willenserklärungen Privater im Steuerrecht, Diss. iur. Köln 1971

Knack, Hans-Joachim: Verwaltungsverfahrensgesetz — Kommentar, 1. Auflage, Köln - Berlin - Bonn - München 1976; 2. Auflage, Köln - Berlin - Bonn - München 1982

Köppl, Paul: Die Ausschlußfristen im öffentlichen Recht, Diss. iur. München 1970

Kommission für die Landesordnung des Allgemeinen öffentlichen Rechts: Verwaltungsrechtsordnung für Württemberg, Entwurf eines Gesetzes mit Begründung, Stuttgart 1931

Kopp, Ferdinand: Der Beteiligtenbegriff des Verwaltungsverfahrensrechtes, in: Schmitt Glaeser, Walter (Hrsg.), Festschrift zum 50jährigen Bestehen des Richard Boorberg Verlages, Stuttgart 1977, S. 159

— Verwaltungsverfahrensgesetz, 1. Auflage, München 1976; 3. Auflage, München 1983

— Wiedereinsetzung und Nachsicht bei Versäumung materiellrechtlicher Fristen, in: BayVBl. 1977, S. 32

Kottke, Joachim: System des subordinationsrechtlichen Verwaltungsvertrages, Diss. iur. Hamburg 1966

Krause, Peter: Die Willenserklärung des Bürgers im Bereich des öffentlichen Rechts, in: VerwArch. 1970 (61. Band), S. 297

— Willensmängel bei mitwirkungsbedürftigen Verwaltungsakten und öffentlich-rechtlichen Verträgen, in: JuS 1972, S. 425

Krauß, Max: Rechtsbehelfsverzicht und -rücknahme im Steuerrecht, Diss. iur. München 1976

Krebs, Walter: Zur Wirksamkeit und Geltung von Verwaltungsakten, in: VerwArch. 1977 (68. Band), S. 285

Kröger, Klaus: Juristische Personen des öffentlichen Rechts als Grundrechtsträger, in: JuS 1981, S. 26

Küchenhoff, Günter: Die öffentlich-rechtliche Willenserklärung nichthoheitlicher Art, in: BayVBl. 1958, S. 325

— Die öffentlich-rechtliche Willenserklärung der Privatperson, in: Institut für Staatslehre und Politik in Mainz (Hrsg.), Verfassung und Verwaltung in Theorie und Wirklichkeit, Festschrift für Wilhelm Laforet anläßlich seines 75. Geburtstages, München 1952, S. 317

Kurz, Volker: Anfechtung öffentlich-rechtlicher Willenserklärungen durch Private — zugleich eine Erwiderung auf Stichelberger, BayVBl. 1980, S. 393, in: BayVBl. 1980, S. 587

Lange: Willensmängel bei Prozeßhandlungen, in: ZZP 1928 (53. Band), S. 246

Larenz, Karl: Allgemeiner Teil des Deutschen Bürgerlichen Rechts, 6. Auflage, München 1983

Lehmann, Heinrich / *Hübner*, Heinz: Allgemeiner Teil des Bürgerlichen Gesetzbuches, 16. Auflage, Berlin 1966

Löwer, Wolfgang: Funktion und Begriff des Verwaltungsaktes, in: JuS 1980, S. 805

Lorenz, Dieter: Der Rechtsschutz des Bürgers und die Rechtsweggarantie, München 1973

Luhmann, Niklas: Legitimation durch Verfahren, Neuwied 1969

Makarov, Alexander / *v. Mangoldt*, Hans: Deutsches Staatsangehörigkeitsrecht — Kommentar, 3. Auflage, Frankfurt, Stand: Lieferung 5, Januar 1984

Martens, Joachim: Einführung in die Praxis des Verwaltungsverfahrens, in: JuS 1977, S. 809; JuS 1978, S. 99

Maunz, Theodor / *Dürig*, Günter / *Herzog*, Roman / *Scholz*, Rupert / *Lerche*, Peter / *Papier*, Hans-Jürgen / *Randelzhofer*, Albrecht / *Schmidt-Aßmann*, Eberhard: Grundgesetz — Kommentar, München, Stand: 24. Ergänzungslieferung, Januar 1985

Maurer, Hartmut: Allgemeines Verwaltungsrecht, 3. Auflage, München 1983

Mayer, Franz: Allgemeines Verwaltungsrecht, 3. Auflage, Stuttgart 1972

Mayer, Otto: Zur Lehre vom öffentlich-rechtlichen Vertrage, in: AöR 1888 (3. Band), S. 1

Medicus, Dieter: Allgemeiner Teil des BGB, Heidelberg 1982

— Bürgerliches Recht, 12. Auflage, Köln - Berlin - Bonn - München 1984

Meyer, Hans / *Borgs-Maciejewski*, Hermann: Verwaltungsverfahrensgesetz, 2. Auflage, Frankfurt 1982

Middel, Dieter: Öffentlich-rechtliche Willenserklärungen von Privatpersonen, Berlin 1971

Motive I: Motive zu dem Entwurfe eines Bürgerlichen Gesetzbuches für das Deutsche Reich, Band I — Allgemeiner Teil, 2. Auflage, Berlin 1896

v. Münch, Ingo: Besonderes Verwaltungsrecht, 7. Auflage, Berlin - New York 1985

Münchener Kommentar: Rebmann, Kurt, Säcker, Franz-Jürgen (Hrsg.), Münchener Kommentar zum Bürgerlichen Gesetzbuch,
Band 1 — Allgemeiner Teil, München 1978;
Band 3 — Schuldrecht Besonderer Teil, 1. Halbband, München 1980

v. Mutius, Albert: Grundrechtsschutz contra Verwaltungseffizienz im Verwaltungsverfahren, in: NJW 1982, S. 2150

Neumeyer, Dieter: Die Klagebefugnis im Verwaltungsprozeß, Diss. iur. Münster 1976

Obermayer, Klaus: Dogmatische Probleme des Verwaltungsverfahrens, in: Schmitt Glaeser, Walter (Hrsg.), Festschrift zum 50jährigen Bestehen des Richard Boorberg Verlages, Stuttgart 1977, S. 113

— Kommentar zum Verwaltungsverfahrensgesetz, Darmstadt - Neuwied 1983

Ossenbühl, Fritz: Die Handlungsformen der Verwaltung, in: JuS 1979, S. 681

— Zum Problem der Rücknahme fehlerhafter begünstigender Verwaltungsakte — Betrachtungen zum Musterentwurf eines Verwaltungsverfahrensgesetzes (EVwVerfG 1963), in: DÖV 1964, S. 511

Palandt, Otto: Bürgerliches Gesetzbuch, 44. Auflage, München 1985

Peters, Horst: Sozialgesetzbuch Allgemeiner Teil, Stuttgart, Stand: 7. Lieferung, Januar 1981

Pietsch, Ulrich: Bedingungsfeindlichkeit im Privatrecht, Diss. iur. Kiel 1967

Pietzcker, Jost: Das Verwaltungsverfahren zwischen Verwaltungseffizienz und Rechtsschutzauftrag, in: VVDStRL 41 (1982), Berlin - New York 1983, S. 193

Pietzner, Rainer / *Ronellenfitsch,* Michael: Das Assessorexamen im Öffentlichen Recht — Verwaltungsprozeß und Widerspruchsverfahren, 4. Auflage, Düsseldorf 1983

Planck, G.: Bürgerliches Gesetzbuch nebst Einführungsgesetz, I. Band, 4. Auflage, Berlin 1913

Püttner, Günter: Das öffentliche Unternehmen. Verfassungsfragen zur wirtschaftlichen Betätigung der öffentlichen Hand, Bad Homburg 1969

Redeker, Konrad: Grundgesetzliche Rechte auf Verfahrensteilhabe — Bemerkungen zu einem status activus processualis, in: NJW 1980, S. 1593

Redeker, Konrad / *v. Oertzen,* Hans-Joachim: Verwaltungsgerichtsordnung mit Entlastungsgesetz — Kommentar, 7. Auflage, Stuttgart 1981

Rimmelspacher, Bruno: Materieller Anspruch und Streitgegenstandsprobleme im Zivilprozeß, Göttingen 1970

— Zur Prüfung von Amts wegen im Zivilprozeß, Göttingen 1966

Rosenberg, Leo / *Schwab,* Karl-Heinz: Zivilprozeßrecht, 13. Auflage, München 1981

Rupp, Hans Heinrich: Kritische Bemerkungen zur Klagebefugnis im Verwaltungsprozeß, in: DVBl. 1982, S, 144

Sachs, Michael: Das Wiederaufgreifen des Verwaltungsverfahrens, in: JuS 1982, S. 264

— »Volenti non fit iniuria« — Zur Bedeutung des Willens des Betroffenen im Verwaltungsrecht, in: VerwArch. 1985 (76. Band), S. 398

Schachel, Jens: Nebenbestimmungen zu Verwaltungsakten, Berlin 1979

Schaub, Guenter: Arbeitsrechts-Handbuch, Systematische Darstellung und Nachschlagewerk für die Praxis, 4. Auflage, München 1980

Scheerbarth, Hans-Walter / *Höffken*, Heinz: Beamtenrecht, 4. Auflage, Siegburg 1982

Schimpf, Christian: Der verwaltungsrechtliche Vertrag unter besonderer Berücksichtigung seiner Rechtswidrigkeit, Berlin 1982

Schmidt, Robert: Die Grenzen der Bindungswirkung eines Rechtsmittelverzichtes — OLG Hamburg, NJW 1964, S. 1039, in: JuS 1967, S. 158

Schmidt-Aßmann, Eberhard: Der Anwendungsbereich des neuen Verwaltungsverfahrensrechts, in: Städte- und Gemeindebund 1977, S. 9

Schmitt Glaeser, Walter: Partizipation an Verwaltungsentscheidungen, in: VVDStRL 31 (1972), Berlin - New York 1973, S. 179

— Anspruch, Hoffnung und Erfüllung. Das Verwaltungsverfahren und sein Gesetz — eine einleitende Bemerkung, in: Schmitt Glaeser, Walter (Hrsg.), Festschrift zum 50jährigen Bestehen des Richard Boorberg-Verlages, Stuttgart 1977, S. 1

Schnapp, Friedrich E.: Die Verhältnismäßigkeit des Grundrechtseingriffs, in: JuS 1983, S. 850

Schwabe, Jürgen: Das Verbot mit Erlaubnisvorbehalt, in: JuS 1973, S. 133

Schwerdtfeger, Gunther: Baugenehmigungsverfahren und zivilrechtliche Berechtigung zum Bauen. Zugleich eine Besprechung von BVerwGE 20, S. 124, in: DÖV 1966, S. 494

Seebode, Manfred: Das Verbrechen der Rechtsbeugung, Neuwied 1969

Siebecke, Friedrich F.: Die mitwirkungsbedürftigen Verwaltungsakte, Diss. iur. München 1959

Stein, Friedrich / *Jonas*, Martin: Kommentar zur Zivilprozeßordnung, Dritter Band, §§ 511 - 703 d, 20. Auflage, Tübingen 1977

Stelkens, Paul / *Bonk*, Heinz J. / *Leonhardt*, Klaus: Verwaltungsverfahrensgesetz — Kommentar, 2. Auflage, München 1983

Stichelberger, Günther: Anfechtung öffentlich-rechtlicher Willenserklärungen durch Private, in: BayVBl. 1980, S. 393.

Terbille, Michael: Das Petitionsrecht in der Bundesrepublik Deutschland, Diss. iur. Münster 1980

Trautmann, Kurt: Wille und Prozeßhandlung. Ein Beitrag zu den Lehren des allgemeinen Zivilprozeßrechtes, Diss. iur. Heidelberg 1931

Ule, Carl Hermann: Verwaltungsprozeßrecht, 8. Auflage, München 1983

Ule, Carl Hermann / *Laubinger*, Hans Werner: Verwaltungsverfahrensrecht, 2. Auflage, Köln - Berlin - Bonn - München 1982

Vollkommer, Max: Formenstrenge und prozessuale Billigkeit, München 1973

Wahl, Eduard: Der Handelsverkehr als Schrittmacher des Zivilrechtes besonders bei der Einschränkung des Vertragsprinzipes. Zugleich ein Beitrag zur Haftung des Markenartikelherstellers, in: Fischer, Robert / Gessler, Ernst / Schilling, Wolfgang / Serick, Rolf / Ulmer, Peter (Hrsg.), Strukturen und Entwicklungen im Handels-, Gesellschafts- und Wirtschaftsrecht — Festschrift für Wolfgang Hefermehl zum 70. Geburtstag, München 1976, S. 1

Wahl, Rainer: Verwaltungsverfahren zwischen Verwaltungseffizienz und Rechtsschutzauftrag, in: VVDStRL 41 (1982), Berlin - New York 1983, S. 151

Walter, Franz: Willensmängel bei Parteihandlungen im Zivilprozeß, Diss. iur. Breslau 1931

Walter, Robert: Partizipation an Verwaltungsentscheidungen, in: VVDStRL 31 (1972), Berlin - New York 1973, S. 147

Weides, Peter: Verwaltungsverfahren und Widerspruchsverfahren, 2. Auflage, München 1981

Wertenbruch, Wilhelm: Bochumer Kommentar zum Sozialgesetzbuch Allgemeiner Teil, Berlin - New York 1979

Wieczorek, Bernhard: Zivilprozeßordnung und Nebengesetze, Band III (§§ 511 bis 703 a), Berlin 1957

Wiedemann, Herbert: Gesellschaftsrecht Band I — Grundlagen, München 1980

Wieser, Eberhard: Das Rechtsschutzinteresse des Klägers im Zivilprozeß, Bielefeld 1971

Wolff, Hans Julius / *Bachof*, Otto: Verwaltungsrecht I, 9. Auflage, München 1974

— / — Verwaltungsrecht II, 4. Auflage, München 1976

— / — Verwaltungsrecht III, 4. Auflage, München 1978

Wussow, Hansjoachim: Genehmigungsfähigkeit von Handlungen, die der Wahrung gesetzlicher Fristen dienen, in: NJW 1963, S. 1756

Zeiss, Walter: Zivilprozeßrecht, 5. Auflage, Tübingen 1982

Kolibri 360 GmbH
Ferdinand-Jühlke-Straße 7
99095 Erfurt, Deutschland
produktsicherheit@kolibri360.de

Druck:
CPI Druckdienstleistungen GmbH
im Auftrag der
Kolibri 360 GmbH
Ferdinand-Jühlke-Str. 7
99095 Erfurt